全国司法职业教育"十三五"规划教材

民法原理与实务

全国司法职业教育教学指导委员会　审定

主　编 ◎ 史伟丽

副主编 ◎ 原永红　唐永莉

撰稿人 ◎ （以撰写章节先后为序）

　　　　白丽云　史伟丽　刘亚芹

　　　　于伟赞　蒋新颖　郑　晖

　　　　沈友耀　原永红　唐永莉

　　　　刘晓莉

中国政法大学出版社

2021·北京

图书在版编目（ＣＩＰ）数据

民法原理与实务/ 史伟丽主编. —北京：中国政法大学出版社,2021.1（2025.3重印）
ISBN 978-7-5620-9836-2

Ⅰ.①民…　　Ⅱ.①史…　　Ⅲ.①民法－中国－职业教育-教材　　Ⅳ.D923

中国版本图书馆CIP数据核字(2021)第012520号

书　　名	民法原理与实务 MINFA YUANLI YU SHIWU
出 版 者	中国政法大学出版社
地　　址	北京市海淀区西土城路 25 号
邮　　箱	fadapress@163.com
网　　址	http://www.cuplpress.com (网络实名：中国政法大学出版社)
电　　话	010-58908435(第一编辑部) 58908334(邮购部)
承　　印	北京鑫海金澳胶印有限公司
开　　本	720mm×960mm　1/16
印　　张	19.5
字　　数	371 千字
版　　次	2021 年 1 月第 1 版
印　　次	2025 年 3 月第 4 次印刷
印　　数	20001～23000 册
定　　价	56.00 元

出 版 说 明

　　为贯彻落实党的十九大精神和习近平总书记关于教育的系列重要讲话要求，充分发挥教材建设在提高人才培养质量中的基础性作用，促进现代司法职业教育改革与发展，全面提高司法职业教育教学质量，全国司法职业教育教学指导委员会于 2017 年 11 月正式启动了司法职业教育"十三五"规划教材的编写工作。

　　本次规划教材编写以习近平新时代中国特色社会主义思想为指导，以司法类专业教学标准为基本依据，以更深入地实施司教融合、校局联盟、校监所（企）合作、德技双修、工学结合为根本途径，强化需求导向和问题导向。在坚持实战、实用、实效原则的基础上，继续完善实行行业指导、双主体团队开发、多方人员参与、院校支持、主编负责、行指委统筹审定、分批次出版的编写工作机制，适时更新教材内容和结构，大力开发大类（专业群）专业基础课程、专业核心课程教材，倡导编写典型案例化、任务项目化教材，并运用现代信息技术创新教材呈现形式，着力加强实训教材和数字化教学资源建设，逐步建立符合我国国情、具有时代特征和行业特色的现代司法职业教育教材体系。本规划教材包括已有规划教材的全新修订、新增专业课程教材和司法类国控专业更新课程教材的编写。在编写内容上，必须顺应新时代、新要求，回应全面深化依法治国，尤其是深入推进司法体制改革的新需求、新期盼，力争符合司法类专业人才培养目标达成需要和相关课程标准要求，与司法职业一线岗位任职标准（岗位技能要求）相衔接，体现"原理与实务相结合"的特点，注重培养学生应用理论、规则解决实际问题的能力。

　　经过全体编写人员的共同努力和出版社编辑们的辛勤付出，现在首批教材已陆续出版，欢迎大家选用，并敬请各使用单位和广大师生在选用过程中提出意见和建议，行指委将及时根据教材评价和使用情况，丰富教材内容，优化教材结构，促进教材质量不断提高。

全国司法职业教育教学指导委员会

2019 年 6 月

编 写 说 明

　　《民法原理与实务》是全国司法职业教育"十三五"规划教材之一，是为适应司法行政改革发展需要，进一步深化全国司法警官教育教学改革，使学生不仅能学习民法基本原理，还能学习该原理在司法实践工作中的应用实务，使学生拥有解决基本民事法律问题的知识与能力而编写。

　　本教材将民法主要内容分为 6 个单元，总计 17 个学习任务，每个任务设置两个项目，其中："理论学习项目"为理论知识的学习，立足于现行民事立法，反映民法学界通说理论；"实务学习项目"则是司法实践中典型民事实务的处理，通过具体实操项目训练实务技能。同时，为提高教学的有效性，每个任务设置了"学习目标、重点提示、理论学习、实务学习、知识拓展、学习小结、课后作业"七大版块。这些版块的内容，体现了法律职业教育"厚基础、重技能""+互联网"的特点，也拓展了本教材的广度与深度，提升了教材资源的丰富性，适应了高职院校师生教与学的需求和高职教育发展的全新要求。

　　本教材由史伟丽任主编，原永红、唐永莉任副主编。其中的网络音视频学习资源由于伟赞选取和制作链接，实务部分经刘晓莉审定并统稿，其他部分由史伟丽统稿并定稿。各单元及任务撰稿人（以撰写单元任务的先后为序）如下：

　　白丽云　　（山西省政法管理干部学院）第一单元学习任务一、学习任务二

　　史伟丽　　（宁夏警官职业学院）第一单元学习任务三、第二单元

　　刘亚芹　　（武汉警官职业学院）第一单元学习任务四

　　于伟赞　　（山东司法警官职业学院）第一单元学习任务五

　　蒋新颖　（江苏省司法警官高等职业学校）第三单元学习任务一、学习任务二

　　郑　晖　（陕西警官职业学院）第三单元学习任务三、学习任务四

　　沈友耀　（安徽警官职业学院）第四单元

　　原永红　（山东司法警官职业学院）第五单元

　　唐永莉　（四川司法警官职业学院）第六单元

　　本教材的编写，限于能力、资料所限，不足之处在所难免，恳请广大读者不吝赐教，我们将不胜感激。

编　者

2020 年 7 月

图书总码

目录 CONTENTS

第一单元　民法总论及其应用

学习目标

　　通过本单元的教学，明确民法的概念，掌握民法的基本原则，熟悉自然人、法人、非法人组织三类民事主体的一般规定，了解民事权利、民事责任等民事法律关系的基本内容，熟悉民事法律行为、代理、诉讼时效等引起民事法律关系变动原因的基本规定。能够分析和判断常见民事案例涉及的民事法律问题，并能提出一般的处理意见。

重点提示

　　本单元的重点是理解民法的概念，掌握民法的基本原则、自然人行为能力划分及其监护的法律规定、民事行为能力的划分、代理的法律规定、诉讼时效制度。

学习任务一　　民法概念、基本原则及其应用

理论学习项目　民法概念及基本原则

一、民法的概念

（一）民法的含义

民法一语，在不同场合具有不同的含义。

1. 形式民法与实质民法。形式民法是指从形式上界定的民法，即经过系统编纂，以"民法"命名的民法。形式民法存在于成文法国家，如《法国民法典》《德国民法典》等。实质民法是指从内容上界定的民法，即调整民事关系的法律规范的总称。实质民法既包括形式民法，也包括其他法律、法规中有关民事法律内容的规范。

2. 广义民法与狭义民法。在民商分立的国家，广义民法是指所有关于民事的成文法和不成文法。狭义民法是指除商法典及商事特别法之外的民法典、民事

法律和法规。在民商合一的国家，广义民法即为私法的全部，民法与私法为同一含义。狭义的民法为私法的一部分。从我国的实际情况看，广义的民法是指调整平等主体之间人身关系、财产关系以及商事关系的法律法规；狭义的民法是指调整平等主体之间除商事关系以外的民事法律法规。

3. 普通民法与特别民法。普通民法是指规范一般民事关系的民法。例如，《中华人民共和国民法通则》（已失效）（以下简称《民法通则》）、《中华人民共和国民法典》（以下简称《民法典》）就属于普通民法。特别民法是指规范特定方面、特定领域的民事关系的民法。例如，1981 年 1 月 1 日施行的《中华人民共和国婚姻法》、1985 年 10 月 1 日施行的《中华人民共和国继承法》、1991 年 12 月 29 日修改的《中华人民共和国收养法》等属于特别民法的范畴。

4. 成文民法与不成文民法。成文民法又称制定民法，是指由立法机关制定的民事法律规范。成文民法是成文法国家民法的主要表现形式，在民法中占有十分重要的地位。不成文民法是指成文民法之外的民事法律规范，如习惯法、判例法等。不成文民法主要存在于不成文法国家，但在成文法国家，习惯法、判例法也是民法的组成部分。

（二）我国民法的概念

我国《民法典》第 2 条从民法的调整对象和任务的角度，给民法下了一个定义，即民法是调整平等主体的自然人、法人和非法人组织之间的人身关系和财产关系的法律规范的总称。

这一定义科学地揭示了我国民法所调整社会关系的范围和任务，从而明确地划定了民法与其他法律部门的界限，解决了长期以来学理上对民法定义的争论。除此以外，《民法典》第 2 条的规定还具有如下几方面的意义[1]：

1. 确立了我国民法统一调整社会主义市场交易关系的基本法地位。根据《民法典》第 2 条的规定，我国民法统一调整平等主体之间的财产关系，而平等主体之间的财产关系实质上就是指商品关系或交易关系。因此，无论是何类民事主体，只要它们以平等的民事主体的身份从事交易，就应当遵循民法的规范，并受民法的调整。

2. 我国民法明确将人身关系作为其调整对象，突出了对人的尊重，体现了以人为本的理念。关于民法的调整对象，1986 年《民法通则》第 2 条规定："中华人民共和国民法调整平等主体的公民之间、法人之间、公民和法人之间的财产关系和人身关系。"从该条规定来看，其将人身关系置于财产关系之后，但《民法典》第 2 条把人身关系调整至财产关系之前，这也宣示了民法对公民人身权利

---

〔1〕 王利明主编：《民法》，中国人民大学出版社 2018 年版，第 4~5 页。

的保护，强调人身自由和人格尊严不受侵害，并以此作为民事立法的基础。

3. 奠定了民法典的体系基础。民法典的分则就是由调整人身关系和调整财产关系的具体法律构建起来的，所以，《民法典》关于调整对象的规定也预设了民法典的分则体系。具体而言，人身关系主要分为两大类，即人格关系和身份关系，身份关系为婚姻继承编，而人格关系则为人格权编；财产关系在分则中分别独立成编，为物权、债权编。可见，《民法典》关于民法调整对象的规定实际上也奠定了我国民法典分则编纂体例的基础。

4. 《民法典》第 2 条的规定也确立了我国的民商合一体制。我国《民法典》并未根据主体或行为的性质区分普通民事主体和商事主体，并在此基础上规定不同的行为规则，即我国民法不区分民商事关系。这不仅符合现代民事立法的趋势，而且消除了民商分离所产生的法律冲突的弊端。在《民法典》确定的体制下，商法是作为民法的特别法而存在的，并未与民法相分立而独立存在。

（三）民法的任务

《民法典》第 1 条规定：“为了保护民事主体的合法权益，调整民事关系，维护社会和经济秩序，适应中国特色社会主义发展要求，弘扬社会主义核心价值观，根据宪法，制定本法。”依据该条规定，我国民法的任务主要包括如下几点：

1. 保护民事主体的合法权益。保护民事主体的合法权益是民法的出发点和首要目的，也是民法的首要任务。民事主体是民事关系的参与者、民事权利的享有者、民事义务的履行者、民事责任的承担者。权利是民法最核心的概念。民事主体享有广泛的民事权益，必须得到法律的保护。《民法典》通过构建完整的民事权利体系，强化了私权保障，也为法治建设奠定了重要的基石。《民法典》全面保障私权，体现了当代中国的时代特征，回应了这个时代的现实需求。民法可以说是民事权利的宣言书和私权保护书。

2. 调整民事关系。每一个法律部门都有其特定的调整对象与适用范围，民法特定的调整对象是民事关系。《民法典》第 2 条明确规定了民法调整的对象，界定了民事关系的内涵和特征，即一是平等主体之间的人身关系，如因生命权、健康权、名誉权等的享有和行使而形成的人格关系；二是平等主体之间的财产关系，如基于物权、债权而形成的财产归属关系和财产流转关系。财产关系和人身关系属于社会的基本关系，为社会的每一个自然人、法人、非法人组织甚至国家时刻不可缺少。民法因此被称为社会生活的百科全书。

3. 维护社会和经济秩序。维护社会和经济秩序是民法社会化的立法目的，也是民法的基本任务之一。民法调整的人身关系和财产关系涉及社会生活的方方面面，直接关系到人民群众的切身利益和社会的生产生活秩序，同每个民事主体都密切相关。民法通过规定完善的民商事法律制度的基本规则，引领经济社会发

展，更好地平衡社会利益、调节社会关系、规范社会行为、维护社会经济秩序。例如，民法所确认的财产权制度，就是维护社会和经济秩序的基本制度。再如，民法的人身权制度就是要保障人们基本的人身安全，保障人格尊严，维护正常的社会秩序。民法因此被称为市场经济的基本法。

4. 适应中国特色社会主义发展要求。中国特色社会主义是我国当前的基本制度、基本国情、基本道路，适应中国特色社会主义发展要求，既是民法的任务，也是民法的目的。民法适应中国基本政治体制，合理划分公法与私法的边界；适应基本经济制度，建立与公有制为主体、多种所有制共同发展相适应的所有权制度、市场经济的基本法律制度，完善市场主体法律制度、市场交易法律制度等，有力地促进了中国特色社会主义市场经济法律制度的完善，符合中国经济社会发展的实际，促进社会经济的健康、有序发展，充分体现了民法的时代特征。

5. 弘扬社会主义核心价值观。弘扬社会主义核心价值观是适应构建法治和德治相结合的社会治理模式现代化的要求，是新增加的一项立法目的，也是民法的一项新任务。法律是最低的道德，道德是法律的内核。社会主义核心价值观不仅是道德价值，更多的是一种法律价值，是社会主义法治建设的灵魂。[1] 其中自由、平等、公正、法治、诚信等既是民法的价值理念，有的还是民法的基本原则。这些核心价值观不仅是民法的目的，也是民法自身的价值基础。民法通过其基本原则、具体制度和规则的构建，为弘扬社会主义核心价值观发挥了重要作用。

二、民法的调整对象

依照《民法典》第 2 条的规定，民法的调整对象是平等主体之间的人身关系和财产关系。

（一）平等主体之间的人身关系

人身关系是指具有人身属性，与民事主体的人身不可分离的，不具有直接经济内容的社会关系。

民法调整的人身关系具有以下特点：

1. 人身关系与主体的人身不可分离。离开了人身，人身关系即不存在。

2. 人身关系不具有直接的经济内容。当然，人身关系与财产关系也有密切的联系，例如，夫妻之间的人身关系是相互扶助关系的前提，父母子女之间的人

---

〔1〕 中共中央办公厅、国务院办公厅印发《关于进一步把社会主义核心价值观融入法治建设的指导意见》，新华社 2016 年 12 月 25 日。

身关系是发生继承关系的前提，人身关系受到损害时将会产生损害赔偿关系等。

3. 人身关系主体的法律地位平等。人身关系的种类很多、性质各异，既有国家生活中的人身关系（如选民关系），也有市民社会中的人身关系。民法所调整的人身关系只能是市民社会中的人身关系，即平等主体之间的人身关系。

民法调整的人身关系包括两大类：

1. 人格关系，即基于民事主体的人格而发生的社会关系。人格关系反映在权利上为人格权，如生命权、身体权、健康权、姓名权、名称权、肖像权、名誉权、隐私权等。

2. 身份关系，即基于民事主体的特定身份而发生的社会关系。所谓身份，是指民事主体在特定社会关系中所处的一种与主体不可分离的地位或具有的资格。身份关系反映在权利上为身份权，如亲权、亲属权、配偶权等。

（二）平等主体之间的财产关系

财产关系是指人们在社会生产、分配、交换和消费过程中所形成的具有经济内容的社会关系。

民法调整的财产关系具有以下特点：

1. 财产关系的主体主要是自然人、法人和非法人组织。国家只有在特殊情况下才能成为民事主体参与财产关系并受民法调整，如国家所有权关系、国债关系。

2. 财产关系主体的法律地位平等。民法所调整的财产关系只能是平等主体之间的财产关系，非平等主体之间的财产关系不属于民法调整。因此，财产关系主体的法律地位是平等的。

3. 财产关系当事人的意思自由。民法所调整的财产关系与当事人有着直接的经济利益，当事人根据自己的利益自主、自愿地确立相互间的财产关系，不受他人意志的支配。

民法调整的财产关系包括两大类：

1. 财产归属与利用关系。这种关系属于静态的财产关系，表现为财产的所有和利用关系，反映在权利上主要是物权。

2. 财产流转关系。这种关系属于动态的财产关系，表现为债的关系，反映在权利上主要是债权。

三、民法的特点

民法作为我国法律体系中的一个重要部门，较之于其他部门法具有如下特点：

（一）民法是私法

公法和私法的区分最初由罗马法学家乌尔比安（Domitius Ulpianus）提出，

并为《学说汇纂》所采纳。但长期以来，关于公法和私法的分类标准极不统一，学界通说认为应根据调整对象是隶属关系还是平等关系来区分公、私法。[1] 从原则上说，凡是平等主体之间的财产关系和人身关系都属于私法关系，而具有等级和隶属性质的关系属于公法关系；私法关系的参与主体都是平等主体，国家介入也是作为特殊的民事主体来参与的，而公法关系中必然有一方是公权主体，其参与社会关系也仍然要行使公权力。

我国民法将自然人、法人、非法人组织之间的人身关系和财产关系作为调整对象，体现的是平等主体之间的关系，属典型的私法。

（二）民法是人法

民法是"人法"，落脚点是人，这让中国民法"私权捍卫者"的形象鲜明。民法的基本内容就是对人的关系的调整，以及对人的权利和利益的保护，把人作为社会的中心。在国家的法律体系中，其他法律也都涉及人的问题，例如刑法、行政法是把人作为管理对象，虽然说对犯罪人和违法行为人的惩罚制裁也是保护更多的人的权利和利益，但是更重要的还是对社会秩序的调整。[2]

我国民法的终极价值是对人的关爱，最高目标是服务于人的尊严和人的发展。从总则的体系结构来看，其关于民事主体、民事权利、民事义务的规则设计也都是以人为中心而展开的。

（三）民法是权利法

权利是民法的中心范畴。民法的基本内容是规定民事主体的民事权利，规定民事权利行使的规则，规定对民事权利的保护。整部民法就是一部民事权利法，是一部以权利为中心的法律。整部法律的内容基本上是授权性法律规范，与主要是禁止性规范的刑法形成鲜明的对比。

《民法典》开宗明义就规定其立法宗旨是"为了保护民事主体的合法权益"，民事权利就像一条贯穿于整部法典的红线。不仅是民法总则，整部民法典的体系结构都围绕着对权利的确认和保障而建立，充分彰显我国民法的人文关怀。

（四）民法是市场经济的基本法

从历史沿革上看，民法始终是与商品经济或市场经济的发展紧密联系在一起的，市场经济的建立和完善离不开民法的保障。现代民法作为现代市民社会的法律准则，其调整的民事关系虽然不限于市场商品经济关系，但是市场商品经济关系作为现代市民社会的经济基础，始终是现代民法调整的主要对象和核心部分。现代民法的民事主体制度、物权制度、知识产权制度、债权制度，都是直接针对

---

〔1〕 ［德］迪特尔·梅迪库斯：《德国民法总论》，邵建东译，法律出版社 2000 年版，第 11 页。

〔2〕 杨立新编著：《民法》，中国人民大学出版社 2017 年版，第 7 页。

现代市场经济的法律调整而设置的民法制度。市场经济是完全架构于民事权利义务关系的基础之上的，市场经济关系本质上就是一种民事权利义务关系。我国民法在调整社会主义市场经济的诸多相互关联的法律部门中，自然也居于基本法的地位。民法因此被称作市场经济的基本法，对市场经济的健康运行发挥着重要作用。

从我国民法的内容来看，民法调整的财产关系实际上主要就是财产归属关系和财产流通关系。在市场经济条件下，财产归属关系是财产交易的前提，而交易的最终目的也是财产的归属转换。与此相适应，民法构建物权、债权等制度来保障市场经济健康有效的发展，因此民商事规则的完善意味着市场经济的成熟。

四、民法的渊源

民法的渊源，是指民法规范的来源或具体表现形式，也就是法院裁判民事案件所依据的法律规范或根据的来源。在我国，民法的渊源主要是国家机关在其职权范围内所制定的各种有关民事方面的规范性文件。

1. 宪法中的民事规定。宪法是国家的根本大法，是各部门法的立法依据。宪法中有关民事方面的规定，如财产制度、公民的基本权利与义务等，不仅是民事立法的基本依据，也是处理民事纠纷的基本依据，因而是民法的重要法源。

2. 民事法律。法律是全国人民代表大会及其常务委员会制定的规范性文件，其效力仅次于宪法。国家权力机关制定的民事法律是民法主要的和基本的法源，具体包括民法典和单行民事法律。我国《民法典》属于民事基本法。其他的民事法律，如《中华人民共和国著作权法》（以下简称《著作权法》）、《中华人民共和国商标法》（以下简称《商标法》）、《中华人民共和国专利法》（以下简称《专利法》）等则属于民事单行法。

3. 其他法律中的民事规范。除民事法律外，其他法律中涉及民事问题的法律规范，也属于民法的法源。例如，《中华人民共和国城市房地产管理法》（以下简称《城市房地产管理法》）、《中华人民共和国土地管理法》（以下简称《土地管理法》）、《中华人民共和国产品质量法》（以下简称《产品质量法》）、《中华人民共和国消费者权益保护法》（以下简称《消费者权益保护法》）、《中华人民共和国环境保护法》（以下简称《环境保护法》）、《中华人民共和国道路交通安全法》（以下简称《道路交通安全法》）等法律中有关民事问题的规定，是解决民事纠纷的依据。

4. 行政法规和地方性法规中的民事规范。国务院制定的规范性文件和地方人民代表大会及其常务委员会制定的规范性文件中有关的民事规范，例如，《城镇国有土地使用权出让和转让暂行条例》《医疗事故处理条例》等是民法的

法源。

5. 行政规章中的民事规范。国务院各部（委）和地方人民政府为贯彻法律、法规所制定的规范性文件，统称为规章。规章虽一般不能直接作为法院判案的依据，但在法律、法规没有具体规定时，可作为处理纠纷的重要参照规范。因此，在不与法律、法规相抵触时，规章中有关的民事规范，属于民法的法源。

6. 民事司法解释。最高人民法院的民事司法解释在法院审判实践中具有重要的作用，也属于民法的法源。例如，《最高人民法院关于适用〈中华人民共和国民法典〉时间效力的若干规定》《最高人民法院关于适用〈中华人民共和国民法典〉婚姻家庭编的解释（一）》《最高人民法院关于适用〈中华人民共和国民法典〉有关担保制度的解释》《最高人民法院关于审理铁路运输人身损害赔偿纠纷案件适用法律若干问题的解释》《最高人民法院关于审理环境侵权责任纠纷案件适用法律若干问题的解释》《最高人民法院关于适用〈中华人民共和国民法典〉物权编的解释（一）》《最高人民法院关于审理建设工程施工合同纠纷案件适用法律问题的解释（一）》《最高人民法院关于审理劳动争议案件适用法律问题的解释（一）》《最高人民法院关于审理食品安全民事纠纷案件适用法律若干问题的解释（一）》《最高人民法院关于适用〈中华人民共和国民法典〉继承编的解释（一）》《最高人民法院关于审理人身损害赔偿案件适用法律若干问题的解释》《最高人民法院关于确定民事侵权精神损害赔偿责任若干问题的解释》等，都是民法的重要法源。

7. 民事习惯。依照《民法典》第 10 条的规定，处理民事纠纷，应当依照法律；法律没有规定的，可以适用习惯，但是不得违背公序良俗。这是我国民事立法首次将习惯确定为民法的法源。所谓习惯，是指一定范围、一定地域的人们长期形成的，为多数人认可并遵从的行为规则。在民法上，习惯是补充性的法源，只在法律没有规定的情况下适用，且不得违背公序良俗。

五、民法的基本原则

民法的基本原则是贯穿于各项民事法律制度之中的根本规则，是民法立法的指导方针和解释民法规范、适用民法规范以及进行民事活动的基本准则。

（一）民事权益受法律保护原则

依照《民法典》第 3 条的规定，民事主体的人身权利、财产权利以及其他合法权益受法律保护，任何组织或者个人不得侵犯。从理论上说，保护民事权益是整部民法的目的所在，但是实际上到目前为止，我们民事合法权益得不到法律保护的现象依然存在，特别是有关组织和公权力对于民事权益的侵害时有发生，个人之间不尊重甚至漠视相互的民事权益的情况也很突出。所以，此次立法不仅认为有必要再将其确立为原则，而且还提前到第 3 条的显著位置，以达到振聋发聩的效果。

民事权益受法律保护原则主要体现在以下方面：①民事权益包括民事权利和其他权益。民事权利分为人身权利和财产权利两大类。权利是一种成文化、类型化、固定化的法益。权利以外的合法权益亦受法律保护，具有补充民事权利立法不足的作用。②"任何组织或者个人不得侵犯"他人的合法权益，是维护一个社会秩序、安全、安宁、平和及有序发展的前提，我国民法特别强调民事责任对民事主体合法权益保护的重要作用。

（二）平等原则

依照《民法典》第 4 条的规定，民事主体在民事活动中的法律地位一律平等。平等原则是民法特有的原则，这是由民法调整对象的性质所决定的。因为民法的调整对象是平等主体之间的人身关系和财产关系，所以，没有平等原则，也就没有民法。

平等原则主要体现在以下方面：①民事主体的民事权利能力平等。②民事主体在具体民事法律关系中的地位平等。③民事主体平等地协商确定相互间的权利、义务。④民事主体的合法权益平等地受法律保护。⑤民事主体平等地负担义务和承担民事责任。

（三）自愿原则

依照《民法典》第 5 条的规定，民事主体从事民事活动，应当遵循自愿原则，按照自己的意思设立、变更、终止民事法律关系。自愿原则又称意思自治或私法自治原则，是指民事主体按照自己的意思设立、变更、终止民事法律关系。民法调整的是平等主体之间的人身关系和财产关系，这种民事法律关系的确立、变更、终止应完全由当事人自己决定，只有这样，才能真正体现出民事主体之间的法律地位平等。当然，任何自由都不是绝对的，而只能是相对的、有限制的，民事主体自主、自由地从事民事法律活动，也不得违反法律的规定，不得损害他人利益，不得违背公序良俗。

自愿原则主要体现在以下方面：①民事主体根据自己的意愿决定民事事项。民事主体不仅可以自主决定是否参与民事法律关系，而且可以自主决定如何参与民事法律关系，如选择民事法律关系的相对人、民事法律关系的内容以及纠纷的处理方式等。②民事主体应对依自己的真实意思作出的行为负责。民事主体应受根据自己的意愿所实施的民事法律行为的约束，并对行为后果承担责任。③民事主体的意愿优于任意性规范而得到实现。因此，对于民法中的任意性规范，民事主体可以排除适用。

（四）公平原则

依照《民法典》第 6 条的规定，民事主体从事民事活动，应当遵循公平原则，合理确定各方的权利和义务。公平原则是指民事主体应当以社会主义的公平、正义观念指导自己的民事法律行为，合理确定各方的权利、义务。

公平原则主要体现在以下方面：①民事主体参与民事法律关系的机会均等。在民事活动中，民事主体应当实行正当竞争，不得进行不公平、不公正的竞争行为，以保证民事主体都有均等的机会参与民事法律关系。②民事主体的利益分配应当均衡。在民事主体的利益关系上，权利、义务分配要合理，利益与风险分担要均衡。一旦民事主体的利益关系失去均衡，就应当按照公平原则予以矫正。③民事责任负担应合理。民事主体应当公平地解决民事纠纷，合理地确定其民事责任。

（五）诚实信用原则

依照《民法典》第 7 条的规定，民事主体从事民事活动，应当遵循诚信原则，秉持诚实，恪守承诺。诚信原则是指民事主体在民事活动中，应当秉持诚实，恪守承诺，善意地行使权利和履行义务。诚信原则不仅是民事主体行使民事权利和履行民事义务的准则，也是法院解释当事人的意思、调整当事人之间以及当事人与社会之间的利益关系的基准，具有广泛的适用性，因此，被称为"帝王条款"。

诚信原则主要体现在以下方面：①民事主体在民事活动中要讲诚信，反对欺诈。②民事主体在行使权利时应善意为之，不得以损害他人利益和社会利益的方式来获取私利。③在履行各种义务时，要信守诺言，不擅自毁约，并兼顾各方利益。④在当事人的约定不明确或者订约后客观情形发生重大改变时，应依诚信原则确定当事人之间的权利、义务和责任。

（六）公序良俗原则

依照《民法典》第 8 条的规定，民事主体从事民事活动，不得违反法律，不得违背公序良俗。这里规定了民法的守法与公序良俗原则。守法，即不得违反法律；公序良俗原则是指民事主体在民事活动中不得违反社会公德，不得损害社会利益和国家利益。公序良俗原则是判断民事法律行为效力的基本准则，即凡是违反公序良俗原则的行为，都应无效。

公序良俗原则主要体现在以下方面：①民事活动应当尊重社会公德和善良风俗。所谓社会公德，是指社会公认的道德规范。民事主体从事民事活动不得违反社会公德，不得违反善良风俗。②民事主体不得滥用权利。民事主体行使权利不得损害国家利益、社会利益和他人利益，不得违反法律的强行性或禁止性规定。

（七）绿色原则

依照《民法典》第 9 条的规定，民事主体从事民事活动，应当有利于节约资源、保护生态环境。这一规定，可以概括为绿色原则，体现了国家对资源、生态环境的高度重视，是民法新确立的一项重要原则。

绿色原则主要体现在以下方面：①民事主体在从事民事活动时，要注重节约资源，以实现资源利用的最大化、最优化。②要切实保护生态环境，以防止造成对生态环境的损害。

实务学习项目 民法概念、基本原则的应用

研习民法，必须明悉民法的概念、调整对象及其法律渊源。此外，民法的基本原则对于理解和适用民法具有重要的指导意义，只有把握民法的基本原则，领会民法的精神，才能学好民法。

一、判断典型案件是否属于民事案件

案例：乡政府贷款案

甲乡人民政府为建造办公大楼，向乙工商银行贷款 300 万元。后来因多种原因，到期未能清偿该贷款。于是，乙工商银行以甲乡人民政府为被告向人民法院提起诉讼。

任务：

1. 甲乡人民政府与乙工商银行之间发生的贷款关系属于平等主体关系吗？请根据民法的调整对象理论说明。

解题思路：明确当事人是否是民事主体身份及其从事的活动是否是民事活动。

2. 本案能适用民法规定来处理吗？可适用哪些法律规定来处理？

解题思路：根据《民法典》第 2 条关于民法的调整对象的规定以及第 577 条关于违约责任的规定加以说明。

二、分析典型案件是否违反或符合民法基本原则

案例：电梯劝烟猝死案[1]

2017 年 5 月 2 日，河南郑州的医生杨先生在小区电梯里劝阻一名老人抽烟，引发争执，老人后心脏病发作离世。随后，死者家属田女士将杨先生诉至法院，要求 40 万余元赔偿。2017 年 9 月 4 日，法院一审判决：被告行为与老人死亡没有必然因果关系，但老人确在与被告言语争执后猝死。法院判决杨先生向死者家

---

〔1〕 参见河南省郑州市中级人民法院民事判决书〔（2017）豫 01 民终 14848 号〕，载中国裁判文书网，https：//wenshu. court. gov. cn/website/wenshu/181107ANFZ0BXSK4/index. html？docId＝dd271b5a015446acb5eaa87b011be2bd，最后访问日期：2019 年 7 月 23 日。

属补偿 1.5 万元。随后，死者家属田女士上诉。2018 年 1 月 23 日，二审法院公开宣判，驳回死者家属田女士的诉讼请求。撤销要求杨先生补偿死者家属 1.5 万元的民事判决。一审、二审共计 1.4 万余元诉讼费由田女士承担。二审判决书中写明：杨先生的劝阻未超出必要限度，属正当劝阻行为，且在劝阻过程中保持理性、平和，双方未发生肢体冲突和拉扯行为；杨先生的劝阻本身不会造成老人的死亡结果，老人自身患有心脏病，在未能控制自身情绪的情况下，心脏病发作不幸死亡，虽然两者在时间上有先后顺序，但无因果关系，杨先生不应承担侵权责任。

任务：

1. 分析郑州电梯劝烟猝死案中民法基本原则的应用。

解题思路：首先认定这是一起侵权损害赔偿案件，先考虑适用侵权责任公平分担损失规则，然后考虑因不宜适用该规则而需适用基本原则作为判案依据。

2. 判断民事案件是否适用民法基本原则的要点。

解题思路：区分民法规则与民法原则的适用原则。

三、查找处理具体民事案件的法律依据

案例：电视机买卖纠纷案

甲是个体户，开了一家小卖部，位于城村交界处。一日，村民乙来到小卖部，要买一箱青岛啤酒。该啤酒一箱售价 80 元，乙掏出 50 元结账，甲不同意。乙一拍桌子，吼到："这会给你 50 元，是我高兴；一会我不高兴了，信不信你一分也别想拿到。"甲听了非常害怕，只好收了乙给的 50 元钱，把啤酒卖给了乙。

任务：

1. 本案中应适用什么法律？

解题思路：首先，查明案件事实类型。其次，查找案件的法律依据。

2. 在掌握民法法源的基础上，了解应用民法法源的适用原则。

解题思路：查找民法法源，领会民法法源的适用原则。

 **学习小结**

1. 民法概念：①调整的对象，为平等主体——自然人、法人、非法人组织；②调整的内容——平等的人身关系、财产关系；③规范的范畴——是调整上述主体及其关系的法律规范总和。

2. 民法的调整对象：①解决民法规范什么人——平等主体的自然人、法人、非法人组织；②解决民法规范什么事——人身关系、财产关系。

3. 判断案件是否为民事案件：①发生权利义务责任争议的双方关系是否平等；②是否为民法所调整的人身关系、财产关系。

4. 处理民事案件的依据：①找出争议及其所依据的法律事实（证据）；②找出解决争议的法律规定。

5. 寻找民事案件的法律依据：①熟悉民法的法源；②了解民法法源适用的原则。

课后作业

一、知识作业

（一）名词解释

1. 民法 2. 民法渊源

（二）选择题

1. 形式上的民法是指（ ）。

A. 民事法律规范 B. 民法典

C.《民法通则》 D. 广义的民法

2. 我国民法的调整对象是（ ）。

A. 一切横向经济关系

B. 一定范围的财产关系和人身关系

C. 平等主体间的人身关系和财产关系

D. 平等主体间的人身关系和完全没有国家参与的财产关系

3. 下列哪项不属于民法调整的范围？（ ）

A. 某学校向某电脑公司购买一批电脑

B. 税务局和企业之间的征纳税关系

C. 某公司购买一批货物，后发现该货物系走私货，要求退货

D. 甲因谋杀其父而丧失了其财产继承权

4. 民法和行政法相比较，民法的调整方法通常具有（ ）。

A. 平等性 B. 隶属性

C. 任意性　　　　　　　　　　D. 强制性

5. 下列哪些选项属于我国民法的渊源（　　　）。

A. 宪法　　　　　　　　　　B. 最高人民法院的司法解释

C. 地方性法规　　　　　　　D. 民事习惯

6. 民法的基本原则（　　　）。

A. 是民事立法的准则

B. 是裁判者对民事法律、法规进行解释的基本依据

C. 私法自治原则是民法基本原则中的基础原则

D. 诚实信用原则是最低限度的道德要求在法律上的体现

（三）问答题

1. 举例说明民法的调整对象。

2. 说明民法基本原则有哪些?

二、实训作业

案例：失约纠纷案

甲是乒乓球爱好者，报名参加了社区组织的乒乓球比赛，一路过关斩将，进入了前三名。乙是甲的好朋友，对甲承诺，如甲比赛夺冠，乙将陪同甲出国旅游。后甲果然夺冠，但乙毁约。甲要求乙承担赔偿责任。

问题：本案应如何处理? 为什么?

解题思路：运用有关民法的调整对象的法律规定分析。

三、网络作业

1. 观看微课视频资料：民法的调整对象——张二宝的一生。

2. 观看微课视频资料：违背公序良俗原则的遗嘱无效。

学习任务二　　民事法律关系及其应用

理论学习项目　民事法律关系的基本理论

一、民事法律关系概述

（一）民事法律关系的概念

民事法律关系是由民法规范调整的具有民事权利义务内容的社会关系，也即是由民法规范调整的平等主体之间的人身关系和财产关系。

民事法律关系具有以下特征：

1. 民事法律关系是人与人之间的社会关系。任何社会关系从本质上讲都是人与人之间的关系，法律关系也不例外，离开了人这个法律关系的主体，就无法发生法律关系。民事法律关系也是一种人与人之间的关系，而不是人与物之间或者物与物之间的关系。尽管民事法律关系通常离不开物，但物只能作为人与人之间的民事法律关系的客体，而不能是民事法律关系的主体。例如，甲对房子享有所有权，从表面上看这种所有权关系是人与物的关系，但这种关系的背后意味着甲以外的不特定人都负有不侵害甲所有权的义务，因而所有权关系归根到底还是一种人与人之间的法律关系。

2. 民事法律关系是由民法规范所调整的平等主体之间的社会关系。任何法律关系都是法律规范调整社会关系的结果，但只有为民法规范所调整的社会关系，才能形成民事法律关系。由于民事法律关系是因民法规范调整平等主体之间的人身关系和财产关系而形成的，所以，民事法律关系是平等主体之间的社会关系。因此，主体平等是民事法律关系的一个重要特征，这种法律关系一般是由当事人依自己的意愿设立的。例如，甲和乙之间的买卖电脑的关系属于平等主体之间的关系，甲乙具有平等的法律地位。再如，交警对违章司机的行政处罚就是管理与被管理的行政法律关系，不是平等主体之间的关系。

3. 民事法律关系是以民事权利、义务为内容的社会关系。民事法律关系是由民法规范确认和保护的社会关系，而民法调整平等主体之间的人身关系和财产关系就是通过赋予民事主体以民事权利、义务来实现的。因此，民事法律关系是一种民事权利义务关系，具体即人身关系或者财产关系。其一经确立，当事人一方即享有民事权利，另一方便负有相应的民事义务。有的法律关系只有一方享有权利，另一方负担义务，如赠与、借用等。大多数则是双方互享权利，互负义

务，如买卖、租赁等。

4. 民事法律关系是由国家强制力保障实施的社会关系。法律关系均体现了国家意志，因此由国家强制力保障实现。这也是法律关系区别于其他社会关系的特征之一。民事法律关系是民法调整的结果，而民法规范是国家意志的体现，因此，民事法律关系必然受到国家强制力的保障。在民事法律规范中，民事主体可以做什么，必须或应当做什么，不可以做什么，都体现了国家对各种行为的态度，由此形成了国家认可的民事秩序，不允许随意破坏。如果这种现实的民事权利义务关系受到破坏，当事人就需要承担民事责任。例如，在具体的民事法律关系中，一方当事人不履行或迟延履行其义务，影响他方民事权利的实现，他方当事人有权请求国家机关责令对方履行义务或者承担由于未履行义务而产生的法律责任。

（二）民事法律关系的分类

民事法律关系可以按不同的标准进行分类。民事法律关系的分类，对于把握具体的民事法律关系的性质和特点，了解当事人之间的相互关系和正确适用法律具有重要意义。

1. 人身关系和财产关系。根据民事法律关系内容的不同进行的分类。

人身关系是指与民事主体的人格和身份不可分离的、不具有直接物质利益内容的法律关系。人身关系分为人格关系和身份关系。

财产关系是指与财产所有或者财产流转有关的具有物质利益内容的法律关系。财产关系分为物权关系和债权关系。

2. 绝对民事关系和相对民事关系。根据民事法律关系的义务主体是否特定而做出的划分。

绝对民事法律关系是指权利主体是特定的、义务主体是不特定的民事法律关系。权利主体的权利是绝对权，同时又是对世权，是对抗一切人的权利；义务主体负担不作为的义务。比如物权关系、人格权关系、知识产权关系是绝对民事法律关系。

相对民事法律关系是指权利主体和义务主体都是特定的、具体的民事法律关系。权利主体的权利是相对权，同时又是对人权。权利主体行使权利需要义务主体的积极协助。比如债权关系就是相对民事法律关系。

3. 调整性民事关系与保护性民事关系。根据民事关系形成和实现的不同而进行的分类。

调整性民事法律关系是指由民事主体的合法行为形成的、权利义务能够正常实现和履行的关系，如所有权关系、合同关系、继承关系等。

保护性民事法律关系是指因不合法的行为产生的民事关系，其目的是保护受损害的权利和恢复被破坏的秩序，是民法的不正常的实现方式。例如，侵权行为产生的侵权法律关系，就是保护性民事关系。

4. 主民事关系和从民事关系。根据民事关系能否独立存在而进行的分类。

主民事关系是无须依赖其他民事关系而能够独立存在的民事关系。从民事关系是指必须依赖或者附属于其他民事关系而存在的民事关系。主民事关系和从民事关系是相对而言的。

二、民事法律关系的要素

民事法律关系的要素是民事法律关系必要的构成因素或条件。民事法律关系包括主体、内容和客体三个要素。

（一）民事法律关系的主体

民事法律关系的主体简称民事主体，是指参与民事法律关系，享有民事权利和承担民事义务的人。

民事法律关系是人与人之间的社会关系，因而民事法律关系的主体须为双方。其中，一方享有民事权利，为权利主体；另一方承担义务，为义务主体。不过，在多数民事法律关系中，当事人双方既为权利主体又为义务主体；而在某些民事法律关系中，一方仅为权利主体而不为义务主体，另一方仅为义务主体而不为权利主体。民事法律关系主体双方中的任何一方，既可以是一个人，也可以是多个人。

在我国，自然人和法人是最主要的民事主体，个人独资企业、合伙企业等非法人组织也可以自己的名义参与民事法律关系而成为民事主体，国家只有在一定条件下，才能成为民事法律关系的主体。

（二）民事法律关系的内容

民事法律关系的内容是指民事主体在民事法律关系中所享有的民事权利和承担的民事义务。

作为民事法律关系内容的民事权利和民事义务，在民事法律关系中占有重要地位。如果仅有民事主体参与，而主体之间没有权利和义务，仍不能发生民事法律关系。所以民事法律关系的内容构成了民事法律关系的必备要素。而且民事法律关系当事人之间享有的权利和承担的义务直接决定民事法律关系的存在和性质，是认定民事法律关系的性质类别的重要依据。因此，在民事法律关系的三要素中，民事法律关系的内容居于核心地位。

民事权利是民事主体为实现特定的利益而实施或者不实施某种行为的可能性。它既可以是直接享有某种利益或者实施一定行为的可能性，如物权；又可以是请求义务人为一定行为或者不为一定行为的可能性，如债权；还可以是请求国

家机关给予保护的可能性。民事义务是义务人为满足权利人的利益而为一定行为或者不为一定行为的必要性。义务人必须按照法律规定或者合同约定为一定行为或者不为一定行为，以满足权利人的利益，否则要承担民事责任。

在民事法律关系中，民事权利与民事义务既相互对立又相互联系。民事权利的内容是通过相应的民事义务来表现的，而民事义务的内容是由相应的民事权利来限定的。

（三）民事法律关系的客体

民事法律关系的客体是民事权利、义务共同指向的对象。

在通常情况下，民事主体是为了实现特定目的才建立民事法律关系的，而这种法律关系所指向的事物，便是民事法律关系的客体。如果民事法律关系仅有主体和内容，而没有具体指向的事物，那么权利义务也就失去了载体，所以客体也是构成民事法律关系不可缺少的要素。

关于民事法律关系的客体，理论界有不同的看法。本书认为，关于民事法律关系的客体，应当区分不同的民事法律关系来确定。人身权法律关系的客体是人身利益，物权法律关系的客体主要是物，债权法律关系的客体是行为，知识产权法律关系的客体是智力成果（包括作品、发明、实用新型、外观设计、商标、地理标志、商业秘密、集成电路布图设计、植物新品种以及法律规定的其他客体）。

另外，目前在《民法典》中新规定的民事法律关系的客体有数据、网络虚拟财产、个人信息、股权和其他投资性权利等。它们究竟是哪种权利的客体，目前仍未达成共识。

三、民事法律事实

（一）民事法律事实的概念

民事法律事实，是指民法规范所规定的能够引起民事法律关系发生、变更或消灭的客观现象。

任何民事法律关系的发生、变更和消灭，都须有一定的原因。其中相应的民事法律规范的存在是前提，而直接的原因就是民事法律事实。

民事法律事实具有两个显著特征：①客观性。即法律事实为客观的现象，而不是主观的现象。②法律性。即民事法律事实须为民事法律规定，能够引起民事法律后果的客观现象。例如，潮起潮落、刮风下雨的自然现象以及读书看报、起床睡觉、招待朋友等日常活动不能引起民事法律关系的变动，不是民事法律事实。人的出生会在其与父母之间产生抚养与被抚养等民事法律关系，因此人的出生是民事法律事实。再如，民俗中的订婚协议，不是民法确认的产生婚姻关系的事实，也不能产生婚姻关系，不是民事法律事实。而某男女结婚登记会使两人缔结夫妻关系，所以结婚登记是法律事实。

（二）民事法律事实的分类

民事法律事实的种类很多。

1. 根据其是否与人的意志有关，可以分为事件与行为两大类。

（1）事件。事件是指与人的意志无关的，能够引起民事法律关系变动的客观现象。所谓与人的意志无关，是指该现象本身不直接包含人的意志，而不是指该客观现象的出现与人的意志无关。

事件可以分为自然事件（绝对事件）和人为事件（相对事件）两种。自然事件是指由某种自然原因引起的事件，如自然灾害、人的出生与死亡、人的下落不明、时间的经过等。人为事件（相对事件）是由人为原因引起的事件，其出现在该法律关系中并不以权利主体的意志为转移。如战争的爆发、国家政策的突然改变、工人的罢工等。

（2）行为。行为是指与人的意志有关的，当事人有意识的活动。

行为分为三种：一是民事法律行为，即以意思表示为要素，以发生民事法律后果为目的的行为。有的民事法律行为符合法律的要求，能够达到当事人预期的目的，成为有效的民事法律行为；有的民事法律行为不符合法律的要求，不能达到当事人预期的目的，发生与当事人的意志相悖的法律后果，成为无效的民事法律行为；有的民事法律行为因意思表示瑕疵，成为可撤销的民事法律行为；有的民事法律行为则成为效力待定的民事法律行为。还有的是附条件附期限的民事法律行为。民事法律行为是最主要的民事法律事实。二是准民事法律行为，即行为人实施的有助于确定民事法律关系相关事实因素的意愿表达或事实通知行为。这类行为不是民事法律行为，不能直接引起民事法律关系的变动，但可以准用民事法律行为的相关规则。准民事法律行为如催告、通知等。三是事实行为，即不以意思表示为要素，当事人没有发生民事法律后果的目的，但可引起民事法律后果的行为。事实行为既有合法行为，也有违法行为。前者如无因管理，后者如侵权行为等。

2. 根据引起民事法律关系变动的民事法律事实的数量，分为单一的民事法律事实和民事法律事实构成。

（1）单一的民事法律事实，即指只需要一个民事法律事实就可以引起民事法律关系变动的事实。

（2）民事法律事实构成，是指能引起民事法律关系变动的几个民事法律事实的总和。例如，遗赠法律关系的发生，必须有被继承人生前立有遗嘱、被继承人死亡和受遗赠人接受遗赠这三个民事法律事实的出现。

实务学习项目　具体案件中的民事法律关系

一、案例中的民事法律关系识别

案例：劳务者受害责任纠纷案[1]

2016 年 4 月 12 日，被告某公司与被告张某成签订了名为《劳动合同》的承揽协议，约定由被告张某成为某公司完成倒塌围墙的砌砖和打混凝土工作，被告张某成按照约定完成了承揽工作并交付工作成果。合同签订后，张某成雇周某福到工地干活。2016 年 4 月 16 日 18 时 30 分许，周某福乘坐闫某峰驾驶的农用车上下班途中（距离被告某公司 500 米）发生车祸，后抢救无效死亡。经公安交警部门认定，闫某峰无证驾驶是造成事故的主要原因，周某福和同乘人员无责。事故发生后，死者周某福的妻子党某玲、女儿周某某、女儿周某婷向人民法院起诉，要求被告某公司、被告张某成承担赔偿责任。

任务：

1. 识别案例中发生了哪几种民事法律关系？

解题思路：阅读案情，依据民事法律关系的三要素辨清当事人之间发生了哪些法律关系。

2. 案例中应由谁承担对死者的赔偿责任？

解题思路：依据案件发生时的《侵权责任法》《合同法》《最高人民法院关于审理人身损害赔偿案件适用法律若干问题的解释》查明责任人。

3. 如果案件发生在我国《民法典》生效后，应由谁承担对死者的赔偿责任？

二、法律咨询工作中的民事法律关系查明

案例：民间借贷纠纷案

2018 年 1 月 31 日一位当事人前来律师事务所咨询，声称他有 50 万元存放在一位开公司的亲戚手里，亲戚答应每个月按 2 分计息，每月 5 号利息结算一次。现已有半年未支付利息，期间当事人多次催要，该亲戚均以各种理由不支付。无奈之际，当事人提出要回本金，但亲戚说手中流动资金不多，不能付给他。问现在该怎么办？

---

〔1〕　参见宁夏回族自治区银川市兴庆区人民法院民事判决书［（2016）宁 0104 民初 7815 号］，宁夏银川市兴庆区人民法院刘晓莉提供。

任务：

1. 以律师助理的身份完成接待当事人的咨询工作，并查明其中的民事法律关系。

实训步骤：

（1）登记。首先要求咨询者填写"案件登记表"，写明咨询者的姓名、年龄、民族、文化程度、职业、工作单位、联系方式等基本情况，注明接待人员、方式。

（2）记录。认真记录咨询者提供的相关案件材料，对案件进行总结概括，特别注意案件中的诉讼进程，写明所咨询的具体问题。

（3）听取咨询者的陈述。

（4）认真观察和审阅。

（5）有针对性地提问。

（6）记录完整的案情。

（7）综合分析案件性质。

评价标准：

（1）登记当事人信息齐全。

（2）接收材料记录清楚。

（3）写明咨询问题。

（4）设问表述清晰。

（5）归纳总结案情完整。

（6）分析案件性质准确。

2. 分析案件材料，解答当事人提出的问题。

解题思路：在准确掌握事实、正确理解法律的基础上，能够用通俗易懂的语言提出明确具体、切实可行的方案。

 知识拓展

学习小结

1. 民事法律关系概念的要点：①该关系属于民法规范调整；②这是平等主体之间发生的关系；③属于人身关系和财产关系。

2. 民事法律关系三要素：①主体，包括自然人、法人、非法人组织。②内容，包括民事权利和民事义务。③客体，包括物、行为、人身利益、智力成果以及个人信息、数据、网络虚拟财产、股权和其他投资性权利等。

3. 民事法律事实的概念及其种类：①民事法律规范规定的；②能够引起民事法律关系产生、变更或者消灭的客观情况。民事法律事实包括事件和行为。

4. 具体案件中如何识别民事法律关系？①案件事实分析。首先要确定不同法律关系、法律关系的性质和权利义务内容，其次要确定其要素及变动情况，从而全面地把握案件的性质和当事人的权利义务关系。②查找相关法律。运用民法法源的适用原则准确选择适用法律。

5. 法律咨询中主要查明登记的民事法律关系的事项：①咨询人情况，案件当事人情况。②咨询目的。③案件类型。初步判断案件中民事法律关系的性质。④处理意见。

课后作业

一、知识作业

（一）名词解释

1. 民事法律关系   2. 民事法律事实

（二）选择题

1. 下列社会关系中，属于民事法律关系的是（　　）。

A. 甲因违反交通规则被罚款　　　　B. 乙在银行存款

C. 丙代甲交作业　　　　　　　　　D. 丁向税务机关缴纳税款

2. 根据民事权利的分类，下列权利中属于形成权的是（　　）。

A. 合同当事人请求对方履行合同义务

B. 受害人请求致害人赔偿损失

C. 继承人放弃继承权

D. 合同当事人请求违约方支付违约金

3. 下列属于民事法律关系客体的是（　　）。

A. 甲向乙借款 500 元　　　　　　B. 闪电

C. 丙写的一篇网络小说　　　　　　D. 可口可乐的玻璃瓶造型

4. 下列物与物的关系中属于主物与从物关系的是（　　）。

A. 钥匙与锁　　　　　　　　　　　B. 房屋与窗户

C. 电视机与遥控器　　　　　　　　D. 汽车与轮胎

5. 下列选项中，属于民事法律事实的是（　　）。

A. 恋爱　　　　　　　　　　　　　B. 招待朋友

C. 潮起潮落　　　　　　　　　　　D. 出生

（三）问答题

1. 民事法律关系有哪些特征？

2. 民事法律关系有哪些要素构成？

3. 举例说明民事法律事实及其种类。

二、实训作业

案例：宁波动物园老虎伤人事件[1]

2017 年 1 月 29 日，农历鸡年大年初二下午，张某及妻子和两个孩子、李某某夫妇一行 6 人到雅戈尔动物园北门，张某妻子和两个孩子以及李某某妻子购票入园后，张某、李某某未买票，从动物园北门西侧翻越 3 米高的动物园外围墙，又无视警示标识钻过铁丝网，再爬上老虎散放区 3 米高的围墙（围墙外侧有明显的警示标识，顶部装有 70 厘米宽网格状铁栅栏）。张某进入老虎散放区，引来了东北虎的围攻。事发后很短的时间，动物园的管理者即组织人员到场，利用鞭炮等手段驱赶老虎，并在驱赶无效的情况下，最终击毙一只老虎。事后，围观游客被驱散，被咬男子不治身亡，肇事老虎被击毙，动物园被封停一天。

实训任务：

1. 请分析该案中出现了哪些民事法律关系。

解题思路：从事件中的各类主体之间的关系分析。

2. 动物园对死者是否承担赔偿责任？

解题思路：从死者与动物园之间的法律关系分析。

---

〔1〕 曹美丽、杜金明："官方通报'宁波老虎咬人事件'：游客未买票 翻越 3 米围墙"，载环球网，http：//china. huanqiu. com/article/9CaKmK07K4，最后访问日期：2020 年 5 月 7 日。

三、网络作业

扫码学习音频资料：民事法律关系的要素。

 **学习任务三　自然人、法人、非法人组织及其应用**

理论学习项目　具体民事主体的基本知识

《民法典》第 2 条规定了民法调整内容为"平等主体的自然人、法人和非法人组织之间的人身关系和财产关系"。可见，《民法典》将民事主体分为三类，分别是自然人、法人、非法人组织。

一、自然人

自然人是指因出生而具有民事主体资格的人，包括本国公民、外国公民、无国籍人。民事主体因民事法律关系的平等性，所有生命个体不分国籍、年龄、贫富等差异而一律平等，故以"自然人"概括所有人。

（一）自然人的民事权利能力

1. 自然人民事权利能力的概念。自然人的民事权利能力，是指自然人成为民事权利和民事义务主体的资格。

2. 自然人民事权利能力取得与终止的时间。按照法律规定，自然人因出生而自然获得民事权利能力，到死亡时终止，一律平等。所有自然人均有成为民事权利和民事义务主体的资格，而未出生或已死亡的人则无行使权利或承担义务的资格。

但是，涉及遗产继承、接受赠与等胎儿利益保护的，胎儿视为具有民事权利能力。需要说明的是，胎儿娩出时为死体的，其民事权利能力自始不存在。

（二）自然人的民事行为能力

自然人的民事行为能力，是指自然人能够以自己的行为独立地享有民事权利、独立地承担民事义务的资格。按自然人年龄、精神健康状况的不同，民事行为能力分为：

1. 完全民事行为能力。完全民事行为能力是指自然人能够独立实施民事行为，行使民事权利和承担民事义务的能力。具有完全民事行为能力的自然人有两类：

（1）18 周岁以上的成年人。

（2）16 周岁以上的未成年人，以自己的劳动收入为主要生活来源的，并且能维持当地群众一般生活水平的，视为完全民事行为能力人。

具有完全民事行为能力的自然人可以独立实施民事行为、独立享有民事权利、独立承担民事义务、独立承担民事责任，并具有独立诉讼行为能力。

2. 限制民事行为能力。限制民事行为能力是指因不能完全辨认自己的行为意义、性质以及后果，自然人仅享有独立实施法律所限定的民事法律行为的能力。限制民事行为能力的自然人有两类：

（1）8 周岁以上的未成年人。

（2）不能完全辨认自己行为的成年人。不能完全辨认自己的行为，是指自然人对自己行为的意义、性质和后果具有一定识别和判断能力，但这种能力并没有达到完全正常的水平。[1]

限制民事行为能力的自然人，可以独立实施纯获利益的民事法律行为或者与其年龄、智力、精神健康状况相适应的民事法律行为。其他的民事法律行为，须由其法定代理人代理或者经其法定代理人同意、追认，才具有法律效力。

3. 无民事行为能力。无民事行为能力是指因完全不能辨认自己的行为意义、性质以及后果，自然人不具有独立实施民事法律行为的能力。无民事行为能力的自然人有三类：

（1）不满 8 周岁的未成年人。

（2）不能辨认自己行为的成年人。

（3）不能辨认自己行为的 8 周岁以上的未成年人。

无民事行为能力人由其法定代理人代理实施民事法律行为。

需要说明的是，按年龄划分的行为能力类别，无需申请、认定或宣告。但是，不能辨认或者不能完全辨认自己行为的成年人，须由其利害关系人或者有关组织，向人民法院申请认定该成年人为无民事行为能力人或者限制民事行为能力人。

（三）监护

1. 监护的概念。监护，是对无民事行为能力、限制民事行为能力的未成年人和成年人人身、财产及其合法权益进行监督和保护的一种民事法律制度。

---

〔1〕 张新宝：《〈中华人民共和国民法总则〉释义》，中国人民大学出版社 2017 年版，第 45 页。

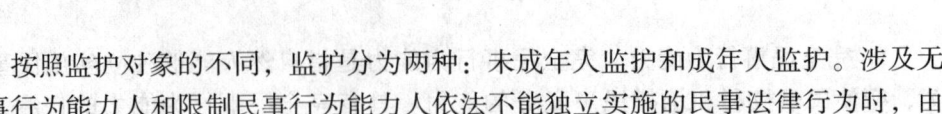

　　按照监护对象的不同，监护分为两种：未成年人监护和成年人监护。涉及无民事行为能力人和限制民事行为能力人依法不能独立实施的民事法律行为时，由监护人进行监督和保护。

　　2. 监护人的设定。

　　（1）监护人的基本条件。监护人应当是具有监护能力的人。监护能力包括三层含义：一是具有民事行为能力；二是具有保护能力；三是具有对被监护人进行管教的能力。[1] 监护能力的认定，应当根据监护人的身体健康状况、经济条件，以及与被监护人在生活上的联系状况等因素确定。

　　（2）监护人的设定方式。按照《民法典》的规定，监护人的设定方式有如下几种：

　　第一，法定监护，就是监护人由法律直接规定而设置的监护。其中，未成年人的监护人，按照《民法典》第 27 条的规定，父母是未成年子女的监护人。未成年人的父母已经死亡或者没有监护能力的，由下列有监护能力的人按顺序担任监护人：①祖父母、外祖父母；②兄、姐；③其他愿意担任监护人的个人或者组织，但是须经未成年人住所地的居民委员会、村民委员会或者民政部门同意。没有依法具有监护资格的人的，监护人由民政部门担任，也可以由具备履行监护职责条件的被监护人住所地的居民委员会、村民委员会担任。

　　对于无民事行为能力、限制民事行为能力的成年人，《民法典》第 28 条规定，其监护人由下列有监护能力的人按顺序担任监护人：①配偶；②父母、子女；③其他近亲属；④其他愿意担任监护人的个人或者组织，但是须经被监护人住所地的居民委员会、村民委员会或者民政部门同意。没有依法具有监护资格的人的，监护人由民政部门担任，也可以由具备履行监护职责条件的被监护人住所地的居民委员会、村民委员会担任。

　　第二，遗嘱监护，是指被监护人的父母担任监护人的，可以通过遗嘱指定监护人。

　　第三，协议监护，依法具有监护资格的人之间可以协议确定监护人。协议确定监护人应当尊重被监护人的真实意愿。

　　第四，指定监护，对监护人的确定有争议的，由被监护人住所地的居民委员会、村民委员会或者民政部门指定监护人，有关当事人对指定不服的，可以向人民法院申请指定监护人；有关当事人也可以直接向人民法院申请指定监护人。

　　第五，意定监护，具有完全民事行为能力的成年人，可以与其近亲属、其他愿意担任监护人的个人或者组织事先协商，以书面形式确定自己的监护人。协商

---

〔1〕 参见张新宝：《〈中华人民共和国民法总则〉释义》，中国人民大学出版社 2017 年版，第 53 页。

确定的监护人在该成年人丧失或者部分丧失民事行为能力时，履行监护职责。

3. 监护人的职责。按照《民法典》第 34 条第 1 款的规定，监护人的职责是代理被监护人实施民事法律行为，保护被监护人的人身权利、财产权利以及其他合法权益等。该职责实为监护人对被监护人的人身和财产权益进行监督和保护的权利、义务和责任的集合[1]。其具体内容如下：

（1）监护权。具体有保护被监护人的身体健康、照顾被监护人的生活、管理和保护被监护人的财产、代理被监护人进行民事活动、对被监护人进行管理和教育、代理被监护人进行诉讼。[2] 监护人依法履行监护职责产生的权利，受法律保护。

监护人应当按照最有利于被监护人的原则履行监护职责。监护人除为维护被监护人利益外，不得处分被监护人的财产。

未成年人的监护人履行监护职责，在作出与被监护人利益有关的决定时，应当根据被监护人的年龄和智力状况，尊重被监护人的真实意愿。

成年人的监护人履行监护职责，应当最大限度地尊重被监护人的真实意愿，保障并协助被监护人实施与其智力、精神健康状况相适应的民事法律行为。对被监护人有能力独立处理的事务，监护人不得干涉。

因发生突发事件等紧急情况，监护人暂时无法履行监护职责，被监护人的生活处于无人照料状态的，被监护人住所地的居民委员会、村民委员会或者民政部门应当为被监护人安排必要的临时生活照料措施。

（2）监护人的法律责任。监护人不履行监护职责或者侵害被监护人合法权益的，应当承担法律责任。监护人承担的法律责任，大多属于侵权责任，将在本教材第六单元具体讲述。

4. 监护的撤销。当监护人不再具有法定的监护资格或者条件时，为了保护被监护人的利益，有必要按法定程序予以撤销。

（1）撤销监护的法定事由。《民法典》第 36 条第 1 款规定，监护人有如下三种情形之一的，人民法院根据有关个人或者组织的申请，撤销其监护人资格：①实施严重损害被监护人身心健康的行为的；②怠于履行监护职责，或者无法履行监护职责并且拒绝将监护职责部分或者全部委托给他人，导致被监护人处于危困状态的；③实施严重侵害被监护人合法权益的其他行为。

（2）撤销监护人的程序。按照《民法典》第 36 条第 2 款的规定，经其他依法具有监护资格的人，居民委员会、村民委员会、学校、医疗机构、妇女联合

---

〔1〕　参见张新宝：《〈中华人民共和国民法总则〉释义》，中国人民大学出版社 2017 年版，第 66 页。

〔2〕　参见《最高人民法院关于贯彻执行〈民法通则〉若干问题的意见（修改稿）》（以下简称《民法通则意见》）第 10 条的规定。

会、残疾人联合会、未成年人保护组织、依法设立的老年人组织、民政部门等相关个人或者组织的申请，人民法院可撤销监护人资格，安排必要的临时监护措施，并按照最有利于被监护人的原则依法指定监护人。

《民法典》第 37 条还规定，依法负担被监护人抚养费、赡养费、扶养费的父母、子女、配偶等，被人民法院撤销监护人资格后，应当继续履行负担的义务。

（3）监护资格的恢复。按照《民法典》第 38 条的规定，被监护人的父母或者子女被人民法院撤销监护人资格后，除对被监护人实施故意犯罪的外，确有悔改表现的，经其申请，人民法院可以在尊重被监护人真实意愿的前提下，视情况恢复其监护人资格，人民法院指定的监护人与被监护人的监护关系同时终止。

5. 监护关系的终止。《民法典》第 39 条规定，有下列情形之一的，监护关系终止：①被监护人取得或者恢复完全民事行为能力；②监护人丧失监护能力；③被监护人或者监护人死亡；人民法院认定监护关系终止的其他情形。监护关系终止后，被监护人仍然需要监护的，应当依法另行确定监护人。

（四）宣告失踪和宣告死亡

一般情况下，自然人以户籍登记或者其他有效身份登记记载的居所为住所，或者以经常居所视为住所，该住所就是民事主体进行民事活动的主要场所。倘若，自然人离开住所下落不明达到一定时间，将会影响民事法律关系，为此，法律设定了宣告失踪和宣告死亡两项制度。

1. 宣告失踪。

（1）宣告失踪的概念。宣告失踪，是指经利害关系人申请，由人民法院依据法定条件和程序，对下落不明满法定期限的人宣告为失踪人的法律制度。

（2）宣告失踪的条件。按照《民法典》第 40 条的规定，宣告失踪的条件：一是自然人下落不明的事实满 2 年；二是必须由下落不明人的民事利害关系人向人民法院提出书面申请，该申请书应当写明失踪的事实、时间和请求，并附有该自然人下落不明的证明材料；三是必须由人民法院依法定程序宣告，即人民法院接到宣告失踪的申请后，对下落不明的自然人发出 3 个月公告，公告期满，根据被宣告失踪的事实是否得到确认，作出宣告失踪的判决或者驳回申请的判决。

其中，自然人下落不明的时间从其失去音讯之日起计算。战争期间下落不明的，下落不明的时间自战争结束之日或者有关机关确定的下落不明之日起计算。

（3）宣告失踪的法律后果。自然人被宣告失踪后，其民事主体资格仍然存在，宣告失踪的法律后果主要是为失踪人设立财产代管人，由该代管人代为行使财产权利、履行财产义务。

第一，财产代管人的确定。《民法典》第 42 条规定，失踪人的财产由其配偶、成年子女、父母或者其他愿意担任财产代管人的人代管。代管有争议，没有前款规定的人，或者前款规定的人无代管能力的，由人民法院指定的人代管。

第二，财产代管人的权利与义务。财产代管人应当妥善管理失踪人的财产，维护其财产权益。失踪人所欠税款、债务和应付的其他费用，由财产代管人从失踪人的财产中支付。财产代管人有正当理由的，可以向人民法院申请变更财产代管人。人民法院变更财产代管人的，变更后的财产代管人有权要求原财产代管人及时移交有关财产并报告财产代管情况。失踪人重新出现，财产代管人应及时移交有关财产并报告财产代管情况。

第三，财产代管人的法律责任。根据《民法典》的规定，财产代管人因故意或者重大过失造成失踪人财产损失的，应当承担赔偿责任。财产代管人不履行代管职责、侵害失踪人财产权益或者丧失代管能力的，失踪人的利害关系人可以向人民法院申请变更财产代管人。

（4）宣告失踪的撤销。失踪人重新出现，经本人或者利害关系人申请，人民法院应当撤销失踪宣告。

2. 宣告死亡。

（1）宣告死亡的概念。宣告死亡是指自然人离开自己的住所，下落不明达到法定期限，经利害关系人申请，由人民法院依法定条件和程序宣告其死亡的法律制度。

（2）宣告死亡的条件。根据《民法典》第46条的规定，宣告死亡的条件包括：①自然人下落不明达到法定期间。一般自然人离开住所下落不明满4年，或者自意外事件发生之日起下落不明满2年，但是因意外事件下落不明，经有关机关证明该自然人不可能生存的，申请宣告死亡不受2年时间的限制。②必须由下落不明人的民事利害关系人向人民法院提出书面申请。该申请书应当写明失踪的事实、时间和请求，并附有该自然人下落不明的证明材料。对同一自然人，有的利害关系人申请宣告死亡，有的利害关系人申请宣告失踪，符合宣告死亡条件的，人民法院应当宣告死亡。③必须由人民法院依法定程序宣告。人民法院接到宣告失踪的申请后，发出寻找失踪人的公告，公告期为1年，意外事件的，公告期为3个月。公告期满，根据是否得到失踪人生存讯息的事实，作出宣告死亡的判决或者驳回申请的判决。

被宣告死亡的人，人民法院宣告死亡的判决作出之日视为其死亡的日期；因意外事件下落不明宣告死亡的，意外事件发生之日视为其死亡的日期。

（3）宣告死亡的法律后果。宣告死亡，不同于生理死亡，但两者的法律效果却是相同的，主要包括被宣告死亡人与其配偶的婚姻关系消灭、无人抚养未成年子女可由他人依法收养、遗产继承开始等。

需要注意的是，自然人被宣告死亡但是并未死亡的，不影响该自然人在被宣

告死亡期间实施的民事法律行为的效力。

（4）死亡宣告的撤销。宣告死亡是法律上的推定死亡，如果被宣告死亡的人重新出现，经本人或者利害关系人申请，人民法院应当撤销死亡宣告。死亡宣告被撤销后，在人身关系和财产关系方面均会产生一定的法律后果。

第一，婚姻关系方面，死亡宣告被撤销的，婚姻关系自撤销死亡宣告之日起自行恢复，但是其配偶再婚或者向婚姻登记机关书面声明不愿意恢复的除外。

第二，父母子女关系方面，被宣告死亡的人在被宣告死亡期间，其子女被他人依法收养的，在死亡宣告被撤销后，不得以未经本人同意为由主张收养关系无效。

第三，财产关系方面，被撤销死亡宣告的人有权请求依照继承法取得其财产的民事主体返还财产。无法返还的，应当给予适当补偿。

利害关系人隐瞒真实情况，致使他人被宣告死亡取得其财产的，除应当返还财产外，还应当对由此造成的损失承担赔偿责任。

（五）个体工商户和农村承包经营户

户，是我国民事立法认可的由一个或几个自然人构成的特殊主体，包括个体工商户和农村承包经营户。

1. 个体工商户。

（1）个体工商户的概念。按照《民法典》第54条的规定，自然人从事工商业经营，经依法登记，为个体工商户。

（2）个体工商户的特征。①个体工商户的经营主体是一个或几个甚至全部家庭成员个体，对外以"户"的名义享有相关的权利义务。②个体工商户从事的是工商业经营，而不是农业生产经营。③个体工商户须经依法登记，取得营业执照，依法经营。

（3）个体工商户的字号。个体工商户可以起字号。其字号，应当具有独特性、显著性，并受到特定区域和行业的限制，具有一定商誉的字号还具有经济价值。但个体工商户在民事诉讼中，应以营业执照登记的户主作为诉讼当事人。

（4）个体工商户的财产责任。《民法典》第56条第1款规定，个体工商户的债务，个人经营的，以个人财产承担；家庭经营的，以家庭财产承担；无法区分的，以家庭财产承担。

2. 农村承包经营户。

（1）农村承包经营户的概念。《民法典》第55条规定，农村集体经济组织的成员，依法取得农村土地承包经营权，从事家庭承包经营的，为农村承包经营户。

农村承包经营户，是农村集体经济组织的成员通过与该集体签订承包合同，取得经营权，开展家庭经营活动的主体。

（2）农村承包经营户的财产责任。《民法典》第 56 条第 2 款规定，农村承包经营户的债务，以从事农村土地承包经营的农户财产承担；事实上由农户部分成员经营的，以该部分成员的财产承担。

二、法人

（一）法人概述

1. 法人的概念。法人是相对于自然人而言的另一类民事主体。在大陆法系各国，1784 年的《普鲁士普通邦法》最早采纳了法人的概念，1900 年的《德国民法典》承认了法人是一类独立的民事主体[1]，但未给出法人的定义。我国《民法典》第 57 条规定，法人是具有民事权利能力和民事行为能力，依法独立享有民事权利和承担民事义务的组织。

2. 法人的特征。与自然人、非法人组织相比较，法人的主要法律特征有：

（1）法人是依法成立的社会组织。不是任何社会组织都是法人，只有具备法定条件，且得到法律认可或依法批准的社会组织，才能取得法人资格。

（2）法人是独立民事主体。法人具有民事权利能力和民事行为能力，可以独立以该组织的名义开展民事活动，独立享有民事权利、承担民事义务和民事责任。

（3）法人具有独立的财产。法人具有独立于投资主体、内部成员的财产，是其开展民事活动的物质基础、独立承担民事责任的物质保障。《民法典》第 60 条规定，法人以其全部财产独立承担民事责任。因此，其财产责任是一种有限责任。

（4）法人具有健全的组织机构。法人通过内设机构和对外代表法人的机构及其成员开展各项民事活动，法人的团体意志就是通过这些权责分明、相互配合与制约的机构及其成员才得以实现，使法人组织得以存续和发展。

3. 我国现行法律对法人的分类。我国实行"民商合一"的立法体例，按照法人的成立目的，法人不仅包括营利法人、也包括非营利法人和特别法人。

（1）营利法人。按照《民法典》第 76 条的规定，以取得利润并分配给股东等出资人为目的成立的法人，为营利法人。营利法人包括有限责任公司、股份有限公司和其他企业法人等。

（2）非营利法人。按照《民法典》第 87 条的规定，为公益目的或者其他非营利目的成立，不向出资人、设立人或者会员分配所取得利润的法人，为非营利法人。非营利法人包括事业单位、社会团体、基金会、社会服务机构等。

---

〔1〕　史尚宽：《民法总论》，中国政法大学出版社 2000 年版，第 120 页。

（3）特别法人。按照《民法典》第96条的规定，机关法人、农村集体经济组织法人、城镇农村的合作经济组织法人、基层群众性自治组织法人，为特别法人。

（二）法人的成立

法人的成立是指符合法人条件的社会组织按照法定程序取得法人资格的行为[1]，是法人获得民事权利能力和民事行为能力的法律事实。

1. 法人的成立条件。社会组织要成为法人，必须具备如下条件：

（1）依法成立。法人的成立应当依据具体的法律和行政法规，例如，公司的成立应当依据《公司法》以及《公司登记管理条例》，事业单位法人的成立应当依据《事业单位登记管理暂行条例》，社会团体法人的成立则依据《社会团体登记管理条例》，等等。

（2）有必要的财产或者经费。法律对不同种类的法人，在财产和经费上有不同的要求，其来源一般是设立人的出资或拨款，是属于法人所有，并能独立支配、维持其正常业务活动的财产。

（3）有自己的名称、组织机构和场所。①法人的名称。法人的名称须符合法律、行政法规的规定，其名称是区别于其他法人的标志、是法人独立人格的标志。②法人的组织机构。法人必须具有一定对内管理法人的事务、对外代表法人从事民事活动的组织机构。③法人的场所。为便于国家的监督管理、法人业务活动的开展和债务的履行，法人必须具有从事业务活动的地方，如法人营业地或办事机构所在地。

（4）法律规定的其他条件。设立法人还需要具备法律规定的其他条件，如《公司法》规定，设立公司必须依法制定公司章程、设立人应符合法定人数等[2]；《社会团体登记管理条例》规定申请设立社会团体应当提交社会团体的章程草案[3]。

2. 法人的设立程序。具备法人成立条件的组织，必须经法定程序才能取得法人资格。

（1）营利法人的设立程序。在我国，营利法人主要是企业法人，包括公司企业法人和非公司企业法人。其中，公司企业法人除法律、行政法规规定须报经批准的以外，一般向公司登记机关申请设立登记即可成立[4]，按照《民法典》第78条的规定，依法设立的营利法人，由登记机关发给营利法人营业执照。营

---

〔1〕 杨立新编著：《民法》，中国人民大学出版社2017年版，第28页。

〔2〕 参见《公司法》第11条、第24条、第78条。

〔3〕 参见《社会团体登记管理条例》第11条。

〔4〕 参见《公司法》第6条。

业执照签发日期为营利法人的成立日期。非公司企业法人，须经主管部门或有关审批机关批准，再向登记机关申请登记[1]。

（2）非营利法人的设立程序。非营利法人的设立，一般按法律和行政命令的规定设立，自成立之日即具有法人资格。而有些事业单位法人如民办学校、协会、学会等则需要业务主管部门审查同意，再向登记机关申请登记方可成立。

（3）特别法人的设立程序。特别法人的设立程序，如机关法人的设立，取决于宪法和法律的特别规定。特别法人自成立之日起，具有法人资格。

3. 设立中的法人。设立中的法人，是指从设立法人开始到法人成立之前的组织。该组织主要从事法人的设立行为。《民法典》第75条第1款规定："设立人为设立法人从事的民事活动，其法律后果由法人承受；法人未成立的，其法律后果由设立人承受，设立人为2人以上的，享有连带债权，承担连带债务。"

（三）法人的民事能力

1. 法人的民事权利能力。

（1）法人民事权利能力的概念。法人的民事权利能力，是指法人以自己的名义参与民事法律关系，享有民事权利、承担民事义务的资格。

（2）法人民事权利能力的特殊性。法人的民事权利能力不同于自然人，其特殊性表现在：①法人不享有自然人享有的与人身不可分离的权利。法人是社会组织，不享有生命权、健康权等人身权和基于自然人亲属关系的身份权，但可享有名称权、名誉权等人格权。②法人的民事权利能力依法受到法律、行政法规、章程的限制。自然人的民事权利能力一律平等，而法人只能在法律规定或依法登记、批准的范围内具有民事权利能力，且各种法人的民事权利能力各不相同。

（3）法人民事权利能力的产生。《民法典》第59条规定，法人的民事权利能力和民事行为能力，从法人成立时产生，到法人终止时消灭。这就在法律上确认了法人的民事权利能力和民事行为能力与法人资格同时产生、同时消灭的规则。

第一，营利法人的民事权利能力。按照《民法典》第78条的规定，营业执照签发日期为营利法人的成立日期。因此，营利法人的民事权利能力从营业执照签发之日起产生。

第二，非营利法人的民事权利能力。按照《民法典》第88条的规定，事业单位法人，经依法登记成立，取得事业单位法人资格；依法不需要办理法人登记的，从成立之日起，具有事业单位法人资格。

第三，特殊法人的民事权利能力。按照《民法典》第97条的规定，有独立经费的机关和承担行政职能的法定机构从成立之日起，具有机关法人资格，可以

---

〔1〕 参见《企业法人登记管理条例》第14条。

从事为履行职能所需要的民事活动。

（4）法人民事权利能力的终止。法人的民事权利能力，从法人终止时消灭。法人的民事主体资格因依法被撤销、解散、依法宣告破产或其他原因而终止。但是，依据《民法典》的相关规定，法人在依法进行清算的阶段，对清算范围内的活动依然具有权利能力。

2. 法人的民事行为能力。

（1）法人民事行为能力的概念。法人的民事行为能力是指法人以自己的名义独立实施民事法律行为，享有民事权利、承担民事义务的能力。

（2）法人民事行为能力的特点。

第一，法人的民事行为能力与民事权利能力不但同时产生、同时终止，而且范围上也具有一致性。而自然人的民事权利能力虽然一律平等，但民事行为能力则因年龄、精神健康状况的不同而不同。

第二，法人的民事行为能力是通过法定代表人、组织机构及其工作人员来实现的。法人的法定代表人、组织机构及其工作人员是以法人的名义并执行法人意思实施民事法律行为，而自然人的民事行为能力一般情况下是通过自己来实现的。

3. 法人的民事责任能力。法人的民事责任能力，是指法人以自己的名义、自己的财产独立承担其民事法律行为所产生的法律后果的能力。《民法典》第61条第2款规定，法定代表人以法人名义从事的民事活动，其法律后果由法人承受。第62条第1款规定，法定代表人因执行职务造成他人损害的，由法人承担民事责任。

《民法典》第60条规定，法人以其全部财产独立承担民事责任。其中，营利法人的投资人仅以其投资为限承担有限责任。

（四）法人机关及法人分支机构

1. 法人机关的概念。法人作为一种社会组织，其意志的形成、表达、实现必须通过一定的组织机构来实现，而法人机关就是承担此责任的组织。

法人机关是指根据法律、法人章程的规定，由自然人或集体组成，对内管理法人事务或者对外代表法人从事民事活动的机构。

2. 法人机关的种类。一般来说，法人机关是法人内部机构，包括权力机关、执行机关和监督机关。涉及具体不同类型的法人，法人机构的名称又各不相同。

（1）法人的权力机关。该机关在法人的内部机构中居于核心地位，对法人的重大事项、管理人员任免以及管理事项具有决定权。如营利法人的股东大会或者股东会、一些事业单位法人的理事会、一些社会团体法人的会员大会或者会员代表大会。

（2）法人的执行机关。该机关是负责执行法人权力机关的决定、法人章程

规定事项的机构，如营利法人的董事会。

（3）法人的监督机关。该机关依法律或章程行使检查、监督法人组织及其工作人员执行职务的行为，如营利法人的监事会。

3. 法定代表人。

（1）法定代表人的概念。法人的主要负责人是法定代表人。《民法典》第61条第1款规定："依照法律或者法人章程的规定，代表法人从事民事活动的负责人，为法人的法定代表人。"

（2）法定代表人的产生。法定代表人是依照法律或者法人章程规定以法人的名义代表法人对外从事民事活动的自然人，如营利法人的法定代表人可由其董事长、执行董事或总经理担任，并依法登记。事业单位法人的法定代表人依照法律、行政法规或者法人章程的规定产生。社会团体法人的理事长或者会长等负责人按照法人章程的规定担任法定代表人。捐助法人的理事长等负责人按照法人章程的规定担任法定代表人。

（3）法定代表人的责任。法定代表人可以代表法人对外进行民事活动或代表法人进行诉讼，也可以授权法人的其他工作人员以及其他民事主体作为法人的代理人。法人章程或者法人权力机构可以对法定代表人代表权做出限制，但该限制不得对抗善意相对人。法定代表人以法人名义执行职务的民事活动，其法律后果均由法人承受。但是，法人承担民事责任后，依照法律或者法人章程的规定，可以向有过错的法定代表人追偿。

4. 法人的分支机构。法人可以根据业务需要设立分支机构，也是法人的组成部分。法律、行政法规规定分支机构应当登记的，依照其规定。《民法典》第74条第2款规定："分支机构以自己的名义从事民事活动，产生的民事责任由法人承担；也可以先以该分支机构管理的财产承担，不足以承担的，由法人承担。"

（五）法人的住所

《民法典》第63条规定："法人以其主要办事机构所在地为住所。依法需要办理法人登记的，应当将主要办事机构所在地登记为住所。"确定法人的住所，可以明确诉讼管辖地、法律文书送达地、债务履行地。

（六）法人的变更和终止

1. 法人的变更。法人的变更是指法人在存续期间对法人的名称、住所、活动事项、法定代表人、性质、组织机构、财产等重要事项的改变。上述事项发生变更时，应当依据法律规定向登记机关办理变更登记，并向社会公告。

（1）法人组织机构的变更。法人组织机构的变更，是指成立的法人组织类型的变化，如从有限责任公司变为股份有限公司等，最重要的变更还包括：①法人的合并，即将两个以上的法人合并为一个法人，包括创设合并、吸收合并两种情形。创设合并，是两个以上的法人合并为一个新法人，原法人的资格消灭，即：A+B+C＝D。吸收合并，是指两个以上法人合并为一个法人，原有的其中一个继续存在，即 A+B+C＝A。②法人的分立，即一个法人分为两个或两个以上法人，包括派生分立和新设分立两种情形。派生分立，是由一个法人分成两个以上的新法人，其中一个法人的资格保留，即 A→A 和 B。新设分立，是将一个法人分成两个以上的新法人，原法人资格消灭，即 A→B 和 C。

《民法典》第 67 条规定："法人合并的，其权利和义务由合并后的法人享有和承担。法人分立的，其权利和义务由分立后的法人享有连带债权，承担连带债务，但是债权人和债务人另有约定的除外。"

（2）法人其他重要事项的变更。如对法人的名称、住所、活动事项、法定代表人、性质、财产等重要事项的改变，这些事项的变更不影响法人的存在。

2. 法人的终止。法人的终止，是指法人在法律上消灭了民事主体的资格，不再具有民事权利能力和行为能力。

（1）法人的终止原因。《民法典》第 68 条规定："有下列原因之一并依法完成清算、注销登记的，法人终止：①法人解散；②法人被宣告破产；③法律规定的其他原因。法人终止，法律、行政法规规定须经有关机关批准的，依照其规定。"

其中，《民法典》第 69 条规定："有下列情形之一的，法人解散：①法人章程规定的存续期间届满或者法人章程规定的其他解散事由出现；②法人的权力机构决议解散；③因法人合并或者分立需要解散；④法人依法被吊销营业执照、登记证书，被责令关闭或者被撤销；⑤法律规定的其他情形。"

（2）清算法人。清算法人是指处于清算状态中的法人。《民法典》第 72 条第 1 款规定："清算期间法人存续，但是不得从事与清算无关的活动。"清算期间，该法人可以法人的名义对外主张债权或者承担债务。

（3）法人终止。清算结束并完成法人注销登记时，法人终止；依法不需要办理法人登记的，清算结束时，法人终止。

三、非法人组织

（一）非法人组织概述

1. 非法人组织的概念。《民法典》第 102 条规定："非法人组织是不具有法人资格，但是能够依法以自己的名义从事民事活动的组织。非法人组织包括个人独资企业、合伙企业、不具有法人资格的专业服务机构等。"

2. 非法人组织的特征。

（1）非法人组织是依法设立的社会组织。《民法典》第 103 条规定："非法人组织应当依照法律的规定登记。设立非法人组织，法律、行政法规规定须经有关机关批准的，依照其规定。"这就是非法人组织与自然人、民事合伙、设立中法人的区别。

（2）非法人组织具有相应的民事权利能力和民事行为能力。非法人组织是为实现一定目的而存在的，可以自己的名义从事民事活动。《民法典》第105条规定："非法人组织可以确定一人或者数人代表该组织从事民事活动。"

（3）非法人组织是不能独立承担民事责任的社会组织。尽管非法人组织有自己支配的财产，但不能独立承担民事责任。如《民法典》第104条规定："非法人组织的财产不足以清偿债务的，其出资人或者设立人承担无限责任。法律另有规定的，依照其规定。"法人的特征之一是独立承担责任，而非法人组织不能独立承担责任，其出资人或者设立人需要对该组织承担无限责任。

（二）非法人组织的设立

非法人组织的类型有很多，但设立非法人组织必须依法登记或批准。这有利于国家对各类非法人组织进行更有效的管理，同时也使他人了解其主体资格和交易能力，维护交易安全。

例如，《合伙企业法》第9条规定："申请设立合伙企业，应当向企业登记机关提交登记申请书、合伙协议书、合伙人身份证明等文件。合伙企业的经营范围中有属于法律、行政法规规定在登记前须经批准的项目的，该项经营业务应当依法经过批准，并在登记时提交批准文件。"

再如，《个人独资企业法》第9条规定："申请设立个人独资企业，应当由投资人或者其委托的代理人向个人独资企业所在地的登记机关提交设立申请书、投资人身份证明、生产经营场所使用证明等文件。委托代理人申请设立登记时，应当出具投资人的委托书和代理人的合法证明。个人独资企业不得从事法律、行政法规禁止经营的业务；从事法律、行政法规规定须报经有关部门审批的业务，应当在申请设立登记时提交有关部门的批准文件。"

其他非法人组织的设立，如律师事务所、会计师事务所，在《律师法》《注册会计师法》中也有相应规定。

（三）非法人组织的财产责任

非法人组织的财产责任是指非法人组织对该组织的债务及代表人行为承担的法律后果。按《民法典》规定，非法人组织的偿债规则如下：

1. 先以非法人组织的财产清偿债务。非法人组织是民事主体，在享有权利的同时，也应承担其法律义务。因此，对非法人组织存续期间所实施的民事行为，也应承担民事责任。

2. 当非法人组织的财产不足以清偿时，由其出资人或者设立人以其个人财产予以清偿。非法人组织不同于法人的地方，就在于其出资人或设立人对该组织

所承担的无限责任，即以个人全部财产对非法人组织的债务承担清偿责任。多个出资人或设立人之间，对非法人组织的债务承担连带清偿责任，即债权人可以要求全部或部分出资人或设立人承担全部清偿责任。部分出资人或设立人在对外承担了非法人组织的财产责任后，可以向其他出资人或设立人追偿。

3. 例外规定。《民法典》在上述规则以外，又规定"法律另有规定的，依照其规定"。其他法律的规定，例如，《合伙企业法》第2条第3款规定，"有限合伙企业由普通合伙人和有限合伙人组成，普通合伙人对合伙企业债务承担无限连带责任，有限合伙人以其认缴的出资额为限对合伙企业债务承担责任"。还有，《个人独资企业法》第28条规定，"个人独资企业解散后，原投资人对个人独资企业存续期间的债务仍应承担偿还责任，但债权人在5年内未向债务人提出偿债请求的，该责任消灭"。其中的有限合伙人责任、个人独资企业解散5年后原投资人免责的规定就是例外情形。

（四）非法人组织的解散

非法人组织的解散，是指非法人组织因章程或法律规定的事由，或者因出资人、设立人的决议而停止所登记的活动并进行清算的情况。

《民法典》第106条规定，"有下列情形之一的，非法人组织解散：①章程规定的存续期间届满或者章程规定的其他解散事由出现；②出资人或者设立人决定解散；③法律规定的其他情形"。第107条规定，"非法人组织解散的，应当依法进行清算"。

实务学习项目　有关民事主体的法律实务

一、关于自然人的常见法律实务

（一）自然人出生、死亡的认定及其法律效力
案例：自然人出生标准案[1]

2010年4月20日13时，肖某驾驶小型轿车与顾某驾驶的小型轿车发生碰撞，致顾某车内同乘人员张某（系孕妇）受伤。随即，张某被送到医院进行剖宫产手术，医院诊断为"妊娠34周，因外伤后胎儿宫内窘迫、胎盘早剥。男婴出生时有心跳、没有呼吸，经吸痰方式救治，出生5分钟后死亡。根据医学AP-GAR评分标准，满分为10分，张某的婴儿被评分为2分，属于活体。"出院后，

---

〔1〕李惊涛、汪洋："自然人出生标准宜采生命体征说"，载中国法院网，https：//www.chinacourt.org/article/detail/2014/09/id/1450430.shtml，最后访问时间：2020年5月7日。

张某及其丈夫以遭遇车祸导致"早产儿"死亡为由，提起了诉讼。

任务：

1. 分析本案中的"早产儿"是否具有民事权利能力？为什么？

解题思路：本案适用案件发生时的法律，可根据《民法通则》第 9 条的规定，查找民事权利能力的起始点；根据《民法通则意见》第 1 条判断出生的依据。

2. 查找自然人出生时间认定的依据？何种情况下适用？

解题思路：本案适用案件发生时的法律，可查找《民法通则意见》第 1 条、《民法总则》第 15 条。

案例："狼牙山五壮士"名誉侵权案[1]

2013 年 9 月 9 日，时任《炎黄春秋》杂志执行主编的洪某某在《财经网》公开发表《小学课本〈狼牙山五壮士〉有多处不实》一文，该文迅速被多个网站转载。此后洪某某又在《炎黄春秋》2013 年第 11 期杂志上发表了《狼牙山细节分歧》一文，该文不顾狼牙山五壮士英勇抗击日寇的英雄事实而使用隐晦阴暗的手段，通过所谓考据历史名义，或者假借网民、红卫兵之口等手段，肆意抹黑狼牙山五壮士，在社会上造成了严重影响。"狼牙山五壮士"之一葛某某的儿子葛某作为原告于 2015 年 8 月向法院起诉，要求洪某某承担民事责任。

任务：

1. 分析本案死者"狼牙山五壮士"之一葛某某的名誉是否受到保护？法律依据是什么？

解题思路：本案适用案件发生时的法律，可查看《民法通则》第 106 条第 2 款的规定；《最高人民法院关于确定民事侵权精神损害赔偿责任若干问题的解释》（2001）第 3 条的规定；《民法总则》第 185 条的规定。

2. 说明葛某证明自己是葛某某之子的证据可以有哪些？

解题思路：查看《最高人民法院关于人民法院登记立案若干问题的规定》（法释〔2015〕8 号）第 6 条第 2 项的规定；《最高人民法院关于民事诉讼证据的若干规定》（2008）第 2 条的规定。

---

〔1〕　参见北京市第二中级人民法院民事判决书［（2016）京 02 民终 6272 号］，载中国裁判文书网，https：//wenshu.court.gov.cn/website/wenshu/181107ANFZ0BXSK4/index.html？docId = 9357d21cb6ea41a6b6 70310678b778c3，最后访问日期：2020 年 5 月 7 日。

（二）自然人民事行为能力的认定及其效力

案例：宣告限制民事行为能力案[1]

刘某某的父母早亡，只有一个妹妹刘某（现已成年）。1986年10月刘某某与廖某登记结婚，未生育子女。1989年至今，廖某下落不明，两人失去联系。1984年10月、1989年3月、1990年11月刘某某因精神分裂症三次在湖南省精神病医院住院治疗。治疗出院后，2010年12月、2012年12月、2013年1月、2013年10月、2014年4月，又多次因精神分裂症在湖南省荣军医院住院治疗。2014年11月，刘某诉至法院，要求确认其哥哥刘某某为限制民事行为能力人。

任务：

1. 分析刘某能否作为申请人要求法院确认刘某某为限制民事行为能力人？其事实与法律依据是什么？

解题思路：本案适用案件发生时的法律，可查看《民法通则》第17条第1款关于申请人的规定。

2. 试述作为申请人，刘某应向法院提交哪些证据？

解题思路：本案适用案件发生时的法律，可根据《民法通则》第17条第1款和《民法通则意见》第8条的规定提供证明本人具有申请人资格及被申请人是限制民事行为能力人的证据。

（三）自然人监护人的确定及监护人责任

案例：未成年人监护权案[2]

2008年3月，原告王某与李某在汝南县民政局登记结婚，并于2008年12月生育一女李某某。2011年9月，原告丈夫李某因肝病病故。2012年春节前，原告征得公婆（二被告）同意将女儿李某某接回娘家过节，春节过完后第五天，二被告将原告女儿李某某带走，至此李某某一直跟随二被告生活。后原告多次给二被告打电话要求见女儿，均遭到拒绝。故请求法院判决原告女儿李某某由原告抚养。

任务：

1. 分析本案属于何种民事纠纷？

解题思路：涉及抚养问题时，首先，查看抚养人和被抚养人之间的关系，是否属于父母子女之间的关系、是否属于夫妻关系或者其他近亲属关系。其次，涉

---

〔1〕 参见湖南省长沙市雨花区人民法院民事判决书［（2014）雨民特字第05155号］，载中国裁判文书网，https：//wenshu. court. gov. cn/website/wenshu/181107ANFZ0BXSK4/index. html？docId = 2560f12f965143d48999ca50195613cb，最后访问时间：2020年5月7日。

〔2〕 参见汝南县人民法院民事判决书［（2014）汝民初字第00548号］，载中国裁判文书网，https：//wenshu. court. gov. cn/website/wenshu/181107ANFZ0BXSK4/index. html？docId = 885ddeb0129d4692a5656468e825ebd6，最后访问日期：2020年5月7日。

及孩子的，要看该小孩子有无父母，如果有，而实际抚养人不是其父母，父母要求扶养的，则属于监护权纠纷。

2. 分析本案应该如何处理？

解题思路：本案适用案件发生时的法律，可查看《民法通则》第 16 条的规定确定未成年人的监护人。

（四）失踪人财产、人身关系的法律实务

案例：自然人宣告失踪案[1]

闫某，男，1958 年 2 月 9 日出生，汉族，北京某大学教师，户籍地北京市海淀区，系申请人闫某某的父亲。2014 年 10 月 13 日 17 时许，闫某在海南省海口市度假期间，从其位于海口市海峡南岸小区的家中携带橡皮艇出门，疑似从小区后面的海边出海，此后与家人失去联系。经海口市公安局某派出所协查，未发现闫某下落。自 2014 年 10 月起，闫某未参与原单位工作，未参与 2014 年度以来的年终考核，一直处于失联状态。闫某的主要财产为在京的小产权房一套及位于海南的房屋一套，现海南房产的钥匙、房产证等物品均由闫某某保管。2017 年 4 月闫某的女儿闫某某作为申请人向法院提出申请宣告闫某失踪，闫某某及闫某现任妻子包某均要求担任闫某的财产代管人。

任务：

1. 闫某的女儿是否有资格作为申请人提出宣告失踪的申请？

解题思路：本案适用案件发生时的法律，可查看《民法通则意见》第 25 条关于申请宣告失踪的利害关系人范围的规定。

2. 试分析闫某的财产应如何处置？

解题思路：本案适用案件发生时的法律，可查看《民法通则》第 21 条关于失踪人财产代管人范围的规定；《民法通则意见》第 31 条规定的指定失踪人财产代管人的原则。

（五）"两户"家庭债务、个人债务的处置

案例：个体经营户债务案[2]

2012 年之前，被告孙某因个体经营在原告耐磨铸件有限公司处多次购买钢球，无钱支付钢球款时，便向原告出具借条作为欠款凭证，至 2012 年 9 月 19

---

〔1〕 北京市海淀区人民法院民事判决书〔（2017）京 0108 民特 77 号〕，载中国裁判文书网，https：//wenshu. court. gov. cn/website/wenshu/181107ANFZ0BXSK4/index. html？docId＝7d3958cba4fc47f28232a 83d0010b3c3，最后访问日期：2020 年 5 月 7 日。

〔2〕 参见安徽省宁国市人民法院民事判决书〔（2017）皖 1881 民初 2955 号〕，载中国裁判文书网，https：//wenshu. court. gov. cn/website/wenshu/181107ANFZ0BXSK4/index. html？docId＝dbedc50eb76b42349e 61a86c015989f2，最后访问日期：2020 年 5 月 7 日。

日，被告累计欠款 230 748 元。被告于当日出具 230 748 元借条一张，被告在借条上承诺，2012 年 12 月 31 日前不能还清，日后还款愿承担月息 2 分至本息还清时止。之后被告陆续多次还款，但仍有 127 748 元未偿。原告多次催要无果，于 2017 年 9 月诉至法院，要求孙某及其妻黄某共同还款。

任务：

1. 分析说明原告当时起诉孙某夫妻二人共同还款的法律依据。

解题思路：本案适用案件发生时的法律，可查看《民法通则》第 29 条关于个体工商户债务承担的规定、《民法通则意见》第 41 条关于夫妻共同清偿个体工商户债务的规定、《婚姻法解释（二）》第 24 条关于夫妻共同债务的规定。

2. 根据最新规定，分析原告的起诉能否得到法院的支持。

解题思路：分析原告起诉的内容、查找处理个体工商户债务、夫妻债务纠纷的最新依据，查看《民法典》第 56 条、第 1064 条、第 1065 条第 3 款。

二、关于法人的常见法律实务

（一）法人类型及其法律责任的认定

案情：农业合作社债务纠纷案[1]

被告蔡某单身，担任某农业合作社的法定代表人，为该合作社生产经营需要，于 2015 年下半年向原告方某购买金正大生态工程有限公司生产的复合肥料，因购买时暂无资金付款，出具被告本人签名的欠条给原告，注明了肥料名称、数量等内容。后被告一直借口没钱拒绝偿还，故原告方某将蔡某诉至法院，请求蔡某承担还款义务。

任务：

1. 分析说明本案中的农业合作社是哪种类型的法人？

解题思路：根据法人的三种类型判断。

2. 分析判断被告所写的欠条是否属于农业合作社的债务？

解题思路：首先，判断被告的身份，其行为是否属于执行职务的行为；其次，看购买化肥等生产资料行为是否属于该法人的民事权利能力和行为能力范围的事项；最后，从所购化肥等生产资料的数量及用途来判断。

（二）法人分支机构、法人工作人员的责任

案例：分公司债务纠纷案

某市煤炭经销公司投资成立民用煤分公司，该分公司因经营煤炭需要，与原

---

〔1〕 改编自江苏省宿迁市宿豫区人民法院民事裁定书〔（2017）苏 1311 民初 681 号〕，载中国裁判文书网，https://wenshu.court.gov.cn/website/wenshu/181107ANFZ0BXSK4/index.html? docId = 50da77ea41c243dd98e5a79e01150008，最后访问日期：2020 年 5 月 7 日。

告曹某签订《场地租赁合同》,承租原告土地约 40 亩,每年租金 56 万元。后因经营困难,双方协议解除土地租赁合同,并签订了《终止合同协议》,约定年底前付清全部租金。现该分公司已经停业,仍拖欠租金 30 万元。原告将煤炭经销公司作为被告诉至法院,请求支付该分公司所欠租金。

任务:

分析某市煤炭经销公司是否应该对其投资设立的民用煤分公司债务承担清偿责任?

解题思路:查看《民法典》第 74 条和《公司法》第 14 条关于法人分支机构或分公司的民事责任承担的规定。并根据特别法与一般法的法律适用规则选择适用。

(三) 法人变更和终止后的权利义务承担

案例:被吊销营业执照的公司债务纠纷案

甲公司与乙公司订立钢材买卖合同。甲公司依约履行了 709 万元的供货义务,乙公司已付货款 569 万元,尚欠货款 140 万元。房某、蒋某和王某为乙公司的股东,所占股份分别为 40%、30%、30%。其后,乙公司因未进行年检,被工商部门吊销营业执照,该公司股东一直未组织清算,且公司现已无办公经营地,账册及财产均下落不明。甲公司向乙公司各股东催讨欠款均被以各种理由推诿拒绝,甲公司遂将乙公司及三名股东房某、蒋某和王某起诉至法院要求偿还欠款。

任务:

1. 分析公司法人被吊销营业执照,其法人资格是否终止?

解题思路:了解吊销营业执照的行为性质,查看《民法典》第 69~72 条关于法人解散、清算、终止的相关规定。

2. 甲公司起诉乙公司及其股东承担清偿责任,有无法律依据?

解题思路:分析钢材买卖合同关系、查看《合同法》寻找履行合同义务责任的法律依据;查看《民法典》第 83 条对股东义务的规定。

三、关于非法人组织的常见法律实务

(一) 合伙协议的起草

1. 实训任务:商议合伙事项,拟定合伙协议。

2. 实训要求:

民事合伙协议评分标准

序号	评价项目	评分细则
1	标题	居中,表明协议性质及基本内容

续表

序号	评价项目	评分细则
2	各方信息	分段显示各方的姓名、性别、民族、出生年月（年龄）、住址、单位（职业）等信息
3	导言	表明协议起草的目的、协议达成的方式
4	事项	有合伙事务的名称、所在位置
5	期限	有合伙起止期限、年限
6	投资	有各方出资形式、出资期限、所占比例（份额）
7	经营	有经营事务的分工、权利义务分配
8	盈亏	有盈亏分配的条件、方案
9	入伙散伙	有条件约定、权责及分配方案
10	合伙终止	有原因约定、终止后的事务处理
11	违约责任	有违约情形、责任承担内容
12	结语	有未尽事项的处理、协议生效方式、协议份数
13	签名	有本人亲笔手写的签名及其日期
14	联系方式	有各方的电话号码、身份证号等信息

3. 实训步骤：

（1）教师讲解合伙协议的基本格式、协议要点、注意事项等；

（2）学生每 2 人为一组，商议合伙，并草拟合伙协议；

（3）教师批改学生提交的合伙协议，并给予点评。

（二）合伙纠纷的处理

案例：请求分割合伙财产案[1]

2007 年 9 月 16 日，原告程某、被告孟某、案外人王某某三人签订了一份《合作经营协议书》，约定将孟某原有的甘 C××号货车定值 21 万元，由程某、王某某各出资 7 万元交给孟某，自协议签订之日起，该车由三人共同经营货物运输，所有的债权、债务由三人共同享有并承担。协议未约定合伙期限。协议签订

---

〔1〕 参见甘肃省金昌市金川区人民法院民事判决书 〔（2015）金民二初字第 819 号〕，载中国裁判文书网，https：//wenshu. court. gov. cn/website/wenshu/181107ANFZ0BXSK4/index. html？docId = 3bc65bf70e1 d4a1da19dbecffc4fe66c，最后访问日期：2020 年 5 月 7 日。

后，王某某给付被告孟某 7 万元，原告程某以直接汇款、代付车款、代交保险、代付退伙款等形式，陆续支付给孟某入伙款。该车在合伙期间一直由被告孟某负责管理、经营。2008 年 9 月 12 日，王某某要求退出合伙，三人协商将该车定值16 万元，王某某收到 5.2 万元后退出。2013 年 5 月 21 日，被告孟某将合伙货车以 5 万元的价格出售给郭某。原告现提起诉讼，请求判令原、被告散伙，并分割卖车款。

任务:

1. 分析原告程某、被告孟某、案外人王某某之间的合伙关系是否成立。

解题思路: 本案适用案件发生时的法律，可根据民事法律行为的有效要件，分析三人合伙协议是否有效；再依据《民法通则》关于合伙的规定看合伙关系是否成立。

2. 原告要求解散合伙、分割卖车款的请求能否得到法院支持?

解题思路: 本案适用案件发生时的法律，可根据《民法通则》规定查明合伙解散的程序及分割财产的条件。

1. 自然人: ①自然人从出生时起到死亡时止享有民事权利能力，且一律平等；②自然人的民事行为能力按年龄、精神状况划分为完全民事行为能力、限制民事行为能力、无民事行为能力，不同行为能力人实施的行为效力不同；③法律为限制民事行为能力人和无民事行为能力人设立了监护制度，监护有法定监护也有意定监护，监护人应当依法履行监护职责；④对自然人下落不明达到一定条件的，利害关系人可以申请人民法院宣告失踪、宣告死亡，以解决人身、财产方面的法律问题；⑤区分个人经营还是家庭经营来处理"两户"财产责任。

2. 法人: ①法人是能享有民事权利和履行民事义务，并能独立承担民事责任的社会组织，分为营利法人、非营利法人、特别法人。②法人的成立，基本条件是有自己的名称、组织机构、住所、财产或者经费。但不同法人成立的具体条件和程序，依照相关法律、行政法规的规定。③法人机关、法定代表人、法人分支机构以法人名义实施的民事活动，其法律后果由法人承受。④法人的名称、组织机构、法定代表人、住所等登记事项变更的，不影响法人的存续。但是，法人分立、合并的，原法人的权利义务由变更后的法人享有和承担。⑤法人因解散、被宣告破产或法律规定的其他原因，并依法完成清算及注销登记的，法人终止。

3. 非法人组织：设立非法人组织必须依法登记或批准。非法人组织包括个人独资企业、合伙企业、不具有法人资格的专业服务机构等，其均不具有法人资格，但是能够依法以自己的名义从事民事活动。对于非法人组织的财产责任，先以非法人组织的财产清偿债务；当非法人组织的财产不足以清偿时，由其出资人或者设立人以其个人财产予以清偿。

4. 处理涉及民事主体的案件：①首先，审查民事主体是否具有民事权利能力和民事行为能力；②其次，审查行为人是否为监护人、法定代理人、法人或非法人组织的工作人员，是否以被监护人、法人或非法人组织的名义实施；③最后，对法人的变更要区分是登记事项的变更，还是分立、合并或终止。

 课后作业

一、知识作业

（一）名词解释

1. 民事权利能力 2. 民事行为能力 3. 监护 4. 营利法人 5. 非营利法人

（二）选择题

1.《民法典》规定的民事主体类型有（   ）。

A. 自然人   B. 法人   C. 非法人组织   D. 其他组织

2. 监护是为下列哪些人设定的法律制度？（   ）

A. 未成年人   B. 精神病人

C. 无行为能力人   D. 限制民事行为能力人

3. 对宣告失踪和宣告死亡制度的说法，正确的是（   ）。

A. 适用前提都是自然人离开最后住所地下落不明

B. 宣告失踪可解决失踪人财产代管的问题

C. 宣告死亡可解决失踪人的婚姻、财产继承、孩子无人抚养等问题

D. 宣告失踪和宣告死亡的判决，都可因失踪人重新出现而撤销

4. 我国《民法典》规定的法人种类有（   ）。

A. 企业法人和非企业法人

B. 营利法人、非营利法人、特别法人

C. 财团法人和社团法人

D. 公法人和私法人

5. 下列哪些主体属于非营利法人？（　　　）

A. 事业单位　　　B. 社会团体　　　C. 基金会　　　　　　D. 社会服务机关

6. 下列哪些主体属于特别法人？（　　　）

A. 机关法人　　　　　　　　　　B. 农村集体经济组织法人

C. 合作经济组织法人　　　　　　D. 基层群众性自治组织法人

7. 下列哪些主体属于非法人组织？（　　　）

A. 个人独资企业　　　　　　　　B. 合伙企业

C. 不具备法人资格的律师事务所　D. 村委会

（三）问答题

1. 自然人的民事权利能力和民事行为能力有哪些区别？

2. 宣告失踪和宣告死亡的区别有哪些？

3. 法人与非法人组织的区别有哪些？

二、实训作业

案例：自然人行为效力纠纷案

张某，17 岁，2017 年 1 月开始在镇里的啤酒厂做临时工，每月有 2200 元的收入。为了上班方便，张某在镇里租了一间房。3 月份，张某未经其父母同意，欲花 500 元钱从李某处买一台旧电视，此事遭其父母的强烈反对，但李某还是买了下来。5 月初，张某因患精神分裂症丧失了民事行为能力。随后，张某的父亲找到李某，认为张某与李某之间的买卖无效，要求李某返还钱款，拿走电视机。李某不同意。

1. 实训任务：案例辩论。

2. 实施步骤：

（1）准备阶段：选 4 名学生分别作为辩论主持人、张某、张某的父亲、李某，并分别准备主持串词、质证证据材料及发言稿。

（2）辩论阶段：按辩论程序实施。

参加辩论的学生各自在原、被告席位落座；

主持人就案件发表辩论辞（200 字以内），宣布辩论开始；

原告、被告分别发表案件处理及依据的意见；

原被告分别举证（证据来源、种类、内容、证明目的）、对方质证（合法性、真实性、关联性）；

原被告分别就事实认定、法律适用、处理结果发表辩论意见；

主持人发表自己对原被告发言的总结、对本案的处理意见。

（3）评价阶段：老师当场对辩论情况点评和打分，其他同学当堂提交实训登记表。

3. 评价标准：

（1）语言表达与精神风貌：发言流畅、清晰；着装、行为得体。

（2）事实与证据：尊重基本案情；合理发现必要事实；能提供相应的证据材料。

（3）处理意见与法律依据：对案件的事实、争议、解决方案的分析判断，有事实及证据相佐证；有明确具体的法律规定相支持。

其他旁听学生评价表：

三、网络作业

1. 扫码观看微课视频资料：我能做些什么呢？

2. 扫码观看微课视频资料：谁能做我的财产代管人？

3. 扫码学习音频资料：孩子的监护权和抚养权。

4. 扫码学习音频资料：居住证制度。

民事法律行为（含代理）成立、
效力及其应用

理论学习项目　民事法律行为（含代理）成立、效力

一、民事法律行为概述

（一）民事法律行为的概念

民事法律行为是引起民事法律关系变动的法律事实之一。民事法律行为是指以意思表示为要素，可依其意思表示的内容而引起民事法律关系设立、变更和终止的行为。[1] 2021 年 1 月 1 日起施行的《民法典》第 133 条规定："民事法律行为是民事主体通过意思表示设立、变更、终止民事法律关系的行为。"

《民法典》的这一规定，与 1987 年 1 月 1 日起施行的、并于 2009 年修正的《民法通则》有很大不同。《民法通则》第 54 条规定："民事法律行为是公民或者法人设立、变更、终止民事权利和民事义务的合法行为。"《民法通则》主张民事法律行为在本质上应该满足合法性的要求，为此，创设了"民事行为"这一概念，作为"民事法律行为"的上位概念。《民法典》采用民事法律行为统辖表意行为，《民法典》中的"民事法律行为"，其外延相当于《民法通则》上的"民事行为"。民事法律行为就其效力而言，可以分为四类：有效的民事法律行为、无效的民事法律行为、可撤销的民事法律行为、效力待定的民事法律行为。

（二）民事法律行为的特征

民事法律行为具有如下特征：

1. 民事法律行为是民事法律事实的一种。民法上根据法律事实与人的意志是否有关，将其分为事件和行为两大类。事件是与人的意志无关的法律事实，如人的死亡、地震等。行为是与人的意志有关的法律事实。

行为是法律要件中最常使用的法律事实。行为与人的意志有关，根据意志是否需要明确对外作意思表示，行为又被划分为表意行为和非表意行为。民事法律行为即是表意行为。

---

〔1〕 马俊驹：《民法原论》，法律出版社 2005 年版，第 139 页。

表意行为是行为人通过意思表示，旨在设立、变更或消灭民事法律关系的行为。民事法律行为因行为人有预期的效果意思，所以，能产生当事人意欲达到的民事法律关系产生、变更和消灭的效果。非表意行为是行为人主观上没有产生民事法律关系效果的意思表示，客观上引起法律效果发生的行为。如侵权行为，行为人主观上并没有效果意思，但客观上却导致赔偿责任的发生。

2. 民事法律行为是民事主体实施的，以发生民事法律后果为目的的行为。民事法律行为是民事主体实施的行为，非民事主体实施的行为，虽能产生一定的民事法律后果，但不是民事法律行为。比如，人民法院的民事判决，在当事人之间引发了某种民事法律后果，但人民法院的司法裁判行为不是民事法律行为。

行为作为人的一种有意识的活动，具有目的性，能引起某种后果的出现。民事法律行为以当事人设立、变更或终止民事法律关系为目的，能引起行为人所预期的民事法律后果，这一特点使得民事法律行为区别于其他法律事实，如侵权行为。侵权行为虽然也产生一定的法律后果，但这个法律后果并非当事人自己主张，而是由法律直接规定的。

3. 民事法律行为以行为人的意思表示作为构成要素。意思表示，是指行为人将其期望发生法律效果的内心意愿以一定方式表达于外部。民事法律行为是当事人实施的，以发生一定的民事法律后果为目的的行为，而当事人实施行为的目的，只是内在的一种意愿或意思，只有将这种意思表示出来，才能为他人所了解。

没有意思表示，也就不会有民事法律行为。意思表示是当事人设立、变更、终止民事权利和民事义务关系的内在意思的外部表现。因此，民事法律行为是以意思表示为要素的。

意思表示是民事法律行为的核心要素和本质特征。史尚宽先生曾经反复说过，"法律行为系以意思表示为要素之法律要件，无意思表示不得成立法律行为也""意思表示以外的事实虽亦得为法律行为之要件，然不得有不以意思表示为要素之法律行为"。[1]

以意思表示为要素，是民事法律行为区别于其他法律事件的一个重要特征。无论是事件中的自然事件、社会事件，还是行为中的行政行为、司法行为、事实行为都不具有意思表示。

意思表示虽然是民事法律行为不可或缺的构成要素，但意思表示本身不是法律行为。民事法律行为与意思表示不具有等价性。意思表示仅仅是民事法律行为的构成要素之一，民事法律行为的成立和生效，除意思表示以外，还必须具备其

---

[1] 史尚宽：《民法总论》，中国政法大学出版社 2000 年版，第 307 页。

他条件。

二、民事法律行为的分类

民事法律行为从不同的角度，按照不同的标准可以进行不同的分类，主要有：

（一）单方行为、双方行为、多方行为

以民事法律行为是否由当事人一方的意思表示即可成立为标准，可将民事法律行为分为单方行为、双方行为、多方行为。

1. 单方行为，是根据行为人一方的意思表示就可成立的民事法律行为，其特点是无须他人同意就能发生法律效力，如授权行为、立遗嘱以及行使形成权的行为等。

单方行为可分为有相对人的单方行为与无相对人的单方行为。前者如撤销行为、解除行为、追认行为等，有相对人的单方行为在意思表示到达相对人时发生效力。后者如遗嘱行为等，无相对人的单方行为在意思表示完成时即发生效力。

2. 双方行为，是行为人双方相对应的意思表示达成一致才可成立的民事法律行为。合同行为即为典型的双方行为。

3. 多方法律行为，是指由两个以上行为人的意思表示一致而成立的民事法律行为，如公司股东会的决议等。

区分单方行为、双方行为、多方行为的意义在于：法律对三者成立的要求不同，单方行为只需行为人一方作出意思表示即可，双方行为、多方行为需要各方意思表示达成一致，民事法律行为才能成立。这类区分便于适用法律、判断有关行为是否成立以及有关行为对哪些当事人具有约束力。

（二）财产行为与身份行为

以民事法律行为发生的效果的内容为标准，可以分为财产行为与身份行为。

1. 财产行为，指以发生财产上法律效果为目的的行为。财产行为的后果是发生财产关系的变动，民事法律行为多数为财产行为。

2. 身份行为，指以发生身份上法律效果为目的的行为。身份行为的后果是发生身份关系的变动，例如，结婚、收养等行为。

区别财产行为与身份行为的意义在于：①适用的法律规范不同。由于身份行为的特殊性，在调整身份关系时，民法作了很多与总则不同的特殊规定，在解决因身份行为引起的纠纷时，应优先适用这些特殊规定。即财产行为主要适用财产法规范，身份行为主要适用身份法规范。②产生的法律效果性质不同。财产行为的后果是财产关系的变动，身份行为的后果是身份关系的变动，其行为性质决定了身份行为通常不能由代理人代理。

（三）有偿行为与无偿行为

根据法律行为是否有对价，民事法律行为可分为有偿行为与无偿行为。

1. 有偿行为，是指依据民事法律行为享有某项权利必须偿付一定代价（财产、劳务等）的民事法律行为，如买卖、租赁等行为。其特点是，取得某项权利以偿付一定的代价为条件。

2. 无偿行为，是指依据民事法律行为享有某项权利无需偿付任何代价的民事法律行为，如赠与行为、无偿的消费借贷行为等。其特点是，一方当事人无需偿付任何代价就可取得某项权利。

区分有偿行为与无偿行为的意义：①有偿行为或无偿行为决定于法律的规定或当事人的约定。有的法律行为只能是有偿的，如买卖、租赁；有的法律行为只能是无偿的，如赠与、借用；有的法律行为可以是有偿的，也可以是无偿的，是否有偿决定于当事人的约定，如委托合同。②由于无偿行为中承担义务的一方未取得相应的代价，因此法律对其注意义务的规定往往较有偿行为要轻。如买卖行为中的出卖人对标的物负有瑕疵担保责任，而赠与人对赠与物的瑕疵一般不负担保责任。

（四）要式行为与不要式行为

根据民事法律行为的成立是否须依照法律规定的特定方式为标准，民事法律行为可分为要式行为与不要式行为。

1. 要式法律行为，是指法律规定必须采取某种形式或须履行特定手续的法律行为，例如，票据行为、婚姻登记行为。

2. 不要式法律行为，是指法律不要求特定形式，当事人可自由选择任何形式的法律行为。除法律有特别规定或当事人特别约定外，民事法律行为均为不要式行为。

区分要式行为与不要式行为的意义：要式行为必须采用法定方式，《民法典》第135条规定，法律、行政法规规定或者当事人约定采用特定形式的，应当采用特定形式。不要式行为当事人可以自行选择行为方式。

（五）诺成性行为与实践性行为

根据民事法律行为的成立是否以标的物的实际交付为要件，民事法律行为可分为诺成性行为与实践性行为。

1. 诺成性行为，是指只要当事人各方的意思表示一致即可成立的民事法律行为。

2. 实践性行为，是指除有当事人各方的意思表示一致外，还须有标的物的实际交付才能成立的民事法律行为，如保管行为。实践性行为又称要物法律行为。

民事法律行为是诺成性行为还是实践性行为，决定于法律的规定和交易习惯。在传统民法中，借用、借贷、保管、运送、赠与等行为均属于实践性行为，随着现代经济生活的发展，尤其是银行业、运输业的发展，若仍坚持在双方当事人达成合意之外，还需以交付标的物为成立要件，不利于促成交易的达成。因而，赠与合同、银行借款合同、铁路、航空客运、货运合同在我国，均视为诺成性合同，但保管合同等仍为实践性合同（《民法典》第 890 条）。

区分诺成性行为与实践性行为的意义：可以正确确定法律行为的成立时间、认定当事人的权利义务以及确定标的物的移转时间。

（六）主行为与从行为

以民事法律行为之间的相互关系为标准，可将民事法律行为分为主行为与从行为。

1. 主行为，是指不需借助其他法律行为的存在即可独立存在的法律行为。

2. 从行为，是指以其他法律行为的存在为前提的行为，其效力受主行为制约。

比如，担保合同关系中，主债务合同是主合同行为，担保合同是从合同行为。

区分主行为与从行为的意义：从行为具有附随性，主行为无效或者消灭的，从行为也随之无效或者消灭。

（七）有因行为与无因行为

根据民事法律行为与其原因的关系，可以分为有因行为与无因行为。

1. 有因行为，又称要因行为，是指与原因不可分离的行为，其原因不存在，法律行为也就不能成立的法律行为。比如，买卖行为的原因对于买方来说就是取得标的物，若没有其取得标的物的原因，该买卖行为不能生效。

2. 无因行为，又称不要因行为，是指行为的原因与行为可以分离，即使原因不存在，法律行为仍可成立，比如，票据行为。无因行为并非没有原因，而是原因无效不影响行为的效力。比如，双方约定以支票作为买卖合同的付款方式，签发支票后，不会因买卖合同无效而影响票据的效力。

区分有因行为与无因行为的意义：有因行为如果原因不存在，则行为无效；而无因行为，原因不存在或者有瑕疵时，行为仍有效，仅发生不当得利的问题。

（八）独立行为与辅助行为

根据民事法律行为有无独立的实质性内容，可以分为独立行为与辅助行为。

1. 独立行为，指有独立的实质内容的法律行为，行为人凭借其意思表示即可成立。比如，完全民事行为能力人实施的民事法律行为。通常情况下，民事法律行为，多为独立行为。

2. 辅助行为，是指不具备独立的实质内容的法律行为，而仅仅是辅助其他行为生效的行为，比如，法定代理人对限制民事行为能力人的意思表示所作的同意表示，就是辅助性质的行为。

区分独立行为与辅助行为的意义：辅助行为仅为独立行为生效的条件，自身无独立的实质内容；而受其辅助的独立行为在没有辅助行为之前，不生效。

除此之外，依据不同的标准，民事法律行为还可以分为生前行为与死因行为、物权行为与债务行为等。

三、民事法律行为的成立

（一）民事法律行为的一般成立要件

民事法律行为的成立，是指某种行为因符合民事法律行为的构成要素而视为一种客观存在。

民事法律行为的成立要件可以分为一般成立要件和特别成立要件。

民事法律行为的一般成立要件，是指一切民事法律行为成立所必不可少的共同要件。关于民事法律行为的成立要件，学说上存在分歧。有的认为有行为人、意思表示和法律行为内容三项；[1] 有的则认为它应包括意思表示和法律行为内容两项；还有的认为它仅指意思表示一项。[2]

一般认为，民事法律行为的一般成立要件有三个，即行为主体、意思表示、行为标的（法律行为的内容）。①行为主体（即当事人）。有的民事法律行为的当事人只有一人，如立遗嘱人；有的民事法律行为的当事人须有两个或两个以上，如合同当事人。②意思表示。有的民事法律行为只需一个意思表示，如抛弃动产的行为；有的民事法律行为须有两个或两个以上的意思表示，如租赁合同。③行为标的。行为标的是指行为的内容，即行为人通过其行为所要达到的效果。[3]

（二）民事法律行为的特别成立要件

民事法律行为的特别成立要件，是指成立某一具体的民事法律行为，除须具备一般成立要件外，还须具备的其他特殊事实要素。如对于诺成性行为以合意为特别成立要件，实践性行为以标的物的交付为特别成立要件，要式行为以履行特定形式为特别成立要件。

---

〔1〕 佟柔主编：《中国民法学·民法总则》，中国人民公安大学出版社 1990 年版，第 217~221 页。

〔2〕 董安生：《民事法律行为——合同、遗嘱和婚姻行为的一般规律》，中国人民大学出版社 1994 年版，第 189 页。

〔3〕 另有观点认为，民事法律行为的成立要件不包含标的，因为意思表示作为成立要件已经包含了标的因素。见王利明主编：《民法》，中国人民大学出版社 2005 年版，第 157 页。

（三）意思表示

1. 意思表示的概念。意思表示，是指行为人把进行某一民事法律行为的内心效果意思，以一定的方式表达于外部的行为。意思表示是民事法律行为不可或缺的构成要素。

2. 意思表示的构成要素。意思表示的构成要素，是指构成意思表示所必须具备的事实要素。对于意思表示的构成要素，学说上存在分歧。但一般认为，意思表示应由目的意思、效果意思两个主观要素（内心意思）和表示行为这一客观要素构成。

（1）目的意思。目的意思，是指明民事法律行为具体内容的意思要素，它是意思表示据以成立的基础。不具备目的意思，或者目的意思不完整，或者目的意思有矛盾的表示行为，不构成意思表示或者民事法律行为。

（2）效果意思。效果意思，是指意思表示人欲使其表示内容引起法律上效力的内在意思要素，即具有设立、变更、终止民事法律关系的意图。效果意思是意思表示的基础，它促使意思表示的形成，最后实现民事法律行为的效果。

这是意思表示区别于其他表示行为或民事约定的基本特征。如果表示行为缺乏效果意思，尽管存在目的意思，也不能构成意思表示或民事法律行为。如，不具备效果意思的社交性协议（如邀请好友共进午餐）、依商业惯例必须经确认书确认的商业协议等均不构成意思表示或民事法律行为。

效果意思以目的意思为基础和前提，在意思表示过程中，行为人先有目的意思，后有效果意思，二者既不能互相替代，也不能互相融合。

（3）表示行为。表示行为，是指行为人将内心意思以一定方式表现于外部，并足以为外界客观理解的行为要素。

意思表示是一个“意思”由内到外表示的过程，没有表示行为，即使有了内心效果意思，也不能将其客观化，因而也无法取得法律效果。因此，表示行为是意思表示必不可少的客观要素。

一般而言，表示行为除当事人有特别约定外，应按照社会上一般表达方式或者某一行业、某一地区习惯上的表达方式为之。

3. 意思表示的类型。

（1）有相对人的意思表示与无相对人的意思表示。根据意思表示是否向相对人作出，意思表示可分为有相对人的意思表示与无相对人的意思表示。

有相对人的意思表示，是指向一定对象作出的意思表示。例如债务的免除，须向债务人作出。

无相对人的意思表示，是指无须向一定对象作出的意思表示。如遗嘱、捐助行为等。

《民法典》第138条规定，无相对人的意思表示，一般于意思表示完成时生效。如以公告方式作出的意思表示，公告发布时生效。而对于法律另有规定的，依照其规定。比如，遗嘱，在表意人（立遗嘱人）死亡时发生法律效力。

《民法典》第142条规定："有相对人的意思表示的解释，应当按照所使用的词句，结合相关条款、行为的性质和目的、习惯以及诚信原则，确定意思表示的含义。无相对人的意思表示的解释，不能完全拘泥于所使用的词句，而应当结合相关条款、行为的性质和目的、习惯以及诚信原则，确定行为人的真实意思。"

（2）对特定人的意思表示与对不特定人的意思表示。有相对人的意思表示，根据相对人是否特定，可分为对特定人的意思表示与对不特定人的意思表示。

对特定人的意思表示，是指意思表示的对象是特定的，比如要约和承诺。对不特定人的意思表示，是指意思表示的对象是不特定的，比如悬赏广告。

（3）对话的意思表示与非对话的意思表示。有相对人的意思表示，以能否与相对人直接沟通、相对人是否可同步受领意思表示为标准，分为对话的意思表示与非对话的意思表示。

有相对人的意思表示中，相对人可同步受领意思的，为对话的意思表示。比如，表意人与相对人对面交谈，或以电话直接为意思表示，属于对话的意思表示。

相对人不可同步受领意思表示的，为非对话的意思表示。比如，表意人与相对人以信函、电报、传真、电子邮件（E-mail）等，间接表示其意思，属于非对话的意思表示。

对话的意思表示与非对话的意思表示，二者的生效时间不同。《民法典》第137条规定，"以对话方式作出的意思表示，相对人知道其内容时生效。以非对话方式作出的意思表示，到达相对人时生效。以非对话方式作出的采用数据电文形式的意思表示，相对人指定特定系统接收数据电文的，该数据电文进入该特定系统时生效；未指定特定系统的，相对人知道或者应当知道该数据电文进入其系统时生效。当事人对采用数据电文形式的意思表示的生效时间另有约定的，按照其约定"。

（4）明示的意思表示与默示的意思表示。明示的意思表示，是指行为人以语言、文字或者其他直接表意方式表示内在意思的意思表示。默示的意思表示，是指行为人以使人推知的方式间接表示其内在意思的意思表示，它包括行为推定与沉默两种方式。其中，沉默只有在有法律规定、当事人约定或者符合当事人之间的交易习惯时，才可以视为意思表示。

（5）独立的意思表示与非独立的意思表示。独立的意思表示，是指表意人独立完成且发生法律效力的意思表示，例如债务的免除、遗嘱等。非独立的意思表示，是指必须等待他人的意思表示，始能成立民事法律行为的意思表示，例如合同的订立、股东大会的决议等。

独立的意思表示，构成单方民事法律行为；非独立的意思表示，构成双方或多方民事法律行为。

4. 意思表示的撤回。意思表示的撤回，是指行为人作出意思表示后又撤回该意思表示，从而使该未生效意思表示不发生效力的行为。《民法典》第 141 条规定，"行为人可以撤回意思表示。撤回意思表示的通知应当在意思表示到达相对人前或者与意思表示同时到达相对人"。我国《民法典》第 141 条、第 475 条规定，要约可以撤回。撤回要约的通知应当在要约到达受要约人之前或者与要约同时到达受要约人。

意思表示的撤回，一般发生在有相对人的意思表示中。对于无相对人的意思表示，因其意思表示自表示完成即发生法律效力，因此一般不发生撤回的问题，除非法律另有规定。

5. 非真意的意思表示。非真意的意思表示，是指表示行为与效果意思不能平衡一致，表意人的内心意思与外在表示不一致，主要有以下几种情况：

（1）真意保留。真意保留，又称心中保留（心意保留）、单独虚伪表示，是指表意人把真实意思保留在心中，所作出的表示行为并不代表真实意思，是一种自知并非真意的意思表示。比如，甲欲将自己的二手电脑"处理"给乙，对乙说是"送给"乙，实际上，其真意是想折价卖给乙。

真意保留的构成要件有：①一方当事人实施的非真意的意思表示，在内容上具有法律价值，并使人感觉其愿受该表示约束；②当事人表示的意思与其真实意思不一致；③当事人认识到其真意与表示意思不一致，仍为意思表示，并不期望发生效力，也不准备履行所发生的义务。

关于真意保留意思表示的效力，通说认为，原则上有效，表意人应受该意思表示的约束，以保护交易安全。但相对人明知表意人的表示与真意不一致的，该表意行为无效。

（2）通谋虚伪表示。通谋虚伪表示，又称伪装表示、虚伪表示，是指表意人与相对人通谋，不表示内心真意的意思表示。

通谋虚伪表示的构成要件是：①表意人有欠缺内心真意的表示行为；②表意人非真意的意思表示为对方所明知；③对方故意实施非真意的合意表示。通谋虚伪表示以表意人与相对人的意思联络为核心，如果不存在通谋的意思联络，则不构成通谋虚伪表示。

《民法典》第 146 条第 1 款规定，"行为人与相对人以虚假的意思表示实施的

民事法律行为无效"。

关于通谋虚伪表示的效力，通说认为表意人与相对人通谋所为的意思表示无效，但为保护交易安全，不得以其无效对抗善意第三人。

（3）隐藏行为。隐藏行为，是指表意人为虚假的意思表示，但其真意为发生另外法律效果的意思表示，比如，现实生活中的"阴阳合同"。

《民法典》第146条第2款规定，"以虚假的意思表示隐藏的民事法律行为的效力，依照有关法律规定处理"。

（4）意思表示错误。意思表示错误，又称错误、法律行为错误，是指表意人出于错误认识或不知道为错误认识，致使其内心的真实意思与外部的表示行为不一致。

意思表示错误与真意保留、通谋虚伪表示不同，错误是无意识的非真实意思表示。

意思表示错误的构成要件：①错误是由表意人自己的原因造成的；②表意人的内心真意与表示不一致；③表意人不知其内心真意与表示不一致；④错误必须具有严重性，足以影响表意人决定是否为意思表示；⑤错误是否存在，以意思表示成立之时为决定标准。

《民法典》并未直接规定意思表示错误，而是规定了重大误解。重大误解包括错误和误解两个概念，既包含了表意人的认识错误和表达错误，相对人的理解错误和表达错误，也包含了表意人的错误陈述（非欺诈）等情形，在司法实践中，行为人因对行为的性质、对方当事人、标的物的品种、质量、规格和数量等的错误认识，使行为的后果与自己的意思相悖，并造成较大损失的，可以认定为重大误解。[1]《民法典》第147条规定，"基于重大误解实施的民事法律行为，行为人有权请求人民法院或者仲裁机构予以撤销"。在当事人未予撤销之前，其意思表示有效。

6. 非自愿的意思表示。非自愿的意思表示，也称有瑕疵的意思表示，是指一方以某种非法手段迫使对方作出违背真实意思的表示。非自愿的意思表示主要有欺诈、胁迫两种情况。

（1）欺诈。欺诈，是指当事人一方故意编造虚假情况或者隐瞒真实情况，使对方陷入错误而为违背自己真实意思表示的行为。

欺诈的构成要件：①有欺诈人的欺诈行为。既可以是积极行为，如故意制造虚假或歪曲事实；也可以是消极的不作为，如故意隐匿事实真相。但在不作为的情况下，只有行为人按照法律或习惯，负有告知义务而故意不告知时，才构成欺

---

〔1〕　见《民法通则意见》第71条。

诈；②欺诈人必须有欺诈的故意；③表意人因相对人的欺诈而陷入错误。④表意人因陷入错误而为意思表示，即错误与意思表示之间有因果关系。

《民法典》第148条规定，"一方以欺诈手段，使对方在违背真实意思的情况下实施的民事法律行为，受欺诈方有权请求人民法院或者仲裁机构予以撤销"。

第三人的欺诈是否也构成欺诈？《民法典》第149条规定，"第三人实施欺诈行为，使一方在违背真实意思的情况下实施的民事法律行为，对方知道或者应当知道该欺诈行为的，受欺诈方有权请求人民法院或者仲裁机构予以撤销"。可见，第三人欺诈构成欺诈的条件，除符合欺诈的上述构成要件外，还要求对方知道或应当知道该欺诈行为。

（2）胁迫。胁迫，是指意思表示的一方以不法加害相威胁和强迫，使对方陷入恐惧，并因此而作出有违自己真实意思的表示。

胁迫的构成要件：①须有胁迫的故意。所谓胁迫故意，有两个方面的内容：一是使被胁迫人陷入恐惧；二是被胁迫人基于该恐惧而为一定意思表示。②须有胁迫行为。胁迫行为既可以直接对相对人实施，也可以对其亲友实施；胁迫的对象，不限于被胁迫人自身，也包括其亲友；胁迫的客体，包括人的生命权、健康权、财产权以及自由、名誉、隐私等。③胁迫行为具有违法性，胁迫的目的或手段违法。④被胁迫人因受胁迫而陷入恐惧，即胁迫须达到使被胁迫人产生恐惧的程度。⑤被胁迫人因受胁迫而为意思表示，即意思表示与胁迫之间有因果关系。

第三人的胁迫亦构成胁迫，《民法典》第150条规定，"一方或者第三人以胁迫手段，使对方在违背真实意思的情况下实施的民事法律行为，受胁迫方有权请求人民法院或者仲裁机构予以撤销"。

四、民事法律行为的生效要件

（一）民事法律行为的一般生效要件

民事法律行为的生效，是指已经成立的民事法律行为因符合法定有效要件而取得法律认可的效力。

民事法律行为成立与生效的关系在于：民事法律行为的成立是民事法律行为生效的逻辑前提。一项民事法律行为只有成立后，才谈得上进一步衡量其是否生效的问题。同时，民事法律行为生效是民事法律行为成立的归宿。

《民法典》第136条第1款规定："民事法律行为自成立时生效，但是法律另有规定或者当事人另有约定的除外。"

民事法律行为的一般生效要件，是指一般民事法律行为共同的生效要件。民事法律行为的生效是在民事法律行为成立的前提下来说的，我们讲法律行为的生效要件，需要联系法律行为成立的要件。

根据《民法典》第 143 条的规定，民事法律行为的有效要件有三项：①行为人具有相应的民事行为能力；②意思表示真实；③不违反法律、行政法规的强制性规定，不违背公序良俗。

1. 行为人具有相应的民事行为能力。行为人实施民事法律行为，都产生相应的法律后果，形成一定的权利义务关系，因此民事法律行为的行为人必须具有相应的民事行为能力，能认识和判断其行为的性质和后果。就自然人而言，完全民事行为能力人可以以自己的行为取得民事权利，履行民事义务；限制民事行为能力人只能从事与其年龄和智力发育程度相当的民事法律行为，其他行为由其法定代理人代理，或者经其法定代理人的同意；无民事行为能力人不能独立实施民事法律行为，必须由其法定代理人代理。

法人的民事行为能力是由法人核准登记的经营范围所决定的。但从维护相对人的利益和市场稳定的角度出发，法人超越经营范围从事的民事活动，原则上不认定其无效。《民法典》第 505 条规定："当事人超越经营范围订立的合同的效力，应当依照本法第一编第六章第三节和本编的有关规定确定，不得仅以超越经营范围确认合同无效。"

需要注意的是：①如果无民事行为能力人、限制民事行为能力人实施接受奖励、赠与、报酬等纯获益的民事行为时，他人不得以行为人无民事行为能力、限制民事行为能力为由，主张以上行为无效。②这个构成要件只强调行为人具有"相应的"民事行为能力，而非"完全的"民事行为能力。

2. 意思表示真实。意思表示真实，是指行为人表现于外部的意思与其内在意志相一致或相符合，主要包括两个方面的含义：一是指行为人的内心意思与外部的表示行为相一致；二是指行为人是在意志自由的前提下，进行的意思表示。如果行为人的意思表示是在外力影响或强制下进行的，比如欺诈、胁迫的情况下进行的意思表示，则该意思表示不符合真实性的要求，不能产生当事人预期的法律效力。

3. 不违反法律、行政法规的强制性规定，不违背公序良俗。不违反法律、行政法规的强制性规定，是指民事法律行为不得与法律的强制性或禁止性规范相抵触，也不得滥用法律的授权性或任意性规定以规避法律，比如民事法律行为的标的必须合法，通常在买卖、租赁、赠与、互易、使用借贷等转移物的所有或占有的行为中，标的物不得为禁止流通物或限制流通物。

不违背公序良俗，是指民事法律行为不得违反国家利益和社会公共利益，以及社会的善良风俗。

（二）民事法律行为的特别生效要件

民事法律行为的特别生效要件，是指特定的法律行为所特有的生效要件。在大多数情况下，民事法律行为只要具备有效要件，就能引起民事权利义务的发生、变更、终止，但在某些特殊情况下，民事法律行为虽已成立并具备一般有效要件，但仍不能生效，必须待某种特定条件具备时才能生效，这类特定条件，就是民事法律行为的特别生效要件，如要式法律行为以法律或当事人约定的形式为要件；附期限和附条件的法律行为须期限届满或条件成就才可生效。

民事法律行为的特别生效要件根据其产生的原因不同，可以分为约定生效要件和法定生效要件。绝大部分民事法律行为的特别生效要件都是当事人约定的，只有遗嘱的特别生效要件——遗嘱人死亡，才是法定的。

五、无效民事法律行为

无效民事法律行为，是指民事法律行为虽已成立，但因欠缺法定的有效要件，不能产生行为人预期的法律后果。无效的民事法律行为，有广义与狭义之分。广义的无效民事法律行为是指不具有民事法律行为效力的行为，包括绝对无效和相对无效即可撤销的民事法律行为；狭义的无效民事法律行为是指绝对无效的民事法律行为。

（一）绝对无效的民事法律行为

绝对无效的民事行为，是指自始、当然、确定不发生当事人预期法律效果的民事法律行为。

严重欠缺民事法律行为有效要件的行为，自始就不能发生法律效力，并且无效民事行为是确定无效的，不仅于行为开始时无效，而且其后也不能有效。

根据《民法典》的规定，无效的民事法律行为包括：无民事行为能力人实施的民事法律行为无效；行为人与相对人以虚假的意思表示实施的民事法律行为无效；违反法律、行政法规的强制性规定的民事法律行为无效；违背公序良俗的民事法律行为无效；行为人与相对人恶意串通，损害他人合法权益的民事法律行为无效。

1. 无民事行为能力人实施的民事法律行为无效。无民事行为能力人没有认识能力和判断能力，不能正确认识其行为的法律意义，依法不能独立进行民事活动，只能由其法定代理人代理。因此无民事行为能力人实施的民事法律行为，构成因主体不合格而无效的民事法律行为。

司法实践中，无民事行为能力人实施的纯获利益的民事法律行为或者与其年龄、智力、精神健康状况相适应的民事法律行为有效。

2. 行为人与相对人以虚假的意思表示实施的民事法律行为无效。（见通谋虚

伪的意思表示）

3. 违反法律、行政法规的强制性规定的民事法律行为无效。关于"强制性规定"，《民法典》第 153 条第 1 款规定，"违反法律、行政法规的强制性规定的民事法律行为无效。但是，该强制性规定不导致该民事法律行为无效的除外"。同时，《合同法解释（二）》（已失效）第 14 条曾规定，要注意区分效力性强制性规定和管理性强制性规定。违反效力性强制性规定的，人民法院应当认定合同无效；违反管理性强制性规定的，人民法院应当根据具体情形认定其效力。因此，违反上述强制性规范，不能当然作为行为无效的依据。

4. 违背公序良俗的民事法律行为无效。《民法典》第 153 条第 2 款规定："违背公序良俗的民事法律行为无效。"公序良俗是公共秩序和善良风俗的合称。《民法典》第 8 条把公序良俗作为民法的基本原则，在民事法律行为和民事活动中，民事主体的行为应当遵守公共秩序，符合善良风俗，不得违反国家的公共秩序和社会的一般道德。

"公序"是指国家社会的一般公共利益，"良俗"是指社会、国家的善良风俗，是特定社会所尊重的一般道德、伦理要求。当一个具体的民事法律行为，损害了全体社会成员的共同利益，破坏了社会的共同生活规则，就是违背公共秩序的民事法律行为，这样的民事法律行为，都是无效的民事法律行为。例如，有配偶者与其他异性签订所谓"包养协议"等，就构成了违背善良风俗。

5. 行为人与相对人恶意串通，损害他人合法权益的民事法律行为无效。《民法典》第 154 条规定："行为人与相对人恶意串通，损害他人合法权益的民事法律行为无效。"

恶意串通，损害他人合法权益的民事法律行为，是指民事法律行为的当事人之间故意合谋实施的损害他人合法利益的行为。其主要特征有：①当事人双方有损害他人合法利益的故意，即行为人明知或应知某种行为将造成对第三人的损害，而故意为之；②当事人之间互相串通、共同合谋；③该民事法律行为的结果损害了他人的合法利益。

在恶意串通行为中，当事人所表达的意思虽然是真实的，但这种意思表示是非法的，因此是无效的。

（二）可撤销的民事法律行为

1. 可撤销的民事法律行为的概念。可撤销的民事法律行为，是指已经成立，因为意思表示不真实或者其他法定原因，行为人有撤销权的民事法律行为。

可撤销的民事法律行为，在其被撤销前，具有法律效力。可撤销的民事法律行为一旦被撤销，其自始就是无效的。

2. 可撤销的民事法律行为的种类。

（1）因重大误解实施的民事法律行为。根据《民法典》第147条的规定，因重大误解而实施的民事法律行为，是可撤销的民事法律行为。

《民法通则意见》第71条曾规定，行为人因对行为的性质、对方当事人、标的物的品种、质量、规格和数量等的错误认识，使行为的后果与自己的意思相悖，并造成较大损失的，可以认定为重大误解。比如，误把买卖当作赠与、误将黄金当作黄铜等。但是需要注意的是，对于动机的错误认识一般不成立重大误解，如因结婚购买戒指，但后来结婚（购买戒指的动机）不能实现，不得以重大误解为由要求撤销购买行为。

（2）显失公平的民事法律行为。根据《民法典》第151条的规定，显失公平的民事法律行为是可撤销的民事法律行为。

所谓显失公平，是指一方利用对方处于危困状态、缺乏判断能力等情形，致使民事法律行为成立时显失公平，双方的权利义务明显违反公平、等价有偿原则。《民法通则意见》第72条曾规定："一方当事人利用优势或者利用对方没有经验，致使双方的权利义务明显违反公平、等价有偿原则的，可以认定为显失公平。"

显失公平仅适用于财产行为，不适用于身份行为，如收养协议、遗嘱、遗赠扶养协议等不适用显失公平。合法的、符合交易习惯的投机性财产行为，也不适用显失公平，如购买彩票的行为。

对于合同是否显失公平进行判断的时间点，应当以订立合同之时为标准。合同订立以后发生的情势变化，导致双方利益显失公平的，不属于显失公平的民事法律行为，而应当按照诚实信用原则处理。

（3）受欺诈而实施的民事法律行为。根据《民法典》第148、149条的规定，受欺诈而实施的民事法律行为是可撤销的民事法律行为。

（4）受胁迫而实施的民事法律行为。根据《民法典》第150条的规定，受胁迫而实施的民事法律行为是可撤销的民事法律行为。

3. 撤销权的行使。撤销权是权利人以其单方的意思表示撤销已经成立的民事法律行为的权利。撤销权在性质上属于形成权，故依撤销权人的意思表示即可产生相应的法律效力，无须相对人同意。

可撤销民事法律行为的撤销权，由行为成立时受害人享有。在欺诈、胁迫、显失公平情形下，仅仅受害人一方享有撤销权；在重大误解的情形下，双方都享有撤销权。

撤销权人行使撤销权，其意思表示应向人民法院或仲裁机构作出，即依法向人民法院或仲裁机构提出撤销的请求。因为请求人是否享有撤销权，须经人民法

院或仲裁机构确认。

撤销权的行使期间,是指撤销权人行使撤销权的时间界限。撤销权的行使期限属于除斥期间,即属于不变期间,不得适用诉讼时效的中止、中断和延长的规定。

《民法典》第152条规定,有下列情形之一的,撤销权消灭:①当事人自知道或者应当知道撤销事由之日起1年内、重大误解的当事人自知道或者应当知道撤销事由之日起90日内没有行使撤销权;②当事人受胁迫,自胁迫行为终止之日起1年内没有行使撤销权;③当事人知道撤销事由后明确表示或者以自己的行为表明放弃撤销权。当事人自民事法律行为发生之日起5年内没有行使撤销权的,撤销权消灭。根据《民法典》的上述规定,撤销权的行使期间,根据撤销事由的不同而不同,其撤销权的起算点也不一样。

4. 可撤销的民事法律行为的后果。可撤销的民事法律行为,在其被撤销前,具有法律效力。一经撤销,自始无效的,即无效的后果追溯至行为成立之时,但不得对抗善意第三人。如甲从乙处购买了一栋房子,甲随后将该房子转卖给丙,甲以欺诈为由并经人民法院判决撤销了甲乙之间的购房合同,乙不能要求丙返还该房屋,即撤销权的行使对善意第三人不发生效力。

（三）效力待定的民事法律行为

1. 效力待定的民事法律行为的概念。效力待定的民事法律行为,是指民事法律行为成立后,其效力尚不能确定的民事法律行为。效力待定的民事法律行为,能否按照行为人的意愿发生法律效力尚不确定,需要等待享有追认权的第三人作出追认或拒绝的意思表示以后,才能确定其效力。

效力待定的民事法律行为,可能因为当事人缺乏民事行为能力、代理权限或处分能力,其效力有待于其他行为或事实确定其效力。效力待定的民事法律行为确定为有效的,其效力溯及于行为成立时;确定为无效的,自始无效。

效力待定的民事法律行为因欠缺民事法律行为的有效要件,在行为成立时还不能有效,但又不是当然无效的,可以通过其他的行为予以辅助而使之有效。因此,效力待定的民事法律行为既不同于无效民事法律行为,也不同于可撤销的民事法律行为。

与无效的民事法律行为相比,效力待定的民事法律行为可以成为有效的民事法律行为,而无效的民事法律行为不能成为有效的行为。

与可撤销的民事法律行为相比,可撤销的民事法律行为在未撤销前是有效的,而效力待定的民事法律行为于行为成立后并不能确定为有效。可撤销的民事法律行为也是欠缺民事法律行为要件的,但其所欠缺的事项可由行为人以自己的意思予以补正。而效力待定的民事法律行为所欠缺的事项,不是能由行为人自己

的意思来补正的，须由他人的行为补正。

2. 效力待定的民事法律行为的种类。《民法典》第145、168、171条规定了效力待定的民事法律行为。效力待定的民事法律行为主要有：欠缺民事行为能力的行为；无处分权的行为；无权代理的行为（狭义的无权代理）；自己代理和双方代理的行为。

（1）欠缺民事行为能力的行为。民事法律行为的有效要件之一即是行为人具有相应的民事行为能力。自然人实施民事法律行为时，如果欠缺相应的民事行为能力，其法定代理人有权追认。

《民法典》第145条第1款规定，"限制民事行为能力人实施的纯获利益的民事法律行为或者与其年龄、智力、精神健康状况相适应的民事法律行为有效；实施的其他民事法律行为经法定代理人同意或者追认后有效"。

效力待定的民事法律行为经过追认后，自始有效；追认权人拒绝追认的，该行为自始无效。

《民法典》第145条第2款同时规定，"相对人可以催告法定代理人自收到通知之日起30日内予以追认。法定代理人未作表示的，视为拒绝追认。民事法律行为被追认前，善意相对人有撤销的权利。撤销应当以通知的方式作出"。因此，在效力待定的民事法律行为中，相对人享有催告权和撤销权。一方面，相对人在民事法律行为成立后，有权催告法定代理人在30日内予以追认，法定代理人未作表示的，视为拒绝追认；另一方面，相对人有权撤销其意思表示，其撤销的意思表示应该向法定代理人作出。相对人撤销其意思表示后，效力待定的民事法律行为自始无效。

（2）无权处分的行为。无权处分的行为，是指既无法律根据又未经权利人授权，而以自己名义处分他人财产或权益的行为。

无权处分的行为，原《合同法》第51条曾规定："无处分权的人处分他人财产，经权利人追认或者无处分权的人订立合同后取得处分权的，该合同有效。"据此，认定无权处分行为为效力待定行为，并构成无权处分制度的基本内容。

上述规定，受到法学理论界和司法实务界的颇多争议，新颁布的《民法典》作了调整。《民法典》第597条第1款规定："因出卖人未取得处分权致使标的物所有权不能转移的，买受人可以解除合同并请求出卖人承担违约责任。"根据这一规定，无权处分的合同是有效合同。

（3）无权代理的行为（狭义的无权代理），见后续"代理"。

（4）自己代理的行为，见后续"代理"。

（5）双方代理的行为，见后续"代理"。

（四）民事法律行为无效、被撤销或者确定不发生效力后的法律后果

根据《民法典》第 157 条以及有关法律的规定，民事法律行为无效、被撤销或者确定不发生效力后，会产生以下法律后果：

1. 自始无效。民事法律行为无效、被撤销或者确定不发生效力后，自始无效，即该无效的后果追溯至行为成立时。

2. 返还财产。民事法律行为无效、被撤销或者确定不发生效力后，行为人因该行为取得的财产，应当予以返还；不能返还或者没有必要返还的，应当折价补偿。

3. 赔偿损失。民事法律行为无效、被撤销或者确定不发生效力后，有过错的一方应当赔偿对方由此所受到的损失；各方都有过错的，应当各自承担相应的责任。法律另有规定的，依照其规定。

六、附条件与附期限的民事法律行为

（一）附条件的民事法律行为

1. 附条件民事法律行为的概念。附条件的民事法律行为是指在民事法律行为中附上一定的条件，并且把该条件的成就与否作为民事法律行为效力发生或者消灭根据的民事法律行为。

《民法典》第 158 条规定，"民事法律行为可以附条件，但是根据其性质不得附条件的除外。附生效条件的民事法律行为，自条件成就时生效。附解除条件的民事法律行为，自条件成就时失效"。

并非所有的民事法律行为都可以附条件，根据相关法律规定，下列民事法律行为不得附条件：①妨碍相对人权利的行使（条件与行为性质相违背的），主要是指形成权的行使。②违背社会公共利益或社会公德的，如结婚、离婚等行为。

2. 民事法律行为所附条件的特点。民事法律行为所附条件，是指决定行为效力发生或消灭的特定事实，既可以是自然现象、事件，也可以是人的行为。但它应当具备下列条件：

（1）必须是将来发生的事实。作为条件的事实，必须是在进行法律行为时尚未发生的。过去的事实，不得作为条件。

（2）必须是将来不确定的事实。如果在民事法律行为成立时，该事实是将来必然发生的，则该事实应当作为民事法律行为的期限而非条件。如甲与乙约定，甲 20 岁时，将房屋出租与乙。双方约定中"甲 20 岁"属于一个将来事实，但该事实是确定会发生的事实，故不属条件，而属于期限。

（3）条件应当是双方当事人约定的。民事行为中所附条件，必须是双方当事人约定，并以意思表示的形式表现出来。条件如果是法律规定的，如法律行为的成立条件、生效条件，不属于此处所谓的"条件"。

（4）条件必须是合法的事实，即条件不得违反现行法律的规定。

所附条件，其设立的目的是决定民事法律行为的效力，如果条件不是决定民事法律行为的效力，而只是决定其他内容的，则不属于附条件的民事法律行为。如保留所有权买卖，虽然也以价款的付清作为所有权转移的条件，但是该条件并非决定买卖合同的效力，而只是决定所有权是否移转的效力，故不属于此处所说的"条件"。

3. 民事法律行为所附条件的分类。

（1）延缓条件与解除条件。按照所附条件对民事法律行为效力所起的作用的不同，可将附条件分为延缓条件和解除条件。

延缓条件，又称"停止条件""生效条件"，是指民事法律行为中所确定的权利和义务要在所附条件成就时才生效的条件。也就是说，在延缓条件成就之前，民事法律行为已经成立，但是效力却处于一种未确定状态。条件成就之后，法律行为发生法律效力。如，甲、乙约定，如果甲调往上海工作，就将甲在武汉的房子租给乙居住。"甲调往上海工作"就是该租赁行为所附的延缓条件，当延缓条件成就时（甲调往上海工作），该租赁行为发生法律效力；如果延缓条件不成就（甲未调往上海工作），该租赁行为则不发生法律效力。由此可见，延缓条件的作用，是推迟行为所确定的民事权利和民事义务发生法律效力。

解除条件，又称"消灭条件"，指民事法律行为中所确定的权利和义务在所附条件成就时失去法律效力。附解除条件的民事法律行为，在所附条件成就以前，已经发生法律效力，行为人已经开始行使权利和承担义务。当条件成就时，权利和义务则失去法律效力。如，甲、乙约定，甲将自己在武汉的房子租给乙居住，并且约定，如果甲调回武汉工作，甲乙之间的房屋租赁合同立即终止。"甲调回武汉工作"是该房屋租赁行为的解除条件，在解除条件（甲调回武汉工作）成就以前，双方租赁合同所确定的权利义务关系已经发生法律效力；当解除条件（甲调回武汉工作）成就时，双方租赁行为即失去法律效力。由此可见，解除条件的作用，是使已经发生法律效力的民事权利义务关系失去法律效力。

（2）肯定条件与否定条件。按照某种客观事实的发生或不发生为标准，可将附条件分为肯定条件和否定条件。

肯定条件，又称积极条件，是指以发生某种客观事实为条件的内容。如，甲乙约定，乙如果考上大学，甲即送其一台电脑。

否定条件，又称消极条件，是指以不发生某种客观事实为条件的内容。比如，甲乙约定，如果明天不下雨，甲即租用乙的货车搬家。"明天不下雨"即属消极条件。

肯定条件、否定条件可以与延缓条件、解除条件结合，分别产生肯定的延缓条件、肯定的解除条件、否定的延缓条件、否定的解除条件。如上例，甲乙签订房屋租赁合同，并且约定，如果"甲调往上海工作"，就将甲在武汉的房子租给乙居住。该条件（甲调往上海工作）即属于肯定的延缓条件。如上例，甲乙签订房屋租赁合同，甲将自己在武汉的房子租给乙居住，并且约定，如果甲调回武汉工作，甲乙之间的房屋租赁合同立即终止。该条件（甲调回武汉工作）即属于肯定的解除条件。

按照法律的要求，作为条件的事实必须是因其自然进程发生或不发生的，不能受制于任何一方当事人的影响，否则，都难免会对他方当事人产生不公平的结果。[1]因此，《民法典》第159条规定，"附条件的民事法律行为，当事人为自己的利益不正当地阻止条件成就的，视为条件已经成就；不正当地促成条件成就的，视为条件不成就"。

（二）附期限的民事法律行为

1. 附期限的民事法律行为的概念。附期限的民事法律行为，是指在民事法律行为中约定一定的期限，以期限的到来决定其效力产生或者终止的民事法律行为。

期限与条件不同，任何期限都是确定地要到来的，而条件的成就与否具有不确定性。

2. 民事法律行为所附期限的特点。民事法律行为所附期限必须符合法律的相应要求，包括：①期限应当是在将来确定发生的，具有未来性；②期限应当是双方当事人约定时，具有意定性，因而法律规定的期限不属于附期限民事法律行为的所附期限；③期限的目的应当是限制民事法律行为效力的产生或终止，具有特定的目的性。

3. 民事法律行为所附期限的分类。根据法律行为中所附期限的作用，期限可分为始期与终期。

始期，又称延缓期限，是指所附期限到来之时，法律行为才开始生效的期限。始期是决定法律行为效力发生的期限，在该期限到来前，法律行为的效力处于停止的状态。如，父亲对儿子说，等你18岁时，我就送你一部苹果手机。

终期，又称解除期限，是指所附期限到来之时，法律行为的效力终止的期限。终期是决定法律行为效力消灭的期限，在该期限到来前，法律行为的效力继续；而在该期限届至时，法律行为的效力应消灭。如，在租赁合同中约定的租期。

---

〔1〕 王利民：《民法》，中国人民大学出版社2015年版，第122页。

七、代理

（一）代理概述

1. 代理的概念。代理是指代理人依据代理权，以被代理的名义与第三人实施民事法律行为，行为的法律后果由被代理人承担的法律制度。

代理关系涉及三方当事人：依据代理权，代替他人实施民事法律行为的人称为代理人；与代理人实施民事法律行为的人，称为相对人即第三人；直接承受代理行为法律后果的人称为被代理人，即本人。

因此，代理关系涉及三方面的法律关系，代理人与被代理人基于委托授权或者法律的直接规定而形成的代理权关系；代理人依据代理权与第三人之间的代理行为关系；代理人与第三人之间存在的代理行为的法律后果承受关系，即因代理行为而形成的具体的民事法律关系。

2. 代理的法律特征。

（1）代理人必须以被代理人的名义进行民事活动。代理人只有以被代理人的名义进行活动，才能为被代理人取得权利、设定义务。依据《民法典》第162条的规定，代理人在代理权限内，以被代理人名义实施的民事法律行为，对被代理人发生效力。代理人以被代理人的名义进行民事活动，表明其行为的后果不是由自己承担，而是由被代理人承担的，这是代理行为区别于行纪行为的重要特征。如，某甲将自己的名表委托给某信托（行纪）公司出售，该公司虽然是代某甲出售名表，但它是以自己的名义而非以某甲的名义出卖的，因此该关系不属于代理，而属于行纪行为。

如果代理人以自己的名义进行民事活动，那么这种活动就不是代理，其所设立的权利与义务也只能由代理人自己承受，除非法律另有规定。

（2）代理人必须在代理权限内实施代理行为。代理人实施代理行为，必须有代理权。依据《民法典》第162条的规定，代理人必须在代理权限内实施民事法律行为。委托代理人按照被代理人的委托行使代理权，法定代理人依照法律的规定行使代理权。

没有代理权所实施的"代理"，不能发生代理的法律后果。因此，代理人进行代理活动时，应提供自己有代理权的证明。

（3）代理行为必须是具有法律意义的行为。代理行为是一种民事法律行为，必须是具有民事法律意义的行为，能够产生民事法律后果，如，代购车票等。代他人实施的不具有法律意义即不能发生民事权利义务关系的活动，不属于代理。如代人抄写文书、整理资料，就不属于法律上的代理。

（4）代理行为的法律后果直接由被代理人承受。由于代理制度的目的是帮

助被代理人处理事务，且代理人在代理活动中是以被代理人的名义进行的，故代理人的行为就被视为被代理人的行为，并产生与被代理人自己行为相同的法律后果，因此，代理行为的法律后果由被代理人承担。

这是代理制度最重要的特征，反映了代理制度的目的。

3. 代理的适用。代理制度的设立，是为了方便民事主体实施法律行为。严格地讲，民事代理只能适用于民事主体间有关民事权利义务设立、变更、消灭的民事法律行为。民法从促进正常的民事流转和维护社会经济秩序出发，将代理制度及其规则不仅适用于民事法律行为，也扩展适用于其他相关的行为。

（1）代理的适用范围主要有：

第一，代理各种民事法律行为。《民法典》第161条第1款规定："民事主体可以通过代理人实施民事法律行为。"代理广泛适用于各类民事法律行为，民事法律行为除法律另有规定外，一般均可代理，如代签合同。

第二，代理申请、申报行为。如代理专利申请、商标注册、缴纳税款、代理法人登记等。

第三，代理诉讼行为。在民事诉讼、刑事诉讼、行政诉讼中的原告、被告、第三人等，均可聘请律师或法律许可的人员作为代理人参与诉讼。

（2）不能适用代理的行为。民事主体可以通过代理人实施民事法律行为，但并非一切民事法律行为都可适用代理。《民法典》第161条第2款规定："依照法律规定、当事人约定或者民事法律行为的性质，应当由本人亲自实施的民事法律行为，不得代理。"

第一，具有严格人身性质的行为，必须由本人亲自作出决定和进行表达的行为，不得代理。如立遗嘱的行为、婚姻登记行为等。

第二，具有严格人身性质的债务，是指经约定必须由行为人亲自履行的债务，如预约演出行为、绘画行为、写作行为等，被预约一方的履行行为不得代理。

第三，被代理人无权进行的行为不得代理。代理行为必须是被代理人有权进行的，这是代理行为的前提。被代理人无权进行的行为、内容违法的民事行为和侵权行为都不能代理。

4. 代理的分类。

（1）委托代理与法定代理。按照代理权产生的根据不同，代理可以分为委托代理与法定代理。

委托代理，是指按照被代理人的委托而产生的代理。代理人的代理权来自于被代理人的授权，所以又称为授权代理。授权行为是一种单方民事法律行为，仅凭被代理人一方授权的意思表示，代理人就取得代理权，因此，委托代理也称意

定代理。委托代理是最主要、最常见的代理。

委托代理的授权，可以用书面形式，也可以用口头形式；法律规定或者当事人约定采用特定形式的，可以采用特定形式。授权的书面形式称为授权委托书，即代理证书。根据《民法典》第 165 条的规定，委托代理授权采用书面形式的，授权委托书应当载明代理人的姓名或者名称、代理事项、权限和期间，并由被代理人签名或者盖章。

法定代理，是指根据法律的直接规定而取得代理权的代理。法定代理主要是为无民事行为能力人和限制民事行为能力人设立代理人的方式。

法定代理的代理权来自法律规定，与被代理人的意志无关。《民法典》第 23 条规定："无民事行为能力人、限制民事行为能力人的监护人是其法定代理人。"法定代理产生的根据是代理人与被代理人之间存在的监护关系。

（2）一般代理与特别代理。根据代理人代理权限的范围不同，代理可分为一般代理和特别代理。

一般代理，又称为总括代理、全权代理，是指代理人的代理权范围及于代理事项的全部。

特别代理，是指代理人的代理权被限定在一定范围或一定事项的某些方面的代理。

在实践中，如未指明为特别代理的，则为一般代理。法律规定某些事项须有特别授权的，只有在特别授权的情形下，代理人才有代理权。

（3）单独代理与共同代理。根据代理权是属于一人还是数人为标准，代理可分为单独代理与共同代理。

单独代理，是指代理权仅授予一人，代理人只有一人的代理。

共同代理，指代理权授予二人以上，代理人为二人或二人以上的代理。

《民法典》第 166 条规定："数人为同一代理事项的代理人的，应当共同行使代理权，但是当事人另有约定的除外。"

共同代理的数个代理人在代理权的行使上应共同为之。共同代理中的部分代理人未与其他代理人商量而实施代理行为的，其实施的行为损害被代理人权益的，由实施行为的代理人承担民事责任，而其他未实施代理行为的代理人不承担民事责任。当事人对代理权的行使以及民事责任的承担另有约定的，依其约定。

（4）本代理与再代理。根据代理权是由被代理人授予，还是由代理人转委托为标准，可将代理分为本代理与复代理。

本代理，是指代理权直接由被代理人授权或者依照法律直接规定而产生的代理。

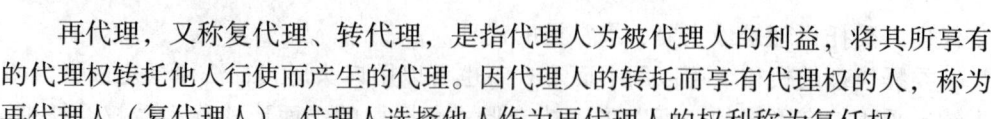

再代理，又称复代理、转代理，是指代理人为被代理人的利益，将其所享有的代理权转托他人行使而产生的代理。因代理人的转托而享有代理权的人，称为再代理人（复代理人），代理人选择他人作为再代理人的权利称为复任权。

再代理的成立须具备以下条件：

第一，须是为了被代理人的利益。如果不是为了被代理人的利益需要，代理人不得转托他人代理。

第二，代理人以自己的名义选任再代理人，不是由被代理人选任的。

第三，复代理人也是本人的代理人，而不是代理人的代理人；但他又是由代理人为本人所选任，而不是由本人自行选任。如果代理人以本人名义另行委任代理人，则发生代理权的转移，其结果是代理人丧失部分或全部代理权；如果是本人自行选任其他代理人，也无再代理人可言。

第四，再代理权不得大于原代理权，但可与之相等。当代理人将其代理权的全部转授于再代理人时，他的代理权并不消灭，但其内容转化为监督权和解任权。

法定代理人无条件享有复任权，可以转托再代理人。委托代理原则上没有复任权，因为委托代理的基础是当事人之间的信任关系，只有在事先授权（同意）、事后追认等情况下，为了保护被代理人的利益，委托代理人享有复任权。

《民法典》第 169 条规定："代理人需要转委托第三人代理的，应当取得被代理人的同意或者追认。转委托代理经被代理人同意或者追认的，被代理人可以就代理事务直接指示转委托的第三人，代理人仅就第三人的选任以及对第三人的指示承担责任。转委托代理未经被代理人同意或者追认的，代理人应当对转委托的第三人的行为承担责任；但是，在紧急情况下代理人为了维护被代理人的利益需要转委托第三人代理的除外。"根据有关司法解释，所谓紧急情况，是指由于急病、通讯联络中断等特殊原因，委托代理人自己不能办理代理事项，又不能与被代理人及时取得联系，如不及时转托他人代理，会给被代理人的利益造成损失或者损失扩大的情况。

（二）代理权

1. 代理权的概念。代理权，是指代理人以被代理人的名义进行民事活动，并由被代理人承担其法律后果的一种法律资格。

代理权从本质上说是一种资格或法律地位，代理人取得代理权意味着他得以被代理人的名义与第三人进行民事活动，其行为后果直接归属于被代理人。这种资格或法律地位，既可基于委托人的委托授权（在委托代理中），也可以是法律规定的结果（在法定代理中）。

2. 代理权的取得。

（1）基于被代理人的授权而取得。委托代理人取得代理权的根据是被代理人授权的单方民事法律行为，被代理人的授权是委托代理发生的根据。实践中，授权行为常与某种基础法律关系相结合，如：委托合同关系、合伙合同关系、承揽合同关系、劳动合同关系及企业内部组织关系等。

（2）基于法律的直接规定而取得。法定代理人取得代理权的根据是法律的直接规定。如，未成年人的父母因具有监护人身份而成为未成年人的代理人，其监护人身份是依法律规定产生法定代理权的法律事实。

3. 代理权的行使。代理权的行使，是指代理人在代理权限内实施代理行为。代理人行使代理权，既是其权利，也是其义务。代理权的行使以代理人有代理权为前提，若没有代理权，当然谈不上代理权的行使。代理权的行使，以为被代理人取得利益为目的。

（1）代理权行使的原则。

第一，代理人应在代理权限范围内行使代理权，不得无权代理。代理行为的行使，是以代理权为基础的，代理权限的范围基于被代理人的意志和利益所确定，因而代理人只有在代理权限范围内进行的民事活动，才能视为是被代理人的行为，其法律效果才直接归属于被代理人。

第二，代理人应亲自行使代理权，不得任意转托他人。在委托代理中，被代理人之所以委托特定的代理人为自己服务，是基于对该代理人知识、技能、信用的信赖。因此，代理人必须亲自实施代理行为，才合乎被代理人的愿望。除非经被代理人同意或有不得已的事由发生，不得将代理事务转委托他人处理；在法定代理中，代理人与被代理人之间多为亲属关系或者监护关系，只有代理人亲自行使代理权，才有利于代理事务的完成。

第三，代理人应尽到职责所要求的谨慎和勤勉义务。代理人行使代理权，是履行其作为代理人的职责，在行使代理权时，应尽到职责所要求的谨慎和勤勉义务。首先，为实现和保护被代理人的利益，应尽到相当的注意义务。如，在无偿代理中，代理人应尽到与处理自己事务同样的注意义务；在有偿代理中，代理人应尽善良管理人的注意义务。其次，在委托代理中，代理人应根据被代理人的指示进行代理活动，遵守被代理人指示，不得擅自改变被代理人的指示。再次，代理人应尽报告和保密义务。代理人应及时向被代理人报告代理的情况，并将在代理中得到的利益及时转交被代理人。

《民法典》第 164 条第 1 款规定："代理人不履行或者不完全履行职责，造成被代理人损害的，应当承担民事责任。"

（2）代理权行使的限制。代理人取得代理权后，为了维护被代理人的合法权益，法律限制代理人滥用代理权。

滥用代理权，是指代理人行使代理权违背了代理权的设定宗旨和代理行为的基本准则，损害被代理人利益的代理行为。

滥用代理权的构成条件为：①代理人有代理权；②代理人实施的代理行为时，违背了代理权的设定宗旨和代理行为的基本准则；③代理人的代理行为有损被代理人的利益。

滥用代理权的行为主要有以下三种情形：

第一，自己代理，是指代理人以被代理人的名义与自己实施法律行为。代理关系一般有三方当事人，在这种情况下，代理人同时为代理关系中的代理人和第三人。如，某乙作为某甲的代理人，以某甲的名义将甲的房屋出卖给自己。在自己代理中，不存在第三人，也没有代理人与第三人意思表示的一致，而只有代理人自己的意思表示，并且自己代理的行为有可能损害被代理人的利益。所以，除使被代理人纯获利益外，自己代理为滥用代理权的行为，法律一般禁止"自己代理"。

《民法典》第168条第1款规定："代理人不得以被代理人的名义与自己实施民事法律行为，但是被代理人同意或者追认的除外。"根据该条规定，自己代理属于效力待定的行为，如果得到被代理人同意或者追认的，自己代理有效，其法律后果归属于被代理人。

第二，双方代理，又称同时代理，是指代理人同时为双方的代理人，代理双方为同一民事法律行为。在双方代理行为中，代理人同时代表双方利益，容易顾此失彼，难以做到利益平衡，有可能损害某一方的利益。因此，双方代理也是滥用代理权的行为。但符合商业惯例或经双方许可的双方代理，可以是有效的。

《民法典》第168条第2款规定："代理人不得以被代理人的名义与自己同时代理的其他人实施民事法律行为，但是被代理的双方同意或者追认的除外。"根据该条规定，双方代理属于效力待定的行为，如果得到被代理人同意或者追认的，双方代理行为有效。

第三，代理人与第三人恶意串通，损害被代理人利益的行为。所谓恶意串通是指代理人与第三人共谋侵害被代理人合法权益，这是滥用代理权的极端表现，是无效的代理行为。

《民法典》第164条第2款规定："代理人和相对人恶意串通，损害被代理人合法权益的，代理人和相对人应当承担连带责任。"

（三）无权代理

1. 无权代理的概念。无权代理，顾名思义，是指没有代理权的代理。代理人为被代理人进行代理活动时，拥有代理权是代理行为有效成立的首要条件，无

权代理虽然具备代理成立的表面特征，但欠缺代理权这一根本要件。因此，代理人没有代理权却以"被代理人"的名义进行民事活动，在民法上就称之为无权代理。

2. 无权代理的特征。

（1）无权代理人所实施的民事活动，符合代理行为的表面特征及要件。即以被代理人的名义实施民事法律行为，并将行为的后果归属于被代理人。

（2）行为人实施的"代理"行为不具有代理权。无权代理的情形，包括没有代理权、超越代理权、代理权终止后而为的代理。

（3）无权代理属于效力待定的民事法律行为。《民法典》第 171 条第 1 款规定："行为人没有代理权、超越代理权或者代理权终止后，仍然实施代理行为，未经被代理人追认的，对被代理人不发生效力。"如果经被代理人追认，无权代理变成有权代理，能产生代理的法律后果。

3. 无权代理的类型。无权代理的情形包括：

（1）未经授权的代理，即当事人实施代理行为，根本未获得被代理人的授权；

（2）超越代理权的代理，即代理人虽然获得了被代理人的授权，但他实施的代理行为，不在被代理人的授权范围之内。就其超越代理权限所实施的代理行为，成立无权代理；

（3）代理权终止后的代理，即代理人虽然获得了被代理人的授权，但在代理权存在的期限届满后，代理人继续实施了代理行为，就其超过代理权存续期限所实施的代理行为，成立无权代理。

4. 无权代理的效力。根据《民法典》第 171 条的规定，无权代理属于效力待定的民事法律行为。无权代理效力的不确定，主要表现为：首先，被代理人可以追认；其次，在被代理人追认前，相对人可以催告被代理人予以追认，善意相对人也可以撤回其意思表示；如果得不到被代理人的追认，第三人也不撤回其意思表示，行为人则应承担相应的责任。

（1）无权代理为被代理人追认的，无权代理行为转变为有效的代理行为，被代理人与第三人之间产生相应的民事法律关系。

第一，被代理人的追认。追认，是指被代理人对无权代理行为事后承认的单方法律行为。被代理人所享有的追认权属于形成权，即只需被代理人的单方意思表示，便可使原法律关系发生变化，从而引起某种民事权利义务的产生、变更或者消灭。追认的行为是单方法律行为，追认的表示具有溯及力，通过追认权的行使，无权代理行为自始有效。追认应当在相对人撤销通知作出前行使。

第二，相对人的催告权。根据《民法典》第 171 条第 2 款规定，相对人可以

催告被代理人自收到通知之日起 30 日内予以追认。相对人行使催告权，应当向被代理人表示，在追认期内被代理人未作表示的，视为拒绝追认。

（2）无权代理不为被代理人追认的，区分相对人善意与否（知情与否），分别作不同的处理：

善意的相对人有选择权，可以选择要求代理人履行债务或者请求其赔偿；恶意的相对人，与无权代理人按照各自过错承担责任。

善意相对人的撤销权，即不知道或不应当知道代理人无权代理的相对人享有撤销权。恶意相对人没有撤销权。

《民法典》第 171 条第 2 款规定："……行为人实施的行为被追认前，善意相对人有撤销的权利。撤销应当以通知的方式作出。"善意相对人可以通过行使撤销权来确定无权代理行为无效。善意相对人行使撤销权的意思表示应当在被代理人作出追认的意思表示之前作出，经撤销的无权代理行为不得再作追认。

5. 无权代理人的责任。

（1）无权代理人对相对人的责任。《民法典》第 171 条第 3 款规定："行为人实施的行为未被追认的，善意相对人有权请求行为人履行债务或者就其受到的损害请求行为人赔偿。但是，赔偿的范围不得超过被代理人追认时相对人所能获得的利益。"因此，无权代理行为如果得不到被代理人的追认，又不能证明其代理权的存在，无权代理人应依相对人的选择，或履行债务，或承担损害赔偿责任。

（2）无权代理人对被代理人的责任。无权代理行为如果给被代理人造成了损害，无权代理人应该对被代理人承担损害赔偿责任。此时，无权代理人对被代理人的责任是侵权责任。

《民法典》第 171 条第 4 款规定："相对人知道或者应当知道行为人无权代理的，相对人和行为人按照各自的过错承担责任。"因此，如果第三人明知代理人没有代理权，仍然与之实施民事法律行为，从而给被代理人造成损害的，代理人与第三人应对被代理人承担连带责任。

6. 表见代理。

（1）表见代理的概念。表见代理是指行为人没有代理权，但使相对人相信或有理由相信其有代理权，法律规定被代理人应当承担民事责任的无权代理。[1]

表见代理是无权代理的一种表现形式，但其法律后果却仍然由被代理人承担。表见代理的立法的目的主要是为了保护善意第三人的利益，维护交易安全。《民法典》第 172 条对表见代理作了完整的规定，肯定了表见代理的制度价值。

---

〔1〕 魏振瀛主编：《民法》，北京大学出版社 2017 年版，第 202 页。

（2）表见代理的构成要件。表见代理制度的确立，一方面是为了维护交易安全，另一方面也要保护被代理人的合法权益，因此，表见代理应符合以下构成要件：

第一，行为人没有代理权而以本人（被代理人）的名义进行民事活动。

第二，客观上存在使相对人相信行为人有代理权的事实。所谓表见代理，意思就是指表现为有权代理。因此，从本人与行为人的关系上看存在使相对人相信行为人有代理权，是表见代理构成的根本条件。如，甲持有盖有乙公司公章的空白介绍信和空白合同书，足以使相对人丙公司相信甲有代理权。

第三，行为人与相对人之间的民事法律行为具备成立的有效要件。法律规定表见代理制度是为确定这种无权代理的后果应由本人承担，因而只有在行为人与相对人之间的行为具备有效条件时，才发生表见代理。如果行为人与相对人之间的民事法律行为不具备有效条件，则不会发生应由本人承担行为后果的问题。

第四，相对人主观上为善意且无过错，即相对人不知道代理人的代理行为欠缺代理权。若相对人出于恶意，即知道或者应当知道行为人并无代理权，则其与行为人所为的行为不构成表见代理。

（3）表见代理的效力。表见代理成立后，即在相对人与被代理人之间产生法律关系。被代理人受到无权代理人与相对人之间实施的民事法律行为的约束，承担由此产生的权利义务，不得以无权代理人的行为属于无权代理或者以本人无过失为由，对抗善意第三人。因此，表见代理产生有权代理的效力，即表见代理的法律后果由被代理人承受，其内容是对善意且无过失的第三人履行代理行为所生的义务和享有代理行为所生的权利。

表见代理成立后，被代理人因承受表见代理的后果而遭受损失，有权向表见代理人主张损害赔偿。

（四）代理关系的消灭

代理的消灭，又称代理的终止，是指代理人与被代理人之间的代理关系的终止，代理人的代理权全部消灭。代理人的代理权消灭后，代理人就不再有以被代理人的名义进行民事活动的资格。

1. 委托代理关系的消灭。根据《民法典》第 173 条的规定，委托代理终止的原因有：

（1）代理期间届满或者代理事务完成。代理期限届满或代理事务完成的时间，以代理证书的记载为准。无代理证书或者记载不明的，被代理人有权随时以单方面的意思表示加以确定。

（2）被代理人取消委托或者代理人辞去委托。被代理人取消委托或者代理人辞去委托，都是单方民事法律行为，一方当事人一旦作出这种意思表示并通知

对方当事人，就可以使代理关系终止。

（3）代理人丧失民事行为能力。代理人丧失民事行为能力，也就丧失了代理他人实施民事法律行为的能力，代理关系自然应随之消灭。

（4）代理人死亡。代理关系是一种民事法律关系，代理人死亡，使代理关系失去了一方主体，代理关系随之消灭。

（5）被代理人死亡。被代理人死亡，代理关系中失去了被代理的对象，代理权原则上消灭。

根据《民法典》第 174 条的规定，被代理人死亡后，有下列情形之一的，委托代理人实施的代理行为有效：①代理人不知道且不应当知道被代理人死亡；②被代理人的继承人予以承认；③授权中明确代理权在代理事务完成时终止；④被代理人死亡前已经实施，为了被代理人的继承人的利益继续代理。作为被代理人的法人、非法人组织终止的，参照适用前款规定。

（6）作为代理人或者被代理人的法人、非法人组织终止。代理权存在的基础是代理人和被代理人双方主体的存在，法人、非法人组织一经撤销或者解散，便丧失了民事主体的资格。因此，法人、非法人组织一旦消灭，不论是对于代理人还是对于被代理人，在其终止时代理关系终止。

2. 法定代理关系的消灭。根据《民法典》第 175 条的规定，法定代理终止的原因有：

（1）被代理人取得或者恢复完全民事行为能力。在被代理人取得或者恢复完全民事行为能力的情况下，法定代理关系自动消灭。如被代理人年满 18 岁，或者精神病人恢复精神健康，也就没有存在法定代理的必要，因而代理关系终止。

（2）代理人丧失民事行为能力。代理人不论因何原因丧失民事行为能力，均不具有从事民事法律行为的能力，不能实施代理人行为，代理资格当然终止。

（3）代理人或者被代理人死亡。被代理人死亡或者代理人死亡，作为代理关系的主体一方不存在，代理关系当然终止。但代理人不知道被代理人死亡的，其所实施的代理行为应当有效。

（4）法律规定的其他情形。如，被代理人和代理人之间的监护关系消灭，这是法定代理终止的特别原因，因法定代理是因监护关系的存在而发生的，监护关系消灭，法定代理也就终止。

实务学习项目 民事法律行为（含代理）的法律实务

一、民事法律行为的识别

案例：法律行为还是事实行为？

甲约请朋友乙到餐馆吃饭。在去赴约的路上，乙因开车不慎，撞坏了丙停放在路边的一辆自行车。餐后，甲乙商议将甲持有的一项技术发明转让给乙，并签订了技术转让合同。甲在回家的路上，拾得一部手机。

任务：

1. 上述案例中，哪些行为是民事法律行为？

解题思路：紧扣民事法律行为的概念来理解识别，同时要注意区分民事法律行为与事实行为、好意施惠行为的不同。其中，以意思表示为要素是民事法律行为区别于其他法律事件的一个重要特征。

2. 结合上述案例，分析说明如何区别民事法律行为与事实行为？

解题思路：根据民事法律行为的基本特征来进行区别。

二、具体案件中的民事法律行为效力认定

（一）限制行为能力人实施的民事法律行为

案例：未成年人"打赏"网络主播案

赵女士的女儿小梅（13岁）用手机偷偷给自己喜欢的网络主播打赏，一个月内不仅将自己微信钱包内的3000元压岁钱花光，而且还将其微信支付绑定的赵女士的银行卡中的2万余元也全部花光，而小梅的母亲赵女士对此毫不知情。

任务：

1. 小梅给网络主播打赏的行为是不是民事法律行为？

解题思路：根据民事法律行为的成立要件，分析小梅的"打赏"行为。

2. 小梅"打赏"行为的效力如何？

解题思路：根据民事法律行为的生效要件，分析小梅"打赏"行为的效力。

（二）违反法律规定的民事法律行为

案例："继承协议"纠纷案

张某、李某为夫妻，二人育有二子张甲、张乙，家庭关系和睦。夫妻二人置有房产2套，曾多次在家里对兄弟二人表示，死后所有财产都归孩子们所有。兄弟二人为了避免日后纠纷，在父母健在时，两人先签订了一份继承父母房产（兄弟二人各继承一套）的协议，并约定该协议在其父母均去世时生效。协议签订

后，因张某患大病需要而卖掉了一套房子，由此，兄弟两人对继承协议如何履行产生纠纷。

任务：

分析兄弟二人签订的继承父母房产协议的行为是什么性质的行为？

解题思路：根据《民法典》有关民事法律行为的规定，结合本案继承关系的有关要求，分析兄弟二人行为的效力。

（三）"显失公平"的民事法律行为

案例："保过"协议退费纠纷案[1]

2014 年 7 月，为了通过司法考试，张某参加了某培训机构举办的司法考试辅导班，并签订了"保过"协议，双方约定：张某交费 5 万元，培训机构则保证张某经过培训学习后，当年司法考试成绩能够达到 A 证合格分数线标准。若未达到该目标，则全额退费。张某于当年 9 月参加了司法考试，未到 360 分的 A 证合格分数线标准。于是张某要求退费，但培训机构辩称，本机构已经保质保量地完成了约定的培训项目，司法考试成绩不理想，是张某自己考场发挥失常所致，如果把责任完全推给培训机构，这是显失公平的。

任务：

1. 分析张某与某教育培训机构就课外辅导达成的协议是否属于显失公平？

解题思路：本案适用案件发生时的法律，可根据《民法通则》的有关规定，以及行为当时的司法解释《民法通则意见》第 72 条有关显失公平的司法解释来进行分析。

2. 张某与某教育培训机构就课外辅导达成的协议效力如何？

解题思路：本案适用案件发生时的法律，可根据《民法通则》及其司法解释的有关规定进行分析。

三、代理关系的建立

案例：W 市某房地产开发有限公司诉赵某代理案

2013 年 11 月 20 日，W 市某房地产开发有限公司（以下简称房地产公司）与 W 市某拆迁环建开发有限公司（以下简称拆迁公司）订立联合开发 W 市 W 区 D 小区的合同。为尽快销售联合开发的 D 小区的商品房，2014 年 2 月 12 日，房地产公司与赵某签订委托代理合同。合同约定：赵某以房地产公司经营部的名义代理销售该公司开发的 D 小区 20 栋共 6 万平方米的商品房；房地产公司按实

---

〔1〕 参照"保过协议是否有效"，载《天津日报》，http：//epaper. tianjinwe. com/tjrb/html/2020-01/16/content_ 160_ 2203113. htm，最后访问日期：2020 年 5 月 11 日，第 10 版。

际销售总金额的 6‰付给赵某作销售费用。同日，房地产公司向赵某出具了授权委托书，授权期为 9 个月，并向赵某提供了房地产公司的合同专用章。

此后，赵某于 3 月 17 日分别与某实业公司、某房屋公司签订了联合开发协议。3 月 26 日，房地产公司告知赵某，已与房屋公司、拆迁公司另行签订合同，要求赵某将合同专用章交还房地产公司，并且认为其与赵某签订的委托代理合同在履行之前已经解除，拒付赵某的代理费，双方因此发生纠纷。

任务：

分析房地产公司与赵某之间是否存在代理关系。该纠纷应如何处理？

解题思路：首先，分析原告房地产公司与被告赵某双方签订的委托代理合同的效力问题；其次，分析原告在代理期间届满、被告完成全部代理事务之前撤销所授予的代理权所导致的法律后果。

四、代理中的连带责任认定

（一）代理人超越代理权

案例：超越代理权纠纷案[1]

W 市某装修公司授权委托董某和李某二人采购一批装修材料，并对所购装修材料型号、品种、价格以及质量要求等事项在补充协议中作了详细说明。董某和李某二人各持一份授权委托书分别在甲、乙两座城市寻找符合要求的货源。后来，李某在乙市找到了一批货，型号、品种、质量均符合要件，但价格较高，超出预定价格约 20%。李某拿不定主意，于是与董某通过电话商量，经反复讨论，两人觉得这批货值得买，于是由李某为代表在乙市签订了价值八万余元的购货合同。后来董某、李某二人回到 A 市向装修公司报告了签订合同的情形，并把合同交给公司经理。公司认为董、李二人所订合同价格过高，不能接受，于是拒绝履行合同。供货方经几次交涉未果，遂向人民法院提起诉讼，要求某装修公司履行合同。

供货方诉称：李某有某装修公司的授权委托书，因此，李某代为签订购货合同的行为的法律后果应当由装修公司承担，请求法院判决某装修公司履行合同。某装修公司辩称：本公司授予给董、李二人的代理权非常明确地写在授权委托书中，并对所购装修材料的型号、品种、价格以及质量作了详细的说明，董、李二人的行为超越了授权委托书规定的授权范围，属于无权代理，本公司不予追认，因此，本公司不能承担董、李二人无权代理行为的法律后果。

---

〔1〕 参照"代理的常见典型案例"，载法律快车民事诉讼法，https：//www. lawtime. cn/info/minshi/mssslunwen/2011112170394. html，最后访问日期：2020 年 5 月 1 日。

任务：

1. 分析说明上述案例中供货方的损失，应该由谁承担？

解题思路：根据无权代理以及共同代理的有关规定来分析董、李二人的法律责任。

2. 结合上述案例，分析说明代理关系连带责任的责任主体及法定情形。

解题思路：代理中的连带责任是在代理关系的三方当事人中由其中的某两方当事人共同向另一方当事人承担民事责任，并且其中的任何一方当事人都负有承担全部责任的义务。代理中的连带责任主要有：委托书授权不明所产生的连带责任；因代理人实施违法行为所产生的连带责任；代理人和第三人恶意串通所产生的连带责任；无权代理所产生的连带责任。前两种是代理人和被代理人之间的连带责任，后两种是代理人和第三人之间的连带责任。《民法典》第 164 条、第 167 条、第 171 条等就代理关系中的连带责任作了相应的规定。

（二）代理人与第三人恶意串通

案例：委托卖药案

张某在上海从事药材销售工作，张某柱在长白山地区以采中草药为生。2017 年 10 月，张某柱在山中挖到一批名贵药材，碰到了回家探亲的张某，于是委托张某将药材带到上海卖掉（当时上海的价钱至少是老家的 5 倍）。张某的朋友刘某是当地的一名老中医，得知消息后也非常想买，并表示愿给张某 1000 元的好处费。于是，张某以低于上海市价将近 5000 元的价格把药材卖给了刘某。双方还约定，如果事后张某柱打听这批药材的价格，就说药材大跌价，在上海也不值钱了。

任务：

如何评价张某卖药材的行为？该案应如何处理？

解题思路：根据民事法律行为以及代理的一般规定，分析张某的委托代理行为。

学习小结

1. 民事法律行为概念的要点：民事法律行为以意思表示为基本要素；民事法律行为以发生民事法律后果为目的；民事法律行为是一种法律事实。

2. 判断民事法律行为的依据：民事法律行为是民事主体实施的；民事法律行为是以发生民事法律后果为目的的行为；民事法律行为以行为人的意思表示作为构成要素。

3. 民事法律行为的一般生效要件有：行为人具有相应的民事行为能力；意思表示真实；不违反法律、行政法规的强制性规定，不违背公序良俗。

根据民事法律行为的生效要件，民事法律行为的效力可以分为有效、无效、可撤销和效力待定几种情形。

4. 民事主体可以通过代理人实施民事法律行为。代理是一种民事法律行为，首先要符合民事法律行为的一般要件。由于代理制度的特殊性，除民事法律行为的一般要件外，其成立还有特别要求：一是有三方当事人；二是代理的是民事法律行为；三是有代理权。代理权的取得因法定代理或委托代理而不同，代理权是任何代理关系的核心要件。

5. 代理关系涉及三方当事人，由于当事人无权代理、滥用代理权等行为，很容易产生其中的两方当事人共同承担民事责任的情形，这种民事责任往往是一种连带责任。

课后作业

一、知识作业：

（一）名词解释：

1. 民事法律行为　2. 意思表示　3. 附条件的民事法律行为　4. 代理　5. 表见代理

（二）选择题：

1. 下列观点正确的是（　　）。

A. 买卖行为是双方法律行为　　　　B. 立遗嘱是单方法律行为

C. 发现埋藏物是单方法律行为　　　D. 拾得遗失物是单方法律行为

2. 下列哪一情形构成重大误解，属于可撤销的民事法律行为？[1]（　　）

A. 甲立下遗嘱，误将乙的字画分配给继承人。

B. 甲装修房屋，误以为乙的地砖为自家所有，并予以使用。

---

〔1〕　根据 2012 年国家司法考试真题改写。

C. 甲入住乙宾馆，误以为乙宾馆提供的茶叶是无偿的，并予以使用。

D. 甲要购买电动车，误以为精神病人乙是完全民事行为能力人，并与之签订买卖合同。

3. 下列关于民事法律行为效力的判断，哪些是正确的？[1]（　　　）

A. 甲在商场购买了一台液晶电视机，回家后发现其妻乙已在另一商场以更低折扣订了一台液晶电视机。甲认为其构成重大误解，有权撤销买卖。

B. 甲向乙承诺，以其外籍华人身份在婚后为乙办外国绿卡。婚后，乙发现甲是在逃通缉犯。乙有权以甲欺诈为由撤销婚姻。

C. 甲向乙银行借款，乙银行要求甲提供担保。丙为帮助甲借款，以举报丁偷税漏税相要挟，迫使其为甲借款提供保证，乙银行对此不知情。丁有权以其受到胁迫为由撤销保证。

D. 甲患癌症，其妻乙和医院均对甲隐瞒其病情。经与乙协商，甲投保人身保险，指定身故受益人为乙。保险公司有权以乙欺诈为由撤销合同。

4. 下列哪些行为可适用代理？（　　　）

A. 商标注册　　　B. 法人登记　　　C. 代书遗嘱　　　D. 婚姻登记

5. 甲公司业务经理乙长期在丙餐厅签单招待客户，餐费由甲公司按月结清。后乙因故辞职，月底餐厅前去结账时，甲公司认为，乙当月几次用餐都是招待私人朋友，因而拒付乙所签单的餐费。下列选项中，正确的是（　　　）？[2]

A. 甲公司应当付款

B. 甲公司应当付款，乙承担连带责任

C. 甲公司有权拒绝付款

D. 甲公司应当承担补充责任

（三）问答题

1. 民事法律行为成立的一般要件有哪些？

2. 民事法律行为的生效要件有哪些？民事法律行为的效力形态有哪些？

3. 简述无权代理及其法律后果。

4. 简述代理关系消灭的原因。

二、实训作业

案例：房屋买卖合同效力的认定[3]

汤姆是美国公民，长期生活在美国，吴某是中国公民。2009 年，汤姆购得

---

〔1〕 根据 2011 年国家司法考试真题改写。

〔2〕 根据 2007 年国家司法考试真题改写。

〔3〕 参见许斌龙，"房屋买卖合同中显失公平的认定"，载法律咨询网，http://www.110.com/zil-iao/article-656161.html，最后访问日期：2020 年 5 月 11 日。

位于北京市朝阳区某小区的房屋一套，委托吴某代为出租该房屋。

2009 年 9 月，汤姆致函吴某希望卖掉该房产。吴某回复："当前的租赁市场并不乐观……公寓你想卖多少价钱呢？"汤姆回复："公寓卖价要保证我自己得到大约 20 万美元或更高……我不能理解租赁市场为什么不乐观，我觉得中国的经济发展很好。"吴某回复称："因举办奥运会和中国 60 周年国庆，北京加强了外国人口的租房管理，房产租赁市场严重下滑，出租市场前景暗淡。如果你认为卖价 20 万美元合适的话，我想买下公寓。"汤姆表示同意。

2009 年 12 月 17 日汤姆出具授权委托书，委托范某代其全权办理涉案房屋的买卖事宜。2010 年 9 月 10 日，汤姆委托代理人范某与吴某签订了《存量房屋买卖合同》，成交价格为人民币 132 万元，并办理了过户手续。

2010 年 10 月 13 日，汤姆致函吴某："我在北京的一个朋友告诉我公寓市价在 350 万到 400 万人民币之间，20 万美元卖得太便宜了……我也了解到公寓的市值在去年高涨，可能涨了 60%，到了 400 万元或更多。现在的卖价远远低于市价，价格太不公道了……我希望根据市价能协商确定公平的交易价格。"吴某回复汤姆称："我原本以为所有美国人都遵守诺言，交易就是交易……另外，请你注意，如果你保留了我们所有的电子邮件往来，你就会发现我曾几次告诉你房产现在已经涨了 1 倍或 2 倍。"

2010 年 11 月，因认为与吴某签订的《存量房屋买卖合同》显失公平，汤姆将吴某诉至法院，请求依法撤销与吴某签订的《存量房屋买卖合同》。

1. 实训任务：模拟案件处理。

2. 实训目标：能够根据所学知识分析、判断显失公平的民事法律行为。

3. 评价标准：能根据民事法律行为以及代理的有关知识作答，要求提交书面材料，阐释观点逻辑严谨、条理清晰，于法有据。

4. 实训步骤：

（1）分组：每 4 人划分为 1 组，1 组又分为 2 个小组（2 名成员/小组），分别作为原、被告代理人。2 名成员为汤姆撰写诉讼请求及理由，另 2 名成员为吴某撰写答辩意见。

（2）各小组分别就事实认定、法律适用、案件处理发表意见。

（3）老师点评。

三、网络作业

1. 扫码观看微课视频资料：被"宰"了怎么办？

2. 扫码观看微课视频资料：送出去的彩礼还能收回来吗？

3. 扫码观看微课视频资料：代理权行使的限制。

4. 扫码观看微课视频资料：认识表见代理。

5. 扫码学习音频资料：显失公平能否变更离婚财产分割协议。

6. 扫码学习音频资料：代理与委托。

学习任务五 诉讼时效、期间的基本原理及其应用

理论学习项目 诉讼时效、期间的基本原理

一、诉讼时效

（一）诉讼时效的概念和特征

诉讼时效是指权利人在法定期间内不行使权利，而导致义务人有权提出拒绝履行的抗辩权的法律制度。

诉讼时效具有如下特征：

1. 法定性。诉讼时效期间是权利人请求人民法院保护其民事权利的法定期间，不是由当事人约定的期间。

2. 强制性。时效制度不仅要保护当事人的时效利益，而且要维护法律秩序的稳定和交易安全。法律对于诉讼时效的规定，体现了公共利益，因而，该规定属于强行性规范。[1] 诉讼时效的期间、适用范围、计算方法等均由法律直接规定，不允许当事人通过约定加以改变。《民法典》第197条第1款规定："诉讼时效的期间、计算方法以及中止、中断的事由由法律规定，当事人约定无效。"

3. 可变性。与除斥期间及其他期间相比，诉讼时效的期间不是固定不变的，在符合法律规定的条件下，可以中止、中断和延长。

4. 体现了义务人的时效利益。诉讼时效期间届满以后，义务人取得了抗辩权，可以拒绝履行义务，继而获得其本来不应该获得的利益，即时效利益。在时效期间届满以后，义务人所享有的时效利益受到法律的保护，而且这种时效利益不允许当事人通过约定预先放弃。《民法典》第197条第2款规定："当事人对诉讼时效利益的预先放弃无效。"

（二）诉讼时效的适用范围

诉讼时效的适用也称为诉讼时效的客体。《民法典》规定了不适用诉讼时效规定的请求权的种类，主要针对物权请求权。《最高人民法院关于审理民事案件适用诉讼时效制度若干问题的规定》（以下简称《诉讼时效规定》）第1条规

---

〔1〕 王泽鉴：《民法总则》，北京大学出版社2009年版，第493页。

定，"当事人可以对债权请求权提出诉讼时效抗辩，但对下列债权请求权提出诉讼时效抗辩的，人民法院不予支持：……"根据这一规定可以看出，诉讼时效主要适用于债权请求权。债权请求权是特定的债权人请求债务人为一定的行为或不为一定的行为的权利，如合同之债、侵权之债、无因管理之债、不当得利之债等。

根据《民法典》第196条的规定，以下几种请求权不适用诉讼时效：

1. 请求停止侵害、排除妨碍、消除危险。这三种情形都属于物权受侵害的情形，涉及物权的保护问题。学理上一般认为物权请求权通常不适用诉讼时效。

2. 不动产物权和登记的动产物权的权利人请求返还财产。我国对不动产物权采用登记要件主义，不动产物权的设立、变更、消灭都要进行登记。对于特殊的动产，《民法典》采用登记对抗主义，船舶、航空器和机动车等物权的设立、变更、转让和消灭，一经登记，能够对抗善意第三人。因此，不管是不动产还是登记的动产，登记后能够产生公信力，不动产物权的保护不应当受到诉讼时效的限制，权利人可以随时请求返还财产。

3. 请求支付抚养费、赡养费或者扶养费。请求支付抚养费、赡养费或者扶养费的权利关系到权利人的基本生活保障，如果受到诉讼时效的限制，则可能影响权利人的基本生活。

4. 依法不适用诉讼时效的其他请求权。如，《诉讼时效规定》第1条规定："当事人可以对债权请求权提出诉讼时效抗辩，但对下列债权请求权提出诉讼时效抗辩的，人民法院不予支持：①支付存款本金及利息请求权；②兑付国债、金融债券以及向不特定对象发行的企业债券本息请求权；③基于投资关系产生的缴付出资请求权；④其他依法不适用诉讼时效规定的债权请求权。"这些请求权虽然是债权请求权，但不适用诉讼时效。

（三）诉讼时效期间的分类

1. 普通诉讼时效期间。普通诉讼时效期间是指由民事基本法规定的，普遍适用于可以适用诉讼时效规定的各类法律关系的诉讼时效期间。《民法典》第188条第1款规定："向人民法院请求保护民事权利的诉讼时效期间为3年。法律另有规定的，依照其规定。"

2. 特别诉讼时效期间。特别诉讼时效期间是指由民事基本法或特别法规定的适用于某些特殊民事法律关系的诉讼时效期间。如，根据《民法典》第594条的规定，因国际货物买卖合同和技术进出口合同争议提起诉讼或申请仲裁的时效期间为4年；根据《海商法》第257条的规定，就海上货物运输向承运人要求赔偿的请求权，时效期间为1年。

3. 最长诉讼时效期间。最长诉讼时效期间是指《民法典》规定的20年的诉

讼时效期间。自权利受到损害之日起超过 20 年的，人民法院不予保护；有特殊情况的，人民法院可以根据权利人的申请决定延长。最长诉讼时效期间的设立是对民事权利的保护设立的最长的固定期间，不适用诉讼时效的中止、中断，超过该最长期间，民事权利不受保护。

（四）诉讼时效期间的起算

《民法典》第 188 条第 1 款规定："向人民法院请求保护民事权利的诉讼时效期间为 3 年。法律另有规定的，依照其规定。"因此，我国法律规定的普通诉讼时效期间为 3 年。

诉讼时效期间的起算，是指诉讼时效期间开始计算的时间点。《民法典》第 188 条第 2 款规定，"诉讼时效期间自权利人知道或者应当知道权利受到损害以及义务人之日起计算。法律另有规定的，依照其规定"。由此可以看出，诉讼时效期间的起算，一般应当具备两个条件：一是知道或应当知道权利受到侵害，二是知道或应当知道义务人。

《民法典》在规定了诉讼时效期间的起算的一般规则之外，还规定了特殊情况下诉讼时效期间的起算，具体包括：

1. 分期履行的债务。《民法典》第 189 条规定："当事人约定同一债务分期履行的，诉讼时效期间自最后一期履行期限届满之日起计算。"分期履行的债务本质上是同一债务的组成部分，如果每一期债务都单独计算会使法律关系过于复杂，还会割裂合同的整体性，损害债权人的利益。[1]

2. 无民事行为能力人或者限制民事行为能力人对其法定代理人的请求权。《民法典》第 190 条规定："无民事行为能力人或者限制民事行为能力人对其法定代理人的请求权的诉讼时效期间，自该法定代理终止之日起计算。"无民事行为能力人或者限制民事行为能力人的法定代理人在代理期间侵害被代理人利益的，被代理人可以请求法定代理人承担赔偿责任。但是在代理期间，被代理人因为行为能力的欠缺，可能缺乏判断利益是否受到侵害的能力，而且代理期间行使请求权可能损害被代理人与法定代理人之间的信赖和情感关系，导致当事人之间的关系处于紧张状态，反而不利于保护被代理人的利益。[2]

3. 未成年人遭受性侵害的请求权。《民法典》第 191 条规定："未成年人遭受性侵害的损害赔偿请求权的诉讼时效期间，自受害人年满 18 周岁之日起计算。"该条规定主要是为了保护未成年人的利益。

---

〔1〕 冯恺：《诉讼时效制度研究》，山东人民出版社 2007 年版，第 160 页。

〔2〕 石宏主编：《中华人民共和国民法总则条文说明、立法理由及相关规定》，北京大学出版社 2017 年版，第 512 页。

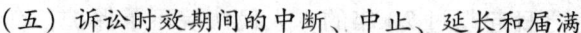

（五）诉讼时效期间的中断、中止、延长和届满

1. 诉讼时效期间的中断。诉讼时效期间的中断是指在诉讼时效进行中，因发生一定的法定事由，致使已经经过的期间归于无效，待时效中断的事由消除后，诉讼时效期间重新起算的制度。

《民法典》第 195 条规定："有下列情形之一的，诉讼时效中断，从中断、有关程序终结时起，诉讼时效期间重新计算：①权利人向义务人提出履行请求；②义务人同意履行义务；③权利人提起诉讼或者申请仲裁；④与提起诉讼或者申请仲裁具有同等效力的其他情形。"这些事由均表明权利人在积极地行使权利，导致诉讼时效适用的基础丧失。

诉讼时效一旦中断，将发生如下法律后果：一是已经过的诉讼时效期间归于无效；二是中断事由消除后，诉讼时效期间重新计算，在新的诉讼时效期间内，如果发生法定事由，诉讼时效可以再次中断。

2. 诉讼时效期间的中止。诉讼时效期间的中止是指在诉讼时效期间的最后阶段，因发生一定的法定事由使权利人不能行使请求权，从而暂停计算诉讼时效期间的制度。

《民法典》第 194 条第 1 款规定："在诉讼时效期间的最后 6 个月内，因下列障碍，不能行使请求权的，诉讼时效中止：①不可抗力；②无民事行为能力人或者限制民事行为能力人没有法定代理人，或者法定代理人死亡、丧失民事行为能力、丧失代理权；③继承开始后未确定继承人或者遗产管理人；④权利人被义务人或者其他人控制；⑤其他导致权利人不能行使请求权的障碍。"诉讼时效期间的中止是为了保证权利人有积极行使其权利的足够时间，不至于因为权利人不可控制的原因而发生诉讼时效届满的效果，因此，在出现特定事由的情形下，为保护权利人利益，阻止诉讼时效在最后阶段继续进行，避免在阻碍事由存续期间内完成时效。[1]

诉讼时效期间中止，将发生如下法律后果：一是中止事由发生后诉讼时效期间停止计算，中止事由发生前已进行的期间仍然有效，计入诉讼时效期间；二是中止事由消除后诉讼时效期间再计算 6 个月，中止事由发生至消除的时间不计入诉讼时效期间。也就是说不论诉讼时效期间中止前诉讼时效期间剩余多少，也不论中止事由持续多久，中止事由消灭后剩余的诉讼时效期间均为 6 个月。

诉讼时效期间的中止与诉讼时效期间的中断之间的区别主要表现在：①发生的时间不同。前者发生在时效期间届满前 6 个月，后者可以发生在时效进行中的任何时间。②发生的事由不同。前者通常是当事人主观意志所不能控制的事由，

---

〔1〕 施启扬：《民法总则》，中国法制出版社 2010 年版，第 366 页。

一般是自然事件，如不可抗力；后者一般是当事人主观意志所能够控制的，一般是人的行为，如提出请求或提起诉讼。③法律效果不同。中止事由发生前经过的时效期间仍然有效，事由发生的时间不计入时效期间，事由消除后诉讼时效期间再计算 6 个月。而中断事由发生以后，已经经过的时效期间全部归于无效，诉讼时效期间重新开始计算。

3. 诉讼时效期间的延长。诉讼时效期间的延长是指在诉讼时效期间届满后，人民法院基于权利人的正当的理由而延长诉讼时效期间的制度。

《民法典》第 188 条第 2 款规定："诉讼时效期间自权利人知道或者应当知道权利受到损害以及义务人之日起计算。法律另有规定的，依照其规定。但是，自权利受到损害之日起超过 20 年的，人民法院不予保护，有特殊情况的，人民法院可以根据权利人的申请决定延长。"从这一规定可以看出，诉讼时效期间的延长，仅针对最长诉讼时效期间，不是一般诉讼时效期间的延长。

4. 诉讼时效期间的届满。《民法典》第 192 条规定："诉讼时效期间届满的，义务人可以提出不履行义务的抗辩。诉讼时效期间届满后，义务人同意履行的，不得以诉讼时效期间届满为由抗辩；义务人已经自愿履行的，不得请求返还。"由此可以看出，对于诉讼时效期间届满的法律后果，《民法典》采用了抗辩权发生主义。具体来说，诉讼时效期间届满的后果包括以下几个方面：

（1）义务人产生拒绝履行的抗辩权，即如果权利人提出履行请求，义务人有权拒绝，法院不得强制义务人履行义务。对于义务人来说，其义务转为自然债务，义务人获得了时效利益。

（2）权利人仍拥有实体权利和诉权，即诉讼时效期间届满并不导致权利本身的消灭，也不导致诉权的消灭。权利人的权利转化为自然权利，义务人主动履行时，权利人仍可受领。权利人仍可向法院提起诉讼，符合起诉条件的，法院应当受理。

（3）义务人同意履行的，不得再以诉讼时效期间届满为由抗辩；义务人自愿履行的，不得请求返还。

（4）根据《民法典》第 193 条的规定，人民法院不得主动适用诉讼时效的规定。也就是说，时效利益纯属义务人的私益，按照意思自治的原则，完全应由义务人自行决断是否抛弃。[1] 诉讼过程中，义务人未提出抗辩时，法院不得主动依职权审查诉讼时效期间是否届满；反之，义务人提出抗辩的，法院都有义务审查诉讼时效期间是否届满。

---

〔1〕　王宇华："法官不应主动审查诉讼时效——与李景华、陈俊同志商榷"，载《人民法院报》2002 年 3 月 6 日，第 3 版。

二、期间

（一）期间的概念和分类

期间是具有一定法律意义的时间段。在民法上，一个时间段的经过会产生一定的法律后果，会引起法律关系的发生、变更和消灭。例如，权利人向人民法院请求保护民事权利的诉讼时效期间为 3 年，权利人自知道或者应当知道权利受到损害以及义务人之日起超过 3 年未行使权利，会使义务人产生抗辩权；又如，自然人下落不明满 4 年，利害关系人可以向人民法院申请宣告该自然人死亡。

依据不同的标准，可以将期间分为多种类型。

1. 依据期间是否会发生变化，分为可变期间和不变期间。可变期间是指期间的长短可以发生变化的期间，因诉讼时效期间可以中止、中断，属于可变期间。不变期间是指期间的长短不能变更的期间，除斥期间属于不变期间。

2. 依据期间的长短是由法律规定、有关部门指定还是约定，分为法定期间、指定期间和意定期间。法定期间是指由法律直接规定的期间，如 3 年的普通诉讼时效期间，法定期间大多为强制性规定。指定期间是指由法院或其他机关在法律允许的范围内指定的期间，如违约责任和侵权责任竞合的情况下，受害人选择请求权的期限可以由法院指定。[1] 意定期间是指当事人自行约定的期间，如附期限的民事法律行为所附的期限。

（二）除斥期间

《民法典》第 199 条规定："法律规定或者当事人约定的撤销权、解除权等权利的存续期间，除法律另有规定外，自权利人知道或者应当知道权利产生之日起计算，不适用有关诉讼时效中止、中断和延长的规定。存续期间届满，撤销权、解除权等权利消灭。"该条是关于除斥期间的规定。除斥期间，也称不变期间，是指法律规定某种民事实体权利存在的期间，权利人在此期间内不行使相应的民事权利，导致在该法定期间届满时该民事权利的消灭。例如，《民法典》第 152 条规定："有下列情形之一的，撤销权消灭：①当事人自知道或者应当知道撤销事由之日起 1 年内、重大误解的当事人自知道或者应当知道撤销事由之日起 90 日内没有行使撤销权……当事人自民事法律行为发生之日起 5 年内没有行使撤销权的，撤销权消灭。"

除斥期间和诉讼时效期间都是权利行使的时间限制，因一定时间的经过使法律关系发生变化，但两者有明显的区别，表现在：

1. 适用对象不同。诉讼时效期间主要适用于债权请求权，除斥期间主要适

---

〔1〕 王利明：《民法总则》，中国人民大学出版社 2017 年版，第 460 页。

用于撤销权、解除权等形成权。

2. 期间性质不同。诉讼时效期间是法定期间、可变期间，可以中止、中断、延长，除斥期间为不变期间，不能中止、中断、延长，可以是法定期间也可以是约定期间。

3. 届满后法律后果不同。诉讼时效期间是请求权的存续期间，诉讼时效期间届满，请求权并不消灭，只是使义务人产生抗辩权；除斥期间是形成权的存续期间，除斥期间届满权利本身消灭。

（三）期间的计算

期间的经过会引起法律关系的产生、变更和消灭，因此，期间的计算对于准确界定当事人的法律关系至关重要。《民法典》第 204 条规定："期间的计算方法依照本法的规定，但是法律另有规定或者当事人另有约定的除外。"因此，在当事人没有约定的情况下，按照法律的规定来计算期间。

民法上期间的计算方法主要有两种：一是历法计算法，就是以日历所定的日、星期、月、年为依据；二是自然计算法，是以实际时间精确地进行计算的方法，即以时、分、秒开始起算的方法。历法计算法比较简便，符合人们的期间计算观念，但不如自然计算法精确。《民法典》第 200 条规定："民法所称的期间按照公历年、月、日、小时计算。"可以看出，《民法典》兼采上述两种计算方法，当事人可以根据具体情况进行约定，或根据法律规定计算期间。

1. 期间的开始。《民法典》第 201 条规定："按照年、月、日计算期间的，开始的当日不计入，自下一日开始计算。按照小时计算期间的，自法律规定或者当事人约定的时间开始计算。"根据这一规定，在历法计算法中，开始的当日不计入期间，而是从下一日开始计算期间；在自然计算法中按小时计算的，自法律规定或者当事人约定的时间开始计算。

例如，甲的自行车于 2017 年 11 月 10 日被乙撞坏，甲知道或应当知道权利受到损害以及义务人之日为 11 月 10 日，因开始的日不计入，那么甲向乙请求赔偿的诉讼时效期间自 2017 年 11 月 11 日起计算。

又如，甲于 2017 年 11 月 10 日 9 时向乙借款 50 万元，约定借款后 48 小时内还款，那么就应当从 2017 年 11 月 10 日 9 时开始向后计算 48 小时。

2. 期间的结束。《民法典》第 202 条规定："按照年、月计算期间的，到期月的对应日为期间的最后一日；没有对应日的，月末日为期间的最后一日。"第 203 条规定："期间的最后一日是法定休假日的，以法定休假日结束的次日为期间的最后一日。期间的最后一日的截止时间为 24 时；有业务时间的，停止业务活动的时间为截止时间。"

例如，甲的自行车于 2017 年 11 月 10 日被乙撞坏，甲向乙请求赔偿的诉讼时效期间到 2020 年 11 月 10 日满 3 年。

又如，甲于 2018 年 1 月 31 日向乙借款 50 万元，约定 1 个月内借款，那么甲最晚应在 2018 年 2 月 28 日还款。

再如，甲小学与乙书店于 2018 年 1 月 10 日签订购书合同，约定乙书店 2 个月内将所购图书送至甲小学，那么乙书店最晚应在 2018 年 3 月 10 日将书送达，因 3 月 10 日为星期六，则书店可最晚至 2018 年 3 月 12 日甲小学工作人员下班前将图书送达。

实务学习项目　诉讼时效、期间基本原理的应用

一、案例中诉讼时效、期间的应用

案例：张某刚与李某林借款案

2013 年 5 月 15 日，张某刚向李某林借款 73 000 元，并出具借据一份，约定借款期限为 2 个月。2014 年 11 月 4 日，张某刚向李某林借款 50 000 元，并出具借据，约定借款期限 3 个月。2015 年 10 月 20 日，张某刚向李某林借款 100 000 元，并出具借据，约定借款期限 1 个月。2017 年 10 月 9 日，张某刚向李某林借款 300 000 元，并出具借据一份，约定借款期限 2 年。同日，双方对以往借款进行结算，张某刚确认借款合计 523 000 元。2018 年 5 月 1 日，张某刚因交通事故致残，李某林担心以往借款不能收回，于 2018 年 5 月 23 日向法院提起诉讼，要求张某刚偿还借款 523 000 元及逾期利息。

任务：

1. 请分析，李某林在 2013 年至 2015 年期间与张某刚发生的债权债务，根据现行法律规定，应该如何计算诉讼时效？

解题思路：查看《民法典》第 188 条的规定。

2. 根据现行法律，张某刚是否应偿还 523 000 元借款及逾期利息？

解题思路：查看《民法典》第 192 条第 2 款和第 195 条的规定。

二、常见债务纠纷的诉讼时效适用

案例：郑某红与魏某峰债务纠纷案

2012 年 11 月 28 日，郑某红和魏某峰到浙江省宁波市某区民政局办理了离婚登记手续，双方签订的离婚协议书第 3 条记载："男方支付女方 10 万元，该款在本协议生效起 3 年内还清，即 2013 年 12 月 21 日前付 3 万元，2014 年 12 月 10

日前付 3 万元，2015 年 11 月 31 日前付 4 万元。"2014 年 1 月 23 日，双方复婚，2015 年 4 月 22 日又再办理离婚手续。经查明，2013 年 12 月 7 日，魏某峰支付郑某红 3 万元。郑某红于 2017 年 12 月 7 日诉至法院，请求判令魏某峰立即支付郑某红 7 万元，并支付上述款项逾期付款利息 6767 元（按同期银行贷款利率计算至起诉日止）。

任务：

请根据《民法典》的相关规定，分析郑某红要求魏某峰支付 7 万元及逾期利息的请求是否超过诉讼时效？

解题思路：查看《民法典》第 188 条、第 189 条的规定。

学习小结

1. 诉讼时效是指权利人在法定期间内不行使权利，而导致义务人有权提出拒绝履行的抗辩权的法律制度，主要适用于债权请求权。诉讼时效进行中，由于法定事由的出现，可能导致诉讼时效的中断、中止。

2. 诉讼时效届满，权利人的实体权利不消灭，义务人可以提出不履行义务的抗辩，人民法院不得在案件中主动适用诉讼时效的规定。

3. 在具体案件尤其是涉及诉讼时效的案件中，可按如下步骤进行诉讼时效的判断：①是否属于诉讼时效的适用范围；②适用普通诉讼时效还是特别诉讼时效、适用诉讼时效起算的一般规则还是特殊规则；③是否有诉讼时效中断、中止的情形；④诉讼时效是否届满。

课后作业

一、知识作业

（一）名词解释

1. 诉讼时效   2. 除斥期间

（二）不定项选择题

1. 王某向某建设项目供应钢材，因未收到货款，王某于 2015 年 6 月 10 日找到建设项目的发包人和承包人要求支付货款，两单位相互推诿。同年 6 月 13 日，王某前往法院起诉，突遭台风袭击，中途返回。三天后台风结束，王某忙于救灾，无暇顾及此事。根据《民法典》的相关规定，下列说法正确的是（　　）。

A. 本案诉讼时效期间于 2014 年 6 月 10 日届满

B. 王某 6 月 13 日的行为引起诉讼时效中断

C. 王某在 2014 年 6 月 12 日仍可向法院提起诉讼

D. 王某在 2014 年 6 月 20 日不能向法院提起诉讼

2. 2012 年 5 月 3 日，甲和单位同事外出旅游遇险，后经多方查找一直下落不明，甲的妻子拟向法院申请宣告失踪。甲的失踪期限的起算点是（　　），甲的妻子最早于（　　）可向法院提出申请。

A. 2012 年 5 月 3 日　　　　　　　B. 2012 年 5 月 4 日

C. 2014 年 5 月 3 日　　　　　　　D. 2012 年 5 月 4 日

（三）问答题

1. 诉讼时效的中断与中止的区别。

2. 诉讼时效与除斥期间的区别。

二、实训作业

2009 年 3 月，刘某向朋友张某借款 10 万元用于经营，约定使用 1 年并按银行利率支付利息。到期后，刘某未及时偿还借款，张某出于朋友情面考虑也未曾向刘某索要欠款。2013 年 7 月，张某的母亲因病住院，刘某得知后主动向张某偿还了 5 万元借款。后张某于 2014 年 3 月向刘某索要余款，刘某一直推脱未还。张某遂起诉至法院，要求刘某偿还剩余借款 5 万元。刘某以张某从未主动索要借款，该笔借款已超过诉讼时效为由抗辩。张某则称，刘某在 2013 年的主动还款行为，视为对该笔借款的重新确认，故诉讼时效应重新计算。

1. 实训任务：模拟案件处理。

2. 实训目标：能够根据所学知识计算纠纷中涉及的诉讼时效相关问题。

3. 评价标准：根据《民法典》的相关规定作答，提交书面材料，阐明主要观点，并结合案例提供的具体情况进行适当分析、解释和说明，注意分析过程的充分性、逻辑性和完整性。

4. 由 4 人组成一组，每组 2 名成员为刘某撰写诉讼请求及理由，2 名成员为张某撰写答辩意见。

三、网络作业

扫码观看微课视频资料：借的钱可以不还吗？

第二单元　人格权及其保护

学习目标

　　人身关系是民法调整的重要内容之一，通过本单元的教学，使学生了解人身权的含义和特征，掌握具体人格权的内容，正确适用法律规范处理案件，保护自己和他人的人格利益。

重点提示

　　本单元的重点是人身权的概念和特征、具体人格权的概念及权利的内容，能够分析和判断典型民事案件中的具体人格权保护问题。

 学习任务一　人身权及其保护

理论学习项目　人身权概述

一、人身权的概念

　　人身权是民事主体依法享有的与其自身密不可分且不具有直接财产内容的民事基本权利。

　　自然人、法人、非法人组织均可成为权利主体。人身权的客体是人身利益，如人身自由、人格尊严、身体、生命、健康、姓名、名誉、肖像等等。作为与财产权并列的两大基本民事权利之一，人身权包括人格权和身份权两大类。其中，人格权先后规定于我国《民法通则》第五章的"人身权"一节和《民法总则》第五章"民事权利"中，在《民法典》中首次独立成编，确认了人格权的具体种类。身份权主要由婚姻家庭法律制度调整，体现在夫妻关系、亲属关系、家庭关系中。

二、人身权的特征

　　人身权的特征，是指人身权不同于其他民事权利，特别是不同于财产权利的具体表现。

（一）具有人身依附性

具体的人身权总是与特定的民事主体联系在一起，具有高度人身依附性，不可分离、不得转让、不能放弃。个别人格权的权能，如肖像权的部分权能可以转让，但人身权整体则不可以。

（二）具有绝对性和支配性

人身权属于绝对权，即权利人可以向任何人主张人身权，并排除任何人的非法干涉。同时，权利人无需任何人的特定行为，就可以直接支配自己的人身利益或者身份。

（三）不具有财产属性

人身权以民事主体的人格利益和特定的身份为客体，人身利益无价，不能用金钱来衡量，特别是精神性人格权利不能用金钱来衡量。但是，人格权受到损害的，主要采取非财产救济、依法弥补支出、精神损害赔偿的方式承担责任。

三、人身权的分类

（一）人格权

1. 人格权的概念与特征。人格权是以民事主体依法固有的人格利益为内容的人身权，包括生命权、身体权、健康权、姓名权、名称权、肖像权、名誉权、荣誉权、隐私权等权利。

人格权作为人身权的一种，除了具有人身权的特征，还具有两个显著特征：一是固有性。人格权是法律赋予民事主体的固有权利，是随着自然人出生、法人成立而自然产生的民事权利，不需要民事主体通过实施行为去获得，终身享有。二是以人格利益为客体。人格利益包括精神性人格利益和物质性人格利益，前者如人格尊严、人身自由，后者如自然人的生命、健康、姓名、肖像、名誉、隐私等利益，是以人的精神活动为核心的利益。

2. 人格权的具体分类。

（1）根据人格权的主体不同，人格权可分为自然人的人格权和法人及非法人组织的人格权。《民法典》第990条第1款规定了民事主体人格权的具体种类，"人格权是民事主体享有的生命权、身体权、健康权、姓名权、名称权、肖像权、名誉权、荣誉权、隐私权等权利"。第1034条还规定了自然人的个人信息。其中，法人、非法人组织享有名称权、名誉权、荣誉权。

（2）根据人格权的客体范围，人格权可以分为具体人格权与一般人格权。具体人格权是指民事主体依法享有的，以各种具体人格权为客体的人格权。《民法典》第990条第2款规定，"自然人享有基于人身自由、人格尊严产生的其他人格权益"。该条确认了一般人格权，是人格权保护的兜底条款。

（3）根据客体的性质不同，具体人格权又分为物质性人格权和精神性人格权两大类。物质性人格权，包括生命权、身体权、健康权；精神性人格权，包括姓名权、名称权、肖像权、名誉权、隐私权以及人身自由、人格尊严等。

（二）身份权

1. 身份权的概念和特征。

（1）身份权的概念。身份权是民事主体因某种行为或者某种身份而取得的人身权利。《民法典》第 112 条规定，"自然人因婚姻家庭关系等产生的人身权利受法律保护"。第 128 条还规定了"法律对未成年人、老年人、残疾人、妇女、消费者等的民事权利保护有特别规定的，依照其规定"。

（2）身份权的特征。身份权具有如下特征：①身份权与民事主体的特定身份相联系。身份是民事主体在一定关系中所处的地位，身份权的取得以一定的身份为基础，没有特定的身份，就没有身份权。②身份权是以身份利益为客体。身份利益不同于人格利益，既为权利人的利益而存在，往往也为相对人的利益而存在。

2. 身份权的具体种类。根据身份领域不同，身份权分为亲属法上的身份权和非亲属法上的身份权。前者如配偶权、亲权、亲属权等，由婚姻家庭法律制度来规范；后者包括著作人身权以及其他知识产权人的人身权，由知识产权法调整。亲属法上的身份权只能由自然人享有，而非亲属法上的身份权的主体不受限制。

四、我国人格权的立法模式[1]

改革开放以来，我国民事立法非常重视包括人格权在内的各种民事权利保护问题，《民法通则》第五章专门规定了民事权利，其中第四节以"人身权"为名，对各种人格权作出了明确确认。另外《民法通则》第六章（民事责任）第三节（侵权的民事责任）对人格权遭受侵害时的各种法律救济措施（侵权责任）亦作出了明确规定。我国民法由此形成了比较独特的"权利确认+侵权救济"人格权立法模式。

由于人格权立法的最大特点，不是规定权利如何产生、行使，而是规定如何救济权利、维护人的尊严，所以，《民法通则》施行之后，针对人格、人的尊严遭受侵害的新情况、新问题，最高人民法院颁布了一些审理人格权案件及审理人

---

〔1〕　中国社会科学院民法典工作项目组："民法典分则编纂中的人格权立法争议问题"，载《法治研究》2018 年第 3 期。

身、精神损害赔偿案件的解答、解释等。这些司法解释在受保护法益、损害赔偿方面对《民法通则》做出了一定发展。

2009 年 12 月 26 日通过的《侵权责任法》总结立法和司法经验，进一步发展完善了"权利确认+侵权救济"人格权立法模式。

2017 年 3 月 15 日通过的《民法总则》以"一般人格权+具体人格权"的立法模式对人格权作出了更为全面的确认。我国民法的人格权立法由此形成更加鲜明的"权利确认+权利救济"的立法模式。

2020 年 5 月 28 日通过的《民法典》则将人格权独立成编，与总则、物权、合同、婚姻家庭、继承、侵权责任等并列，还回应新时代需要，新增了很多权利内容。不仅弥补了传统大陆法系"重物轻人"的体系缺陷，更为人格权法未来的发展提供了足够的空间。

五、我国法律对人格权的保护

法律对人格权的保护，是通过宪法、刑法、民法、行政法等法律构筑的保护体系来实现的。其中，宪法主要是对公民人身权的宣示性规定。刑法是通过规定"侵犯公民人身权利罪"等犯罪行为及其刑事责任来加以保护，如：故意侵害他人生命身体健康，可以构成故意杀人罪、故意伤害罪；毁损他人名誉，可以构成诽谤罪。行政法上，通过各种治安管理处罚对侵害人格权的行为予以制裁。

在民法上，首先，是通过《民法典》第一编第五章第 109～112 条规定了人身权的种类，在第八章民事责任中规定了 11 种民事责任方式。其中，可以单独或合并适用于人格权保护的有：停止侵害、排除妨碍、消除危险、恢复原状、赔偿损失、消除影响、恢复名誉、赔礼道歉等。其次，在《民法典》中单独设立第四编人格权，专门调整因人格权的享有和保护产生的民事关系。除了在《民法典》中的规定，民法主要是通过侵权责任法对各种侵权行为明确其侵权责任来加以保护的。另外，还有《最高人民法院关于确定民事侵权精神损害赔偿责任若干问题的解释》《最高人民法院关于审理人身损害赔偿案件适用法律若干问题的解释》等司法解释也对人身权保护的法律适用作了解释。

实务学习项目　人身权的保护

一、典型人身权案例中的民法适用[1]

案例：山东齐某苓案

1990 年，原告齐某苓与被告之一陈某琪都是山东省滕州市第八中学（以下简称滕州八中）的初中学生，都参加了中等专科学校的预选考试。陈某琪在预选考试中成绩不合格，失去继续参加统一招生考试的资格。而齐某苓通过预选考试后，又在当年的统一招生考试中取得了超过委培生录取分数线的成绩。山东省济宁商业学校给齐某苓发出录取通知书，由滕州八中转交。陈某琪从滕州八中领取了齐某苓的录取通知书，并在其父亲陈某政的策划下，运用各种手段，以齐某苓的名义到济宁商校就读直至毕业。毕业后，陈某琪仍然使用齐某苓的姓名，在中国银行滕州支行工作。1999 年齐某苓发现陈某琪冒其姓名后，向山东省枣庄市中级人民法院提起民事诉讼，被告为陈某琪、陈某政（陈某琪的父亲）、山东省济宁商业学校、滕州八中和山东省滕州市教育委员会。

任务：

1. 分析上述被告侵犯了齐某苓的什么人身权利？为什么？

解题思路：分析上述所列被告人在齐某苓被顶替上学中的各自行为，对照自然人人身权的具体种类来分析。

2. 分析处理本案应该适用哪些法律规定？

解题思路：指出对事实的法律定性依据、对本案处理的法律依据。

二、具体人身权案件的一般法、特别法适用

案例：人肉搜索案

2007 年 12 月 29 日晚，姜某在北京家中跳楼身亡。自杀前两个月，姜某在其名为"北飞的候鸟"的个人博客中以日记形式记载了她的心路历程，认为自己的婚姻很失败，并将丈夫的具体姓名（王某）、工作单位、地址等信息及其与一名案外女性东方某的合影照片贴在博客中，认为二人有不正当两性关系。自杀前，她将自己博客的密码告诉一名网友，并委托该网友在 12 小时后打开博客。该网友将密码告诉了姜某的姐姐，姜某博客遂被打开。

---

〔1〕 齐某苓案，根据百度百科编辑，载 http：//baidu. com/item/人肉搜索第一案，最后访问日期：2020 年 5 月 8 日。

自 2008 年 1 月开始，大旗网刊登了《从 24 楼跳下自杀的 MM 最后的日记》专题。在该专题中，大旗网将王某的姓名、照片、住址、工作单位等身份信息全部披露。同时，姜某的大学同学张某某在其注册的网站"北飞的候鸟"上刊登了《哀莫大于心死》等文章；海南天涯在线网络科技有限公司注册管理的天涯虚拟社区网出现了《大家好，我是姜某的姐姐》一帖。每篇网文后，都有大量网友留言，对王某的行为表示不耻和痛骂。许多网民认为王某的"婚外情"行为是促使姜某自杀的原因之一；一些网民发起了对王某的"人肉搜索"，使王某的姓名、工作单位、家庭住址等详细个人信息逐渐被披露；一些网民在网络上对王某进行指名道姓的谩骂；更有部分网民到王某和其父母住处进行骚扰，在王家门口墙壁上刷写、张贴"无良王家""逼死贤妻""血债血偿"等标语。2008 年 3 月 18 日，王某将大旗网、天涯网和张某某起诉至法院。

任务：

1. 分析王某起诉大旗网、天涯网和张某某的理由有哪些？

解题思路：根据人身权的具体种类，从事实和法律两方面分析。

2. 分析处理本纠纷的法律依据有哪些？

解题思路：分析本案所涉及的法律关系有哪些？

1. 人身权的概念：人身权是民事主体依法享有的与其自身密不可分且不具有直接财产内容的民事基本权利。

2. 人身权的特征：①具有人身依附性；②具有绝对性和支配性；③不具有财产属性。

3. 人身权的类型：①人格权是以民事主体依法固有的人格利益为内容的人身权，包括生命权、身体权、健康权、姓名权、名称权、肖像权、名誉权、荣誉权、隐私权、婚姻自主权等权利。②身份权是民事主体因某种行为或者某种身份而取得的人身权利，如配偶权、亲权、亲属权、著作人身权以及其他知识产权人的人身权等。

4. 民法对人格权的法律保护：主要是通过侵权责任法对各种侵权行为明确

其侵权责任来加以保护的。

5. 人格权保护的法律实务：①通过案件事实及证据，确定侵权行为所侵害的人格利益；②依据所侵害的人格利益特征，寻找法律或司法解释对该人格利益保护的法律规定。

 **课后作业**

一、知识作业

（一）名词解释

1. 人身权　　2. 人格权　　3. 身份权

（二）选择题

1. 下列关于人身权的说法正确的是（　　）。

A. 人身权是自然人专属的民事权利，法人或非法人组织不享有

B. 人格权是人人都享有、而身份权只有特定的人之间才享有

C. 只能通过侵权责任法保护人身权

D. 人身权一律不得转让

2. 下列属于人格权的是（　　）。

A. 隐私权　　　　B. 人身自由　　　C. 人格尊严　　　D. 配偶权

3. 下列属于身份权的是（　　）。

A. 亲权　　　　　B. 名誉权　　　　C. 姓名权　　　　D. 配偶权

（三）问答题

1. 人身权的特征有哪些？

2. 人格权的具体分类有哪些？

二、实训作业

案情：同名邱某某诉讼案[1]

2008 年下半年，湖北省来凤县邱某某（被告）怀孕，但因当时未达合法婚龄无法与赵某某（被告）登记结婚。为办理结婚登记并免受计划生育处罚，被告邱某某办理了假身份证及户口本，冒用了与其同名同姓的安徽省合肥市邱某某（原告）的身份证号码、户籍地等身份信息，与被告赵某某于 2008 年 9 月 3 日在全椒县民政局办理了结婚登记。2013 年 12 月，原告欲与其恋人办理结婚登记时被告知其已与赵某某登记结婚并育有一女，无法登记结婚。原告为此事多次来到全椒县民政局沟通协调，全椒县民政局撤销了两被告的结婚登记，原告与其恋人

---

〔1〕　根据安徽省全椒县人民法院民事判决书（2015）全民一初字第 00379 号整理。

顺利登记结婚。原告认为，此情况导致原告恋人及亲人对原告的猜疑及社会舆论的压力，原告的名誉、人格遭受严重损害，精神上极度痛苦，整天痛不欲生，这些后果都是被告邱某某故意冒用原告的身份信息与被告赵某某登记结婚造成的。故为维护原告的合法权益，特诉至法院。

实训任务：

1. 本案中的被告侵犯了原告的人身权吗？有哪些种类？理由是什么？

解题思路：根据具体人格权的内容来判断。

2. 处理本案的法律依据有哪些？具体条文是什么？

解题思路：根据所侵犯的具体人格权，从《民法典》人格权编中找出具体条文。

3. 本案可以适用当时的《侵权责任法》吗？理由是什么？

解题思路：从原《侵权责任法》的效力范围来解答。

三、网络作业

扫码观看视频资料：人身权的保护。

学习任务二　人格权及其保护

理论学习项目　人格权的内容

一、人格权概述

（一）人格权的概念

人格权是民事主体对其特定的人格利益所享有的专属权利，是民事主体最基本、最重要的权利，不得放弃、转让或者继承。按照《民法典》第 990 条的规定，人格权是民事主体享有的生命权、身体权、健康权、姓名权、名称权、肖像权、名誉权、荣誉权、隐私权等权利，以及自然人基于人身自由、人格尊严产生的其他人格利益。

人格权法律关系的权利主体是自然人、法人及非法人组织，义务主体是人格权权利主体以外的其他任何不特定的自然人、法人及非法人组织。因此，人格权是绝对权，权利主体特定而义务主体不特定。

（二）人格利益的许可使用和合理使用

1. 人格利益的许可使用。某些人格利益能够脱离权利人而独立存在，具有一定的影响力，经过使用甚至能够获得经济利益。为此，《民法典》第993条规定，民事主体可以将自己的姓名、名称、肖像等许可他人使用，但是依照法律规定或者根据其性质不得许可的除外。

2. 人格要素的合理使用。《民法典》第999条规定，为公共利益实施新闻报道、舆论监督等行为的，可以合理使用民事主体的姓名、名称、肖像、个人信息等；使用不合理侵害民事主体人格权的，应当依法承担民事责任。

（三）人格权的保护

民事主体的人格权受法律保护，任何组织或者个人不得侵害。人格权受到侵害的，受害人有权请求行为人承担民事责任。

1. 对死者人格利益的保护。自然人死亡，其民事权利能力消灭。但是，主体的消灭，并不导致某些人格利益一并消灭，如死者的姓名、肖像、名誉、荣誉、隐私、遗体等。因此，《民法典》第994条规定，死者的姓名、肖像、名誉、荣誉、隐私、遗体等受到侵害的，其配偶、子女、父母有权依法请求行为人承担民事责任；死者没有配偶、子女且父母已经死亡的，其他近亲属有权依法请求行为人承担民事责任。

2. 受害人的人格救济权不适用诉讼时效。按照《民法典》第995条规定，受害人的停止侵害、排除妨碍、消除危险、消除影响、恢复名誉、赔礼道歉请求权，不适用诉讼时效的规定。

3. 违约精神损害赔偿。《民法典》第996条规定，因当事人一方的违约行为，损害对方人格权并造成严重精神损害，受损害方选择请求其承担违约责任的，不影响受损害方请求精神损害赔偿。

4. 申请人格权禁令。《民法典》第997条规定，民事主体有证据证明行为人正在实施或者即将实施侵害其人格权的违法行为，不及时制止将使其合法权益受到难以弥补的损害的，有权依法向人民法院申请采取责令行为人停止有关行为的措施。

二、具体人格权

（一）生命权、健康权、身体权

1. 生命权。生命是自然人具有民事主体地位的前提和基础，是自然人的最高人格利益。生命权是自然人依法享有的以生命安全维护、生命尊严维持为内容的人格权，是其他人格权的基础与前提。人的生命，一旦失去则不可逆转。因此，除了自然死亡或者依法被执行死刑而终结，任何人不得非法剥夺他人生命。对生命权的保护，除了民法，还有宪法、刑法等法律的保护。

生命权的内容，包括：①生命享有权。每个自然人都是自己生命的享有者，都有依法享有生命的权利。②生命安全维护权。对于侵害生命的行为，自然人有权通过正当防卫、紧急避险、自助等行为予以制止，也可以依法请求国家机关及其工作人员加以制止。③生命尊严维护权。包括生得有尊严、也包括死得有尊严。④生命保护请求权。是指生命受到侵害时，有权请求国家司法、行政机关或具有法定救助义务的组织或个人加以依法予以救济。

2. 健康权。健康是指人体各部分正常发挥功能的状态，包括肉体组织、生理、心理机能的正常状态。健康受到损害时，可通过医治而康复。健康权是指自然人依法享有的以维护自然人身体功能及利益为内容的人格权，是自然人从事民事活动的根本保证。

健康权的内容，包括：①身心健康维护权，是指自然人保持自己身心健康的权利和当健康权受到不法侵害时享有依法获得保护的权利。②健康利益支配权，是指自然人对自己的健康利益享有一定的支配权。

3. 身体权。身体权是指自然人享有的维护其身体组成部分的完整性及支配性的人格权。《民法典》第1003条规定了该权利。

身体权的内容，包括：①身体组织完整权，是自然人维护身体组织的完整及不受侵害的权利。②身体支配权，是完全民事行为能力人有权依法自主决定无偿捐献其人体细胞、人体组织、人体器官、遗体。《民法典》第1006条规定，完全民事行为能力人有权依法自主决定无偿捐献其人体细胞、人体组织、人体器官、遗体。任何组织或者个人不得强迫、欺骗、利诱其捐献。完全民事行为能力人依据前款规定同意捐献的，应当采用书面形式，也可以订立遗嘱。自然人生前未表示不同意捐献的，该自然人死亡后，其配偶、成年子女、父母可以共同决定捐献，决定捐献应当采用书面形式。按照《民法典》第1007条的规定，禁止以任何形式买卖人体细胞、人体组织、人体器官、遗体。违反前款规定的买卖行为无效。

（二）姓名权、名称权

1. 姓名权。《民法典》人格权编所确认的法律上的姓名，不仅包括正式的登记姓名，也包括类似于姓名的笔名、艺名、网名、译名等非正式姓名。姓名权，是指自然人在不违背公序良俗的情况下，对自己的姓名享有决定、变更和使用并排除他人干涉或非法使用的人格权。

姓名权的内容，包括：①姓名命名权，是指自然人对决定采用何种姓、名的权利。关于自然人的姓氏，一般随父姓或母姓。如果符合《民法典》第 1015 条规定的，也可以在父姓和母姓之外选取姓氏。另外，少数民族自然人的姓氏可以遵从本民族的文化传统和风俗习惯。名，自然人可以自由命名。但是不得违背公序良俗。②姓名变更权，是指自然人享有的依法改变自己的姓或名的权利。变更姓名，必须由自然人或法定代理人在户口登记机关办理变更登记，才能生效。民事主体变更姓名、名称的，变更前实施的民事法律行为对其具有法律约束力。③姓名使用权，是指自然人依法使用自己姓名的权利。自然人在实施具有法律意义的行政、司法、民事等法律行为时，应该使用其在户籍登记证书上记载的姓名，不得使用别名、艺名和网名等名字。④姓名保护权。任何组织或者个人不得以干涉、盗用、假冒等方式侵害他人的姓名权。而且，《民法典》第 1017 条还规定，具有一定社会知名度，被他人使用足以造成公众混淆的笔名、艺名、网名、译名、字号、姓名和名称的简称等，参照适用姓名权和名称权保护的有关规定。

2. 名称权。名称权，是指法人、非法人组织享有的决定、变更、使用和转让或者许可他人使用其名称的人格权。《民法典》第 1013 条对此作了规定："法人、非法人组织享有名称权，有权依法决定、使用、变更、转让或者许可他人使用自己的名称。"

名称权的内容：①名称设定权，是指法人、非法人组织有权依法设定名称，他人不得非法干涉。②名称变更权，是指法人、非法人组织可以依照法定程序变更其名称。③名称使用权，是指法人、非法人组织自己使用或许可其他主体使用其名称的权利。④名称转让权，是指权利人有权转让其名称权。

（三）肖像权

肖像是通过影像、雕塑、绘画等方式在一定载体上所反映的特定自然人可以被识别的外部形象。肖像权就是自然人对自己的肖像享有制作、使用、公开或者许可他人使用自己肖像的人格权。

肖像权的内容，包括：①制作权。自然人有权以自己的行为或许可他人通过一定的方式再现自己的肖像，他人不得干涉。②使用权。自然人有权依法自己使用或许可他人使用其肖像，许可他人使用可以是有偿的、也可以是无偿的。③利益维护权。当肖像权受到侵害时，权利人有权请求依法保护。需要注意的是，上述权利的行使，不得违反公序良俗，有时还受到行政、司法的限制。

任何组织或者个人不得以丑化、污损，或者利用信息技术手段伪造等方式侵害他人的肖像权。未经肖像权人同意，不得制作、使用、公开肖像权人的肖像，但是法律另有规定的除外。未经肖像权人同意，肖像作品权利人不得以发表、复制、发行、出租、展览等方式使用或者公开肖像权人的肖像。《民法典》第 1020 条规定，合理实施下列行为的，可以不经肖像权人同意：①为个人学习、艺术欣赏、课堂教学或者科学研究，在必要范围内使用肖像权人已经公开的肖像；②为实施新闻报道，不可避免地制作、使用、公开肖像权人的肖像；③为依法履行职责，国家机关在必要范围内制作、使用、公开肖像权人的肖像；④为展示特定公共环境，不可避免地制作、使用、公开肖像权人的肖像；⑤为维护公共利益或者肖像权人合法权益，制作、使用、公开肖像权人的肖像的其他行为。

值得关注的是，《民法典》第 1023 条还确认了对自然人声音的保护参照适用肖像权保护的有关规定。

（四）隐私权

隐私是自然人的私人生活安宁和不愿为他人知晓的私密空间、私密活动、私密信息，具有私人性和不公开性。隐私权就是指个人对其私生活秘密及领域享有不受他人非法获取和公开的权利。

隐私权的内容，包括：①隐私隐瞒权。权利主体对于自己的隐私有权隐瞒，使之不为人知。②隐私利用和支配权。权利人可以自行决定是否公开式披露个人的全部或部分隐私信息。③隐私维护权。自然人有权禁止任何人对其隐私进行侵害，禁止他人非法搜集和利用其个人情报，禁止他人对其私人活动进行侵扰、干涉，禁止他人对其私人领域进行窥探、侵入；违反公共利益侵害他人隐私的，受害人有权获得法律救济。

《民法典》第 1033 条列举了侵害隐私权的行为，具体内容为：除法律另有规定或者权利人明确同意外，任何组织或者个人不得实施下列行为：①以电话、短信、即时通讯工具、电子邮件、传单等方式侵扰他人的私人生活安宁；②进入、拍摄、窥视他人的住宅、宾馆房间等私密空间；③拍摄、窥视、窃听、公开他人的私密活动；④拍摄、窥视他人身体的私密部位；⑤处理他人的私密信息；⑥以其他方式侵害他人的隐私权。

（五）名誉权、荣誉权

1. 名誉权。名誉，也叫名声，是社会大众对民事主体的品德、才能、信誉、形象等为人处事情况给予的综合评价。这种评价直接关系到民事主体的人格尊严和社会地位，是重要的人格利益。名誉权就是民事主体依法维护其所获得的社会公正评价并排除他人侵害的权利。

名誉权的内容，包括：①名誉保有权。名誉虽然是一种客观的社会评价，但权利人可以通过自己的行为赢得或改善社会对自己的评价，使自己名誉不降低、不丧失。②名誉利益的支配权。民事主体可以利用自己良好的名誉开展广泛的民事活动，同时也可以支配其名誉利益。③名誉维护权。民事主体有权禁止他人以侮辱、诽谤等方式损害其名誉，如果受到损害，有权请求法律保护。

新闻报道、舆论监督影响他人名誉的，一般不承担民事责任。但是，具有

《民法典》第 1025 条规定的如下情形除外：①捏造、歪曲事实；②对他人提供的严重失实内容未尽到合理核实义务；③使用侮辱性言辞等贬损他人名誉。民事主体有证据证明报刊、网络等媒体报道的内容失实，侵害其名誉权的，有权请求该媒体及时采取更正或者删除等必要措施。

文学、艺术作品侵犯名誉权的认定与另外，在《民法典》第 1027 条规定，行为人发表的文学、艺术作品以真人真事或者特定人为描述对象，含有侮辱、诽谤内容，侵害他人名誉权的，受害人有权依法请求该行为人承担民事责任。行为人发表的文学、艺术作品不以特定人为描述对象，仅其中的情节与该特定人的情况相似的，不承担民事责任。

2. 荣誉权。荣誉是民事主体在学习、工作或社会活动中，因表现突出而由有关国家机关和社会组织给予的一种正面、积极的评价。这种积极评价是通过授予一定的荣誉称号、奖章、奖状、奖杯、证书或文件等载体表现出来的。荣誉权是指民事主体依法享有的保持自己的荣誉不被非法剥夺或侵害的权利。

（六）个人信息

个人信息，也称为个人数据。任何人不得诋毁、贬损他人的荣誉。获得的荣誉称号应当记载而没有记载的，民事主体可以请求记载；获得的荣誉称号记载错误的，民事主体可以请求更正。

《民法典》第 1034 条第 1 款规定，"自然人的个人信息受法律保护"。第 1035 条第 1 款规定了个人信息处理的原则："处理个人信息的，应当遵循合法、正当、必要原则，不得过度处理，并符合下列条件：①征得该自然人或者其监护人同意，但是法律、行政法规另有规定的除外；②公开处理信息的规则；③明示处理信息的目的、方式和范围；④不违反法律、行政法规的规定和双方的约定。"《民法典》第 1034 条第 2 款规定，个人信息是以电子或者其他方式记录的能够单独或者与其他信息结合识别特定自然人的各种信息，包括自然人的姓名、出生日期、身份证件号码、生物识别信息、住址、电话号码、电子邮箱、健康信息、行踪信息等。

其中，个人信息的处理包括个人信息的收集、存储、使用、加工、传输、提供、公开等。《民法典》第 1036 条规定了处理个人信息的免责事由，"处理个人信息，有下列情形之一的，行为人不承担民事责任：①在该自然人或者其监护人同意的范围内合理实施的行为；②合理处理该自然人自行公开的或者其他已经合法公开的信息，但是该自然人明确拒绝或者处理该信息侵害其重大利益的除外；③为维护公共利益或者该自然人合法权益，合理实施的其他行为"。

实务学习项目　人格权的保护

一、一般人格权保护的法律实务

案例：雷某与钱某一般人格权纠纷[1]

被告钱某于 2015 年 7 月办理了 600 元包 2 年宽带套餐，生效时间为 2015 年 8 月 1 日，失效时间为 2017 年 8 月 1 日。自 2015 年 8 月 1 日起，被告因其家中宽带时断时续，无法正常使用的问题，多次拨打客服电话反映情况，但宽带问题仍未得到妥善解决。2015 年 9 月 22 日，被告到该辖区的湖东路营业厅反映情况，原告雷某作为该营业厅营业经理接待了被告，并就宽带问题的解决事宜作了相关说明并承诺予以受理，后由于被告不满原告的答复及服务态度，情绪激动打了原告一巴掌。原告因此报警，民警到场后，被告又示范性地摸了原告的脸，辩称并非故意打耳光。原告认为，被告的上述行为已经严重侵犯了原告的人格权益，特诉请判令：①被告当面向原告赔礼道歉，并由被告在当地都市报、快报、××日报、××晚报等报纸刊登对原告道歉内容的公告；②被告立即向原告支付精神损害抚慰金人民币 5000 元；③本案的全部诉讼费用由被告承担。

任务：

1. 分析判断原告的哪种人格权受到了侵害？

解题思路：①熟悉人格权的具体种类及其内容；②结合案情，从身体权/健康权/名誉权的内容来分析"被告在营业厅打了原告一巴掌"的行为是否属于侵害行为。

2. 解决本纠纷应该如何说理？其法律依据有哪些？

解题思路：①理清本纠纷的争议点，即被告的行为是否构成对人格权的侵害；②分析原告的诉讼请求是否有法律依据来支持。

二、具体人格权保护的法律实务

案例："葛优躺"诉讼案[2]

葛优为我国知名演员，曾在电视剧《我爱我家》中扮演纪春生（二混子），

---

〔1〕　参见福州市鼓楼区人民法院（2015）鼓民初字第 6987 号民事判决书，载中国裁判文书网，ht-tps：//wenshu. court. gov. cn/website/wenshu/181107ANFZ0BXSK4/index. html？docId = b4e9da6f07da4568ba54ab2f2e47ab59，最后访问日期：2020 年 5 月 11 日。

〔2〕　参见（2016）北京市第一中级人民法院民事判决书（2018）京 01 民终 97 号，载中国裁判文书网，https：//wenshu. court. gov. cn/website/wenshu/181107ANFZ0BXSK4/index. html？docId = 3d5f82a60eb54773b2fca8790010cffb，最后访问日期：2020 年 5 月 11 日。

角色特点为懒惰、耍赖、骗吃骗喝，该角色在剧中将身体完全摊在沙发上的放松形象被网络称为"葛优躺"。艺龙网公司在其官方微博中使用了多幅该剧系列剧照，并逐步引导与其业务特征相联系，最终将"葛优躺"图片的背景变更为床、浴室等酒店背景，附艺龙网宣传文字和标识、二维码，该微博还同时使用了一张葛优此前的单人广告照片，微博后附"订酒店用艺龙"的文字。故葛优向法院提出诉讼。

任务：

1. 分析说明"葛优躺"造型剧照是否属于肖像？

解题思路：根据肖像的概念和特征分析。

2. 分析判断艺龙公司是否侵犯了葛优的肖像权？理由是什么？

解题思路：根据《民法典》对肖像权的法律规定来分析。

学习小结

1. 一般人格权是指民事主体基于人格平等、人格独立、人格自由以及人格尊严等根本人格利益而享有的人格权。特征有：主体具有普遍性、客体具有高度概括性、内容具有不确定性和广泛性。包括人格平等、人格独立、人格自由、人格尊严。

2. 具体人格权包括：生命权、健康权、身体权、姓名权、名称权、肖像权、隐私权、名誉权、荣誉权、个人信息。

3. 人格权保护的法律实务，首先要理解一般或具体人格权的含义，然后分析案件中的侵权行为属于侵犯哪种人格权，最后找出认定侵权行为及处理意见的相关法律依据。

课后作业

一、知识作业

（一）名词解释

1. 一般人格权　2. 隐私权　3. 肖像权　4. 名誉权

（二）单项选择题

1. 某甲未经某乙的同意，用剪刀将某乙的头发剪掉了一半。某甲侵犯了某乙的（　　）。

A. 生命权　　　　B. 自由权　　　　C. 健康权　　　　D. 身体权

2. 公安机关在通缉令上使用被通缉者的照片，这一行为（　　）。

A. 侵犯了被通缉者的肖像权　　　B. 侵犯了被通缉者的隐私权

C. 侵犯了被通缉者的名誉权　　　D. 不构成侵权

3. 人格权是与民事主体的人身密不可分的，不能转让和继承，但是也有例外，该例外的人格权利是（　　）。

A. 自然人的姓名权　　　　　　　B. 法人的名称权

C. 自然人的荣誉权　　　　　　　D. 法人的荣誉权

4. 某报社在一篇新闻报道中称未成年人甲是乙的私生子，致使甲倍受同学的嘲讽与奚落，甲因精神痛苦，自残左手无名指，给甲的学习和生活造成重大影响。后查实，该报社并无确凿证据证明甲是乙的私生子。对该报社的行为应如何认定？（　　）。

A. 该报社的行为不构成侵权　　　B. 侵害了甲的名誉权

C. 侵害了甲的姓名权　　　　　　D. 侵害了甲的身体权

5. 在下列权利中，自然人与法人都享有的是（　　）。

A. 名誉权　　　　B. 名称权　　　　C. 姓名权　　　　D. 隐私权

二、实训作业

案情：孕妇肖像权案

2011年，某市某展览馆为配合计划生育工作，宣传优生优育的科学知识，将某妇产医院提供的5年前该医院为研究治疗患者疾病而给青年妇女刘某拍摄的一张裸体照片以及由其他有关科研部门提供的另外三人的病体裸照，在未取得患者及其亲属同意的情况下，在展览会上公开展出。展出期间，刘某的父母看到女儿的病体裸照被公开展出，其母气得当场昏倒在地。其父亦非常生气，并与展览馆交涉，要求立即取下女儿的照片。之后又多次要求主办单位将其女儿的照片底片和印出的照片全部销毁，但遭到主办单位拒绝。刘某的丈夫得知其妻的裸照被公开展出，愤然与其妻离婚。刘父亦因奔走劳累和气愤，心脏病复发，含愤而死。因此，刘某及其母亲要求展览主办单位和有关单位停止侵害，赔偿损失，并起诉到法院。

实训任务：

1. 根据《民法典》规定分析本案中，妇产医院和主办单位侵害了刘某的何种权利？

解题思路：首先，根据《民法典》对肖像权的规定，分析医院制作、使用刘某照片的行为性质。其次，分析裸照属于什么性质的资料。再次，分析医院公开展出刘某裸照的性质。最后，分析医院提供照片的行为性质、展览馆使用照片的行为性质。

2. 分析谁应当承担责任？

解题思路：找出案情中哪些主体实施了侵权行为，再根据《民法典》规定划分责任。

三、网络作业

1. 扫码观看微课视频资料："拼颜值"时代的肖像权保护。

2. 扫码观看微课视频资料：民事权利中的隐私权及其保护。

第三单元 物权及其行使

学习目标

学生通过本单元的学习，能够对物权的概念、基本原则、效力、物权变动等一般规则有初步认识，掌握用益物权和担保物权的种类及基本法律规定，能够通过典型案例分析和判断物权种类及其内容，能够提出一般处理意见。

重点提示

本单元的重点是理解物权基本原则和物权效力，掌握用益物权和担保物权的概念、特征及权利的主要内容，能够应用法律规定分析典型案例。

 学习任务一 物权的基本理论及其应用

理论学习项目 物权基本理论

一、物权的概念和特征

（一）物权的概念

物权是权利人依法对特定的物享有的直接支配和排他的权利，包括所有权、用益物权和担保物权（《民法典》第114条第2款）。

（二）物权的特征

物权具有以下法律特征：

1. 物权是绝对权。物权作为绝对权和"对世权"，其权利人是特定的，义务人是不特定的，且义务的内容是不作为，即只要不特定的人没有非法干涉权利人行使权力，不侵犯物权人的物权，即为履行了义务。

2. 物权的标的是特定物。物权关系是民事主体之间对物质资料的占有关系，所以，物权的标的是物而不是行为。这里的物包括动产、不动产，以及虽然不占据一定空间或具备一定形态，但是能够为人力所控制的电、气、光波、磁波等物。首先，权利作为物权的客体，仅限于法律有明确规定的情况，例如权利质权。其次，物权的标的在范围上是十分广泛的，但它们必须是特定物，种类物是不能作为物权的客体的。因为物权是对物的支配权，其客体如不特定就无从支配。而债权的客体，既可以是特定物，也可以是种类物。最后，物权的客体一般应是独立物。因为只有独立物，物权人才可以对其进行直接支配，也才可以通过登记、交付、占有等形式进行物上权利状态的公示。

3. 物权是支配权。物权是权利人直接支配物的权利，即物权人可以依自己的意志就标的物直接行使权利，无须他人的意思或义务人的行为的介入。权利人的支配可以通过民事法律行为来实现，例如：汽车所有人出卖、出租自己的汽车，或者抵押质押自己的房屋；也可以通过事实行为来实现，例如：汽车车主自行驾驶自己的汽车。

4. 物权是排他性权利。内容相同的物权之间具有相互排斥的性质，即在同一物上不允许有两个以上内容相同的物权并存，也即"一物一权"，即不能在同一物上设立两个所有权、两个经营权或两个使用权。例如：同一间房屋不能同时有两个所有权、同一块耕地上不能有两个土地承包经营权。数人共有一物，不是共有人对"该物"各自享有独立的所有权，而是平等地或按份额地共同享有一个所有权。在担保物权中，一物之上可以设定两个以上的抵押权，但有先后次序的不同。

2020 年 5 月 28 日第十三届全国人民代表大会第三次会议通过的《民法典》第二编为物权编，调整因物的归属和利用产生的民事关系。《民法典》第 113 条明确规定，"民事主体的财产权利受法律平等保护"。正如孟子所说，"有恒产者有恒心"，《民法典》对各类民事主体的物权的平等保护，必将最大限度地激发民事主体创造社会财富的进取心，促进经济繁荣和社会进步。

二、物权的分类

（一）物权的法定种类

基于物权法定主义原则，各国民法都对物权的种类作出了明确的规定。《民法典》第 114 条第 2 款规定，"物权是权利人依法对特定的物享有直接支配和排他的权利，包括所有权、用益物权和担保物权"。可见，我国《民法典》中规定的物权有所有权、用益物权、担保物权三种类型。

1. 所有权。所有权是所有人在法律规定的范围内，依法按照自己的意志独占性支配其所有物并排斥他人非法干涉的永久性物权。《民法典》第 240 条规定："所有权人对自己的不动产或者动产，依法享有占有、使用、收益和处分的权利。"所有权包括单独所有权、共有权和建筑物区分所有权，以及相邻权。

所有权是最完整、最充分的物权。为了最大限度发挥物权的效用，从所有权中又可以分离、派生、引申出用益物权、担保物权等其他物权。《民法典》第241条规定："所有权人有权在自己的不动产或者动产上设立用益物权和担保物权。用益物权人、担保物权人行使权利，不得损害所有权人的权益。"

2. 用益物权。用益物权是指非所有权人对他人所有之物所享有的占有、使用和收益的他物权。《民法典》第323条规定："用益物权人对他人所有的不动产或者动产，依法享有占有、使用和收益的权利。"我国《民法典》规定的用益物权包括土地承包经营权、建设用地使用权、宅基地使用权、居住权、地役权等。

3. 担保物权。担保物权是指债权人为确保其所享有的债权实现，在债务人或者第三人所有的物或者权利之上所设定的，就债务人不履行到期债务时，或者发生当事人约定的实现担保物权的情形时，就担保物的变价优先受偿的他物权。《民法典》第386条规定："担保物权人在债务人不履行到期债务或者发生当事人约定的实现担保物权的情形，依法享有就担保财产优先受偿的权利，但是法律另有规定的除外。"担保物权包括抵押权、质权和留置权。

（二）物权的学理分类

物权在学理上根据不同的分类标准，通常作如下分类：

1. 自物权与他物权。根据物权的权利主体是否为财产的所有人划分为自物权与他物权。自物权是所有人对自己的财产享有的权利。他物权是非财产所有人根据法律的规定或所有人的意思对他人所有的财产享有的有限支配的物权。他物权是在所有权权能与所有权人发生分离的基础上产生的。

2. 用益物权和担保物权。他物权可区分为用益物权和担保物权。用益物权是指权利人依法对他人的物享有占有、使用和收益的权利，比如土地承包经营权、建设用地使用权、宅基地使用权等。担保物权是指为了确保债务履行而设立的物权，包括抵押权、质权、留置权，当债务人不履行债务时，债权人依法享有就担保财产优先受偿的权利。

3. 动产物权和不动产物权。动产物权和不动产物权是按物权的客体是动产或不动产所作的划分。《民法典》第115条规定，"物包括不动产和动产。法律规定权利作为物权客体的，依照其规定"。以动产为标的的物权，为动产物权，如动产所有权、留置权、动产的抵押权等。以不动产为标的的物权，为不动产物权，如不动产所有权、地上权、地役权、国有土地的使用权、不动产的抵押权等。

4. 主物权和从物权。这是以物权是否具有独立性进行的分类。主物权是指能够独立存在的物权，包括所有权与除地役权以外的用益物权。从物权则是指必须依附于其他权利而存在的物权，如抵押权、质权、留置权，是为担保的债权而设定的。从物权随着主物权的设立、变更、消灭而设立、变更、消灭，随着主物权的转移而转移，从物权应与其所附的权利共命运。

5. 有期限物权与无期限物权。这种分类的标准是物权的存续有没有期限。有期限物权是指存在一定存续期间的物权，如抵押权、质权、留置权。无期限物权是指没有规定存续期间，能够永久存续的物权，例如所有权就是无期限物权。

三、物权的基本原则

（一）平等保护原则

物权的主体包括自然人、法人、非法人组织和国家。但无论哪个主体所享有的物权都平等地受法律保护。我国《民法典》第 207 条规定："国家、集体、私人的物权和其他权利人的物权受法律平等保护，任何组织或者个人不得侵犯。"为了公共利益的需要，国家依照法律规定的权限和程序可以征收集体所有的土地和单位、个人的房屋及其他不动产。国家征收集体所有的土地，应当依法足额支付土地补偿费、安置补助费、地上附着物和青苗的补偿费等费用，安排被征地农民的社会保障费用，保障被征地农民的生活，维护被征地农民的合法权益。国家征收单位、个人的房屋及其他不动产，应当依法给予拆迁补偿，维护被征收人的合法权益；征收个人住宅的，还应当保障被征收人的居住条件。任何单位和个人不得贪污、挪用、私分、截留、拖欠征收补偿费等费用。

（二）物权法定主义原则

各国物权的立法往往不同于债权的任意主义，物权通常采用法定主义。这是因为物权的享有、变动往往涉及第三人，各国法律一般严格限制一国的物权类型及其内容。我国《民法典》第 116 条规定："物权的种类和内容，由法律规定。"确立了我国物权法定主义原则。

物权法定主义原则是指物权的种类、内容均由法律直接规定，禁止任何人创设法律没有规定的物权和不按有关法律规定创设法律已作规定的物权。如我国法律规定土地所有权属于国家和集体所有，不管什么人通过什么方式都不可能获得土地所有权，只能获得使用权。

物权法定主义最早起源于罗马法。在罗马法中，承认所有权、地上权、永佃权、役权、质权等具有物权属性。我国物权法定原则的内容包括：

1. 物权的种类法定。物权的种类法定，是指物权的种类非经法律规定，当事人不得创设。因此，物权种类法定这一内容被称为物权的"类型强制"。实行物权类型强制，意味着当事人设定的物权必须符合现行法律的明确规定。如果法律无明文规定物权种类，则不能解释为法律允许当事人自由设定，只可解释为法律禁止当事人创设此种物权。例如，我国《民法典》未设不动产质押权，因此约定不动产质押权是无效的。

2. 物权内容法定。物权内容法定是指物权的内容非经法律规定，当事人不得创设。物权内容法定原则也被称为物权"内容强制"。物权内容法定意味着物权的具体内容也由法律规定，法律对一个具体的物权内容规定是什么就是什么，而不得由当事人约定。例如《民法典》第 401 条规定："抵押权人在债务履行期限届满前，与抵押人约定债务人不履行到期债务时抵押财产归债权人所有的，只能依法就抵押财产优先受偿。"

（三）公示公信原则

公示原则就是要求将物权设立、转移的事实通过一定的方式向社会公开，使其他人知道物权变动的状况，以利于保护第三人的利益，维护交易的安全和秩序。物权的设立、变更、转让和消灭，除法律另有规定外，不动产应当登记，动产应当交付。对于动产、不动产之外的其他权利，《民法典》也规定了相应的公示方法。例如，《民法典》第 445 条第 1 款规定："以应收账款出质的，质权自办理出质登记时设立。"第 443 条第 1 款规定："以基金份额、股权出质的，质权自办理出质登记时设立。"

公信原则就是赋予公示的内容以公信力，当事人在物权享有和变动时依照法律的要求进行了公示，该公示就具有权利推定的效力。公信原则有两方面的内容：①若当事人在享有、变动物权时依法律要求进行了公示，第三人因信赖这一公示而为一定行为，事后即使公示出来的物权状态与真实的物权状态不符，第三人取得的物权亦受保护；②若当事人在享有、变动物权时依法进行了公示，则其物权足以对抗第三人。例如，某甲将某乙所有的房屋登记在自己的名下，并将该房屋转让给某丙，某丙因信赖某甲所提供的产权证书等文件，而与某甲订立了房屋买卖合同，办理了房屋转移登记，则尽管某甲是无权处分，但某丙取得所购房屋的所有权。真正所有人某乙的所有权消灭，其损失只能请求登记名义人某甲赔偿，不能请求善意第三人某丙返还原物。

我国《民法典》第 208 条规定，不动产物权的设立、变更、转让和消灭，应当依照法律规定登记。动产物权的设立和转让，应当依照法律规定交付。《民法典》第 225 条规定："船舶、航空器和机动车等的物权的设立、变更、转让和消灭，未经登记，不得对抗善意第三人。"这两规定是关于物权变动公示、公信原则的基本规定，确立了动产与不动产的不同公示方法。《民法典》第 209 条、第 224 条针对不动产、动产的变动又作了具体规定。

四、物权的效力

（一）排他效力

物权的排他效力又称排他权效力，是指在同一标的物上不能同时存在两个以上的内容不相容的物权，物权人对其公示的物权享有对抗一切第三人的绝对性权利。而债权不具有排他性，物权的排他性是物权与债权在性质上的根本区别之一。物权的排他效力是由物权的支配性所决定的，为保障物权人的支配权的实现，他人则不能再进行同样的支配。否则，物权的直接支配权就会落空，权利人就不能对标的物进行有效的支配，也就不能对物进行正常的交易。

但物权的排他效力也有强弱之分：所有权最强；以占有为权利内容的限制物权如土地使用权次之；非以占有为内容的限制物权如抵押权最弱。

（二）优先效力

物权的优先效力，又称物权的优先权，是指同一标的物之上存在数个互相冲突的权利时，效力较强的权利排斥效力较弱的权利而率先获得实现。物权的优先效力通常表现在以下两个方面：

1. 物权之间的优先效力。物权相互间的优先效力是指在同一标的物上同时存在两个以上相同内容或性质的物权时，先成立的物权具有优先于后成立的物权的效力。也就是说，以物权成立的先后确定物权效力的差异，在物权理论中也称为"成立在先"或"权利在先"原则。

物权的优先性是区别于债权的平等性而言的。债权天生是一律平等的，即同一财产上存在数个普通债权时，各个债权的实现顺序是相同的，不存在先后之分，这也构成了企业法人破产制度的基础。

2. 物权相对于债权的优先效力。物权优先于债权是指同一物上既存在物权，又存在债权时，物权的实现先于债权。例如，甲乙共同出资买了一间房并出租给丙，租房期间甲欲转让自己的份额，乙与丙表示愿意购买，甲应该将自己的份额卖给谁呢？《民法典》第 305 条规定："按份共有人可以转让其享有的共有的不动产或者动产份额。其他共有人在同等条件下享有优先购买的权利。"《民法典》第 726 条规定："出租人出卖租赁房屋的，应当在出卖之前的合理期限内通知承租人，承租人享有以同等条件优先购买的权利……"但因为乙与甲是共有人，对该房屋享有所有权，而丙是承租人，享有债权。物权优先于债权，所以甲应该将自己的份额卖给乙。如果物权的实现影响到债权人债权的实现，债权人只能请求原债务人承担违约责任。例如，甲于 3 月 1 日与乙签订房屋买卖合同，将自己的房屋以 100 万元的价格卖给乙；3 月 20 日与丙又就同一房屋签订了买卖合同，售价 120 万元，并于当日与丙一起办理了产权变更登记。那么根据不动产公示的原则，该房屋就是属于丙的，乙只能要求甲承担违约责任。

物权优先于债权是一原则性规定，但这一原则有例外，这一例外现象称为"买卖不破租赁"。《民法典》第 725 条规定："租赁物在承租人按照租赁合同占有期限内发生所有权变动的，不影响租赁合同的效力。"例如，甲拥有一套闲置的房屋，于 2015 年 8 月 1 日出租给乙，租期 5 年。2017 年，甲见房价大涨，就于 3 月 1 日将房屋卖予丙并办理了过户登记。现丙手持房产证要求乙搬出，乙不同意，引起纠纷。本例中，乙对房屋享有债权（承租权），丙享有物权（所有权）。依物权优先于债权原则，丙本应该有权要求乙搬出。但其实不然，按照"买卖不破租赁"原则，乙仍然可以居住该房屋至租赁期满。在现代法上，租赁权日益物权化，为了保护承租人的利益，维护正常的租赁关系，规定租赁期间租赁物所有权变更的，不影响原承租人的债权，原租赁合同对新主人仍有约束力。

（三）追及效力

物权的追及效力又称"物在呼叫主人"，是指物权成立后，物权的标的物不管辗转流入什么人的手中，除了法律另有规定之外，物权人都可依法向物的不法占有人索取，请求其返还原物。任何人都负有不得妨碍权利人行使权利的义务。不仅所有权，担保物权的标的物，不论辗转到任何人之手，也都不影响该权利的存在。例如，甲在乘车时手机丢失，被乙拾得，乙将手机送给女友丙作为生日礼物，被丁偷去，丁又将手机卖给了戊。甲在戊处发现了手机，就可以要求戊返还手机。

物权的追及效力不是绝对的。我国在法律上确立了善意取得制度，物权的追及效力应当受到善意取得适用的限制。按照善意取得制度，原所有人无权请求善意第三人返还原物，只能请求无权处分人赔偿损失。

（四）妨害排除效力

妨害是指行为人以非法的行为，或者以无权设置的设施对权利人的物或物权造成侵害或妨碍，现实地妨碍了特定物的权利人行使权利。如果有妨碍权利人行使物权支配权的事实，使权利人的物权受到妨害或者有妨害的危险时，法律就赋予权利人除去妨害或防止妨害发生的权利。这就是物权的妨碍排除效力。

妨害排除效力又称物上请求权或物权的请求权，是基于物权的绝对权、对世权，可以对抗任何人的性质而发生的法律效力。特定物的权利人通过物上请求权的行使消除行为人对物权的障碍或侵害，使物权恢复圆满状态。物上请求权是指物权人对物的支配因受到他人妨碍而出现缺陷时，为恢复其对物的圆满支配状态而产生的请求权。物上请求权基于物权的支配权受到妨碍而发生。法律规定物上请求权的目的在于维护物权人对物的圆满支配状态。物上请求权的性质属于独立的请求权，它不同于债权请求权，它不能脱离物权而独立存在，它随着物权移

转、消灭而移转、消灭。物上请求权包括确认物权请求权、返还原物请求权、排除妨害请求权、消除危险请求权、恢复原状请求权。依照遭受侵害或妨害不同可以大致分为五种：

1. 确认物权请求权，即因物权的归属发生争议，主张物权的人有权请求国家裁判机关确认其权利。

2. 返还原物请求权，即物权人的物权标的被他人非法占有致使自己不能支配时，权利人有权请求非法占有人返还被其非法占有之物。返还原物请求权是所有权派生的请求权。凡是他人无权占有或者侵犯所有人的财产，所有人均可以通过行使返还原物请求权来恢复其所有权的圆满状态。要注意的是，所有人只能向非法占有人主张返还原物请求权，却不能要求合法占有人返还原物。例如，房屋租赁合同的承租人在租赁期限内，即为合法的占有人，除法律另有规定外，有权拒绝房屋所有人的返还房屋的请求权。

3. 排除妨害请求权，即物权人虽未丧失对标的物的占有，但他人的行为已经客观地妨害了物权的正常行使，物权人就可以要求妨害人去除妨害以顺利行使物权。

4. 消除危险请求权，或称预防妨害请求权，指物权之行使可能导致将来发生某种危险时，物权人有权请求消除这一危险，以维持物权的圆满安全状态。这项请求权排除的是并未现实发生而是将来可能发生的损害。

5. 恢复原状请求权，指物权的标的物被他人毁损且有恢复之可能，权利人可请求侵权人实施特定行为使被毁损的标的物恢复到原有状态。学界对恢复原状请求权存在不同认识，有的学者认为恢复原状请求权应为债权请求权，认为实施恢复原状的行为会使义务人损失利益。

物上请求权的行使，不必非要通过诉讼的方式进行，还可以通过意思表示的方式实现。

五、物权的变动

（一）物权变动概述

物权变动，是指物权的产生、变更和消灭的总称。从权利主体角度考察，即为物权的产生、变更和丧失。物权变动，表面上看是物权在存在形式上发生的变化，但在实质上，物权变动的是物权在民事主体之间发生的对特定物的支配关系的变化。由于物权是支配权、绝对权，不特定的义务人仅负有不非法干涉物权人的物权行使的不作为的义务。所以，义务人适当履行义务就表现为尊重物权的现状，即物权人取得权利时，尊重其权利，在其权利变更后，尊重其变更后的权利，物权如果消灭，义务人的义务也就不存在了。

1. 物权的产生。物权的产生，即物权人取得物权，它在特定的权利主体与不特定的义务主体之间形成了物权法律关系，并使特定的物与物权人结合。民事主体一旦取得物权，该民事主体和不特定人之间就产生物权法律关系，该民事主体成为物权人，其他不特定人成为义务人，并且产生了对特定物的人与人之间的支配关系。物权的产生可以分为原始取得和继受取得。

（1）物权的原始取得。物权的原始取得又称物权的固有取得，是指民事主体非依据他人的权利及意思表示而直接依据事实行为取得物权，如善意取得、添附、时效取得、先占、拾得、发现、劳动生产所得、孳息等为物权的原始取得。基于事实行为而取得物权的，由于非继受他人既存的权利而取得物权，所以一旦完成，此前标的物上的一切负担均归于消灭，原物权人不得再就标的物主张权利。

（2）物权的继受取得。继受取得是指以他人的权利及意思为依据取得物权，如因买卖、赠与等取得物的所有权。继受取得又可分为创设与移转两种方式。房屋所有人在自己的房屋上为他人设定抵押权就是创设，出卖、赠与则是移转。此外，基于事实行为而取得特定标的物所有权的，由于标的物的权利系继受而来，基于权利人不得将大于他所有的权利让与他人的法理，此前存在于该标的物上的一切负担可以继续存在，且转由取得人继承，如房屋所有人将房屋出卖后，根据买卖不破租赁原则，在原租期内承租人有权继续租赁该房屋。

2. 物权的变更。物权的变更，有广义和狭义之分。广义的物权的变更是指物权的主体、内容或者客体的变更，其中主体的变更，其实就是物权的转让。我国《民法典》规定，不动产物权的设立、变更、转让和消灭，经依法登记，发生效力；未经登记，不发生效力，但是法律另有规定的除外。动产物权的设立和转让，自交付时发生效力，但是法律另有规定的除外。可见，物权的转让也是物权变动的一种形态。狭义上的物权变更，仅仅指物权的客体或者内容发生变更。物权的客体变更，指物权的标的物在数量上的增减，如抵押权的客体因部分灭失而有所减少。物权的内容变更，指物权在内容上发生的改变，属于质的变化，如地役权行使方法的改变，抵押权所担保的主债权的部分履行。物权的变更也会使物权人和义务人之间对特定物的支配关系发生变化。

3. 物权的消灭。物权的消灭，从权利人方面观察，即物权的丧失，可以分为绝对的消灭与相对的消灭。绝对消灭是作为物权客体的特定物的灭失，因物权人丧失了支配事实导致物权消灭，相对消灭是物权的支配关系在民事主体之间发生的转移。无论是相对消灭还是绝对消灭，都会导致物权法律关系消灭。但是在相对消灭的情况下，特定物权法律关系消灭后，又会产生新的物权法律关系。例如，民事主体实施买卖、赠与等民事法律行为，导致一方丧失所有权，而另一方取得所有权。绝对消灭将致使原本存在的物权法律关系发生永久性灭失。物权绝对消灭的主要原因有：①混同；②抛弃；③标的物灭失；④依法被征收、没收；⑤因法定原因而被撤销；⑥其他原因。

（二）物权变动的原因

物权法律关系作为一种民事法律关系，会由于一定的法律事实而产生或消灭。物权也会因一定的民事法律事实而产生、变更和消灭。能引起物权产生、变更和消灭的民事法律事实可以划分为两大类：民事法律行为和民事法律行为以外的原因。

1. 民事法律行为。这是物权变动的原因中最重要、最常见的原因。民事法律行为是以意思表示为要素，通过意思表达设立、变更、终止法律关系的行为。民事法律行为包括双方行为和单方行为。基于双方法律行为而使物权发生变动非常普遍，如因买卖、赠与合同而取得、变更、消灭所有权；通过与他人订立担保合同而设立、变更、消灭抵押权、质权等他物权。基于单方法律行为也可以使物权产生、变更和消灭，例如，遗嘱、悬赏公告等单方民事法律行为就能使物权产生、变更和消灭。除非法律另有规定，基于民事法律行为的不动产物权变动必须完成登记，基于民事法律行为的动产物权变动必须完成交付。

2. 民事法律行为以外的原因。非基于民事法律行为的物权变动是指基于法律行为之外的事实因素而导致物权变动，如生产、天然孳息、继承、时效、先占、添附、拾得遗失物、发现埋藏物、国有化、征收、没收、法院强制执行、标的物被消耗、标的物灭失、混同等。非基于民事法律行为的物权变动不以登记或交付等公示方法为要件，只要发生法律规定的事实，就会发生物权取得和变动的效果。例如《民法典》第230条规定："因继承取得物权的，自继承开始时发生效力。"《民法典》第231条规定："因合法建造、拆除房屋等事实行为设立或者消灭物权的，自事实行为成就时发生效力。"非基于民事法律行为的物权变动，虽然不经公示即能产生物权，但物权公示公信原则毕竟是为了维护交易的安全，所以我国《民法典》对非基于民事法律行为取得物权的物权人的处分权进行了一定的限制。我国《民法典》第232条规定："处分依照本节规定享有的不动产物权，依照法律规定需要办理登记的，未经登记，不发生物权效力。"

（三）物权变动的公示方式

基于物权的法律特性，要防止他人对物的争夺或对物权的侵犯，物权的变动就必须通过一种可以公开的、可以从外表查知的物权产生、变更和消灭的方式予以展示并进而决定物权变动的效力。法律明确了物权变动的公示方法，使人通过一定的外部形态（外观）一看就知道某人对某物享有物权，某物的物权在某人之间发生了移转。我国《民法典》以交付和登记作为物权的公示方法。

1. 不动产登记。不动产登记，是指不动产登记机构依法将不动产权利归属和其他法定事项记载于不动产登记簿的行为。不动产登记的目的是通过登记，使潜在的交易当事人能清晰地识别标的物上的权利内容，以作为物权公示手段。不动产物权登记是一种行政行为，它所体现的是国家行政权力对不动产物权关系的合理干预。干预的目的是明晰各种不动产物权，依法保护物权人的合法权益。

我国对不动产实行统一登记制度。《民法典》第 210 条第 2 款规定："……统一登记的范围、登记机构和登记办法，由法律、行政法规规定。"下列不动产权利，应当办理登记：①集体土地所有权；②房屋等建筑物、构筑物所有权；③森林、林木所有权；④耕地、林地、草地等土地承包经营权；⑤建设用地使用权；⑥宅基地使用权；⑦海域使用权；⑧地役权；⑨抵押权；⑩法律规定需要登记的其他不动产权利。

不动产登记，由不动产所在地的登记机构办理。《民法典》第 211 条规定，"当事人申请登记，应当根据不同登记事项提供权属证明和不动产界址、面积等必要材料"。第 212 条规定，"登记机构应当履行下列职责：①查验申请人提供的权属证明和其他必要材料；②就有关登记事项询问申请人；③如实、及时登记有关事项；④法律、行政法规规定的其他职责。申请登记的不动产的有关情况需要进一步证明的，登记机构可以要求申请人补充材料，必要时可以实地查看"。第 213 条规定，"登记机构不得有下列行为：①要求对不动产进行评估；②以年检等名义进行重复登记；③超出登记职责范围的其他行为"。因登记错误，给他人造成损害的，登记机构应当承担赔偿责任。登记机构赔偿后，可以向造成登记错误的人追偿。当事人提供虚假材料申请登记给他人造成损害的，也应当依法承担赔偿责任。

不动产登记簿是物权归属和内容的根据。《民法典》第 214 条规定，"不动产物权的设立、变更、转让和消灭，依照法律规定应当登记的，自记载于不动产登记簿时发生效力"。第 216 条第 2 款规定，不动产登记簿由登记机构管理。不动产权属证书是权利人享有该不动产物权的证明。不动产权属证书记载的事项，应当与不动产登记簿一致；记载不一致的，除有证据证明不动产登记簿确有错误外，以不动产登记簿为准。第 218 条规定，"权利人、利害关系人可以申请查询、复制不动产登记资料，登记机构应当提供"。第 219 条规定，"利害关系人不得公开、非法使用权利人的不动产登记资料"。

不动产物权的设立、变更、转让和消灭，经依法登记，发生效力；未经登记，不发生效力，但法律另有规定的除外。不动产物权的设立、变更、转让和消灭原则上以登记为要件，如《民法典》第 368 条就规定居住权自登记时设立。但法律规定的以下情况例外：①合同生效时，不动产物权设立。例如《民法典》

第333条规定，土地承包经营权自土地承包经营权合同生效时设立。②合同生效时不动产物权设立，但不登记不能对抗善意第三人。例如《民法典》第374条规定："地役权自地役权合同生效时设立。当事人要求登记的，可以向登记机构申请地役权登记；未经登记，不得对抗善意第三人。"③不动产物权的设立不需要登记。例如《民法典》第209条第2款规定："依法属于国家所有的自然资源，所有权可以不登记。"④非基于法律行为发生的物权变动，民事法律事实发生，不动产物权即设立。例如《民法典》第230条规定："因继承取得物权的，自继承开始时发生效力。"第231条规定："因合法建造、抵除房屋等事实行为设立或者消灭物权的，自事实行为成就时发生效力。"

当事人之间订立有关设立、变更、转让和消灭不动产物权的合同，除法律另有规定或者当事人另有约定外，自合同成立时生效；未办理物权登记的，不影响合同效力。

根据登记所要达到的具体目的的不同，可以把不动产登记分为首次登记、变更登记、转移登记、注销登记、更正登记、预告登记和异议登记。

（1）首次登记。不动产首次登记，是指不动产权利第一次登记。未办理不动产首次登记的，不得办理不动产其他类型登记，但法律、行政法规另有规定的除外。

（2）变更登记。对已经过初始登记的土地所有权、使用权和他项权利，由于其他原因发生变动，当事人需要申请变更登记。具体说，不动产权利人可以向不动产登记机构申请变更登记的情形有：①权利人的姓名、名称、身份证明类型或者身份证明号码发生变更的；②不动产的坐落、界址、用途、面积等状况变更的；③不动产权利期限、来源等状况发生变化的；④同一权利人分割或者合并不动产的；⑤抵押担保的范围、主债权数额、债务履行期限、抵押权顺位发生变化的；⑥最高额抵押担保的债权范围、最高债权额、债权确定期间等发生变化的；⑦地役权的利用目的、方法等发生变化的；⑧共有性质发生变更的；⑨法律、行政法规规定的其他不涉及不动产权利转移的变更情形。

（3）转移登记。因买卖、互换、赠与、不动产分割、合并、共有人增加或者减少以及共有不动产份额变化等民事法律行为导致不动产所有权发生转移，应当办理转移登记。因继承、受遗赠，人民法院、仲裁委员会的生效法律文书导致权利发生转移，处分该不动产时也应当办理转移登记。

（4）注销登记。有下列情形之一的，当事人可以申请办理注销登记：①不动产灭失的；②权利人放弃不动产权利的；③不动产被依法没收、征收或者收回的；④人民法院、仲裁委员会的生效法律文书导致不动产权利消灭的；⑤法律、行政法规规定的其他情形。

（5）更正登记。更正登记，是指权利人、利害关系人认为不动产登记簿记载的事项有错误时，经其申请，经过权利人书面同意更正或者有证据证明登记确有错误的，登记机构对错误事项进行更正的登记。权利人、利害关系人认为不动产登记簿记载的事项有错误，可以申请更正登记。不动产权利人或者利害关系人申请更正登记，不动产登记机构认为不动产登记簿记载确有错误的，应当予以更正；但在错误登记之后已经办理了涉及不动产权利处分的登记、预告登记和查封登记的除外。不动产登记机构发现不动产登记簿记载的事项错误，应当通知当事人在 30 个工作日内办理更正登记。当事人逾期不办理的，不动产登记机构应当在公告 15 个工作日后，依法予以更正；但在错误登记之后已经办理了涉及不动产权利处分的登记、预告登记和查封登记的除外。

（6）预告登记。预告登记是指消费者在购买房屋或者其他不动产时，为了保障将来可以得到该房屋或不动产，而预先向登记机构申请预告登记的制度。预告登记后，未经权利人同意，任何人不得擅自处分（出卖）该不动产，即使处分也不发生物权效力。预告登记生效期间，未经预告登记的权利人书面同意，处分该不动产权利申请登记的，不动产登记机构应当不予办理。预告登记的目的是防止不动产的一物二卖。例如，甲先与乙签订房屋买卖合同，但没有及时办理登记手续，此时房屋的物权并没有转移，甲对自己的房屋仍然可以处分。在这种情况下，甲极有可能基于某种原因而将该房屋另卖他人，此时，乙只能受到较弱的债权的保护，他当初买房的目的极有可能落空。但是如果进行了预告登记，则甲再把房卖给丙，虽然甲和丙之间的买卖合同成立，但是丙不能依赖买卖合同而取得房屋所有权。预告登记措施将买方从一个普通的债权人地位提升到了准物权权利人的地位，对于保护处于劣势的普通消费者有着重要意义。但是，《民法典》第 221 条第 2 款也规定，预告登记后，债权消灭或者能够进行不动产登记之日起 90 日内未申请登记的，预告登记失效。

（7）异议登记。异议登记，是指不动产权利人以及利害关系人认为不动产登记的事项有错误而向登记机关提出申请，请求登记机关根据事实情况予以更正的一项法律制度。利害关系人认为不动产登记簿记载的事项错误，权利人不同意更正的，利害关系人可以申请异议登记。不动产登记机构受理异议登记申请的，应当将异议事项记载于不动产登记簿，并向申请人出具异议登记证明。异议登记期间，不动产登记簿上记载的权利人以及第三人因处分权利申请登记的，不动产登记机构应当书面告知申请人该权利已经存在异议登记的有关事项。申请人申请继续办理的，应当予以办理，但申请人应当提供知悉异议登记存在并自担风险的书面承诺。异议登记的目的是保护不动产，包括房屋和土地的权利人免受侵害。但异议登记只是一个临时性的保护措施，异议登记申请人必须在提出异议登记之日起 15 日内向法院起诉，否则异议登记自然失效。此外，《民法典》第 220 条第 2 款还规定，异议登记不当，给权利人造成损害的，权利人可以向申请人请求损害赔偿。

2. 动产交付。交付是指当事人一方将物的占有转移给另一方，包括转移物的直接占有与间接占有。动产物权的设立和转让，除法律另有规定外，以交付为其公示方法。交付是法定义务，当事人要完成物权变动，必须要依法履行交付的义务。交付完成后发生物权的变动。交付的方式有以下几种：

（1）现实交付。现实交付是指将标的物的占有直接移转给对方当事人。这是通常的交付方式，包括：①在约定的时间和地点由转让人与受让人直接交接物品。此种交付在受让人点收后完成。②根据受让人的指示将物品托运或邮寄。此种交付自转让人办完托运或邮寄手续时完成。

（2）简易交付。简易交付是指受让人已经占有动产，如受让人已经通过租赁、借用等方式实际占有了动产，则于物权变动的合意成立时，视为交付。如《民法典》第 226 条规定，"动产物权设立和转让前，权利人已经依法占有该动产的，物权自民事法律行为生效时发生效力"。

（3）占有改定。占有改定是动产物权的让与人与受让人之间特别约定，标的物仍然由出让人继续占有。这样，在物权让与的合意成立时，视为交付，受让人取得间接占有。如《民法典》第 228 条规定："动产物权转让时，当事人又约定由出让人继续占有该动产的，物权自该约定生效时发生效力。"

（4）指示交付（又称返还财产请求权的让与）。指示交付是指标的物由双方以外的第三人实际占有时，转让人将对第三人的返还请求权让与受让人，以替代标的物的实际交付。《民法典》第 227 条规定，"动产物权设立和转让前，第三人占有该动产的，负有交付义务的人可以通过转让请求第三人返还原物的权利代替交付"。

（5）拟制交付。拟制交付是指动产物权的让与人将标的物的权利凭证（仓单、提单）交给受让人，以替代物的现实交付。拟制交付完成后，受让人取得标的物的所有权。标的物仍然由出让人或第三人占有时，受让人对标的物的占有则为间接占有。

在现实生活中，交付标的物的方式是多种多样的，不可能将其全部罗列出来，应当根据法律的规定、合同的约定、交易习惯以及其他具体情况确定标的物是否交付。另《民法典》第 225 条规定："船舶、航空器和机动车等的物权的设立、变更、转让和消灭，未经登记，不得对抗善意第三人。"

六、物权的保护

(一) 物权保护概述

物权保护是指在物权受到侵害的情况下，依照法律规定的方式恢复物权的完满状态，或者说是使物权人可以行使的权利恢复至完满状态。保护物权实质就是保护被侵害的物权。这是物权法律制度必不可少的组成部分。民事主体的物权是受国家法律保障的，具有不可侵犯性；侵犯民事主体的物权必然要承担法律责任。物权受到侵害，可以通过行使民法、行政法与刑法等实体法的权利，可以通过与侵害人和解、由法院或其他调解机构进行调解、申请仲裁机构仲裁、向人民法院起诉四种途径保护其物权。根据物权保护依赖力量的不同，分为私力救济和公力救济；根据物权保护法律依据的不同，分为公法保护和私法保护。公力救济是现代法治国家保护物权普遍采取的一种方式，私力救济方式则仅存在于法律有规定的特殊情形。

1. 公力救济。公力救济是指当权利人的权利受到侵害或者有被侵害之虞时，权利人通过行使诉讼权，诉请人民法院依民事诉讼和强制执行程序保护自己的权利的措施。根据物权保护法律依据的不同，物权的公力救济分为公法保护和私法保护。二者相互区别又彼此配合，各有侧重，共同为物权人保护其合法权利提供法律支持。

(1) 物权的公法保护。物权的公法保护，是指国家通过宪法、行政法、刑法及诉讼法等公法性质的法律法规对物权进行的保护。侵害物权，除承担民事责任外，违反行政管理规定的，依法承担行政责任；构成犯罪的，依法追究刑事责任。各个法律部门对物权都作出了规定，并设立了不同的法律责任。例如，我国《刑法》中对盗窃罪、抢夺罪、抢劫罪、毁坏公私财物罪等罪名的规定就是从公法角度对民事主体的物权进行的保护。可见，保护物权不仅仅是民法的任务，也是我国各个法律部门的共同任务。

(2) 物权的私法保护。物权的私法保护，是指国家通过民法、商法等私法性质的法律法规对物权进行的保护。《民法典》物权编专设一章（第三章）规定了物权的保护，主要是从物权的效力和物权的特殊规则出发，对权利人提供充分的保障。从民法的保护方法看，可以分为公力救济与私力救济。例如，我国《民法典》第207条规定："国家、集体、私人的物权和其他权利人的物权受法律平等保护，任何组织或者个人不得侵犯。"这是我国《民法典》对物权私法保护的宣示性规定。

按效力性质的不同，物权的私法保护细分为物权性质的物权保护和债权性质的物权保护。我国《民法典》物权编第三章集中对这两种性质的物权保护方式作了规定。该章规定了物权确认请求权、返还原物请求权、排除妨害请求权、防止妨害请求权等物权性质的请求权保护方式，也规定了恢复原状请求权、损害赔偿请求权等具有债权性质的请求权保护方式。

2. 私力救济。私力救济亦称自力救济，是指当事人认定权利遭受侵害，在没有第三方以中立名义介入纠纷解决的情形下，不通过国家机关和法定程序，而依靠自身或私人力量，解决纠纷，实现权利。在现代文明社会中，公力救济是保护民事主体的民事权利的主要手段，在能够使用公力救济保护民事权利的情况下，不允许采用私立救济方法。而且，私力救济被严格限定在法律许可的范围内，只有权利人来不及请求公权力机构保护自己的合法权益，而且如果不即时处理则其权利无法行使或行使确有困难时，才可以出于自助或自卫的目的，在法律允许的范围内依靠自身的实力，保护自己被侵害的民事权利。

（二）物权的保护方法

根据我国《民法典》的规定，我国民法对物权的保护有以下几种特殊的方法：

1. 请求确认物权。请求确认物权，是指利害关系人在物权归属和内容发生争议时，有权请求确认物权的归属，明确物权的内容。《民法典》第 234 条规定："因物权的归属、内容发生争议的，利害关系人可以请求确认权利。"此条规定就是请求确认物权的请求权。即双方当事人对物权的归属，或者物权的具体内容发生争议时，可以请求法院确认具体的权利归属及内容。在诉讼法上，这属于确认之诉。

2. 请求排除妨碍或者消除危险。《民法典》第 236 条规定："妨害物权或者可能妨害物权的，权利人可以请求排除妨害或者消除危险。"这是关于排除妨碍及消除危险请求权的规定。当他人的行为非法妨碍物权人行使物权时，物权人可以请求妨碍人排除妨碍，也可请求法院责令妨碍人排除妨碍；请求排除妨碍除已经造成的妨碍外，还包括请求防止可能出现的妨碍。消除危险与排除妨碍的区别在于，排除妨碍的情况下，妨碍事实正在发生；而在消除危险情形下，妨碍事实还没有发生，只是有可能发生。

3. 请求恢复原状。《民法典》第 237 条规定："造成不动产或者动产毁损的，权利人可以依法请求修理、重作、更换或者恢复原状。"此条规定的内容就是物权人的恢复原状请求权。即权利人有权要求加害人通过修理等方式恢复财产原来的状态。恢复原状不仅要在实际上可能，而且要在经济上合理，否则就不应该采取这种方式。当标的物因他人的侵权行为而损坏时，如果能够修复，物权人可以请求侵权行为人加以修理以恢复物的原状；如果修复后其价值有所降低，权利人还可以请求赔偿损失。

4. 请求返还原物。请求返还原物是指物权人之外的人无权占有不动产或者动产时，权利人可依法请求无权占有人返还原物，或请求人民法院责令无权占有人承担返还原物的责任。《民法典》第 235 条规定："无权占有不动产或者动产的，权利人可以请求返还原物。"请求返还原物必须是原物特定物且必须原物还存在，这是请求返还原物的前提。如果不法占有人是由无权转让人取得占有的第三人，所有人或合法占有人向其请求返还原物及收益，须受占有制度有关规定的限制：

（1）第三人是恶意受让人，权利人有权请求返还原物。

（2）第三人是善意受让人，又分两种情况：如果第二人的占有是合法的，就不能请求返还，只能要求第二人赔偿；如果第二人以非法占有之物转让给善意第三人，权利人如要求返还原物，则须补偿第三人受让时给付的价金。

5. 请求赔偿损失。请求赔偿损失，是指物权权利人的财产遭受他人的不法侵害，致使财产损坏不能修复，或者原物已经灭失，不能返还的，权利人可以请求不法行为人赔偿财产损失，亦可要求人民法院责令侵害人赔偿损失。可见，通过恢复原状、返还原物等方法不足以补偿权利人的损失时，权利人在请求恢复原状、返还原物的同时，可以请求侵害人赔偿损失。当他人侵害物权的行为造成物权人的经济损失时，物权人可以直接请求侵害人赔偿损失，也可请求法院责令侵害人赔偿损失。

以上《民法典》规定的物权保护方式，可以单独适用，也可以根据权利被侵害的情形合并适用。

七、占有

（一）占有的概念和分类

占有是基于占有的意思而对于物的事实上的控制和支配。占有以对物的实际控制、占领为依据，因此不论占有人在法律上有没有支配物的权利，都可以成立。所有人都有权占有所有物，同时也存在非所有人占有的种种状况，而且范围十分广泛，情况也相当复杂。在现代民法中，占有是独立于所有权和其他物权的一项制度，无论所有人的占有，还是非所有人的合法占有、非法占有等，均受占有制度的保护。占有制度的主要作用是维护物的存在秩序，防止其他人通过私力加以破坏。按占有的不同状态对占有可作不同的分类，其中比较重要的有：

1. 有权占有与无权占有。根据占有是否依据本权可将占有分为有权占有和无权占有。所谓本权，是指对标的物不仅有事实上的控制力，而且有权利依据。这里的权利依据可以是基于法律规定，也可基于合同约定，如所有权人的占有、宅基地使用权人的占有、质押权人的占有、承租人的占有等。有权占有又称合法占有，就是指有本权的占有。我国《民法典》第 458 条规定："基于合同关系等产生的占有，有关不动产或者动产的使用、收益、违约责任等，按照合同约定；合同没有约定或者约定不明确的，依照有关法律规定。"无权占有又称非法占有，是指非依合法原因而取得的占有，如遗失物的拾得人的占有。

有权占有与无权占有区分的意义：有权占有除受占有制度的保护外，还受其他法律制度如所有权制度、他物权制度及某些债的规定、人身权的规定的保护；无权占有则只能根据其占有事实及状态受占有制度的保护。无权占有人在本权人请求返还原物时，有返还的义务。有的权利构成要件的占有必须是有权占有，比如留置权。

2. 自主占有与他主占有。以占有人是否以所有的意思进行占有，可以将占有区分为自主占有和他主占有。自主占有是指占有人以所有的意思对物的占有。只要占有人将占有物视为自己所有即为自主占有，而不看是否为真的所有人，如小偷把盗窃的物视为自己的物而占有也是自主占有。他主占有是没有所有的意思，仅有基于某种特定关系支配物的意思的占有，如经营人、留置权人、借用人对物的占有。

自主占有与他主占有区别的意义在于：①作为先占要件的占有应当是自主占有；②在占有物毁损、灭失时，自主占有人和他主占有人的责任范围不同。

3. 善意占有和恶意占有。以无权占有人是否明知其占有为无权占有为标准将占有分为善意占有和恶意占有，这也是《民法典》最为重要的一个分类。善意占有是指占有人不知或不应知自己的占有为无权占有。恶意占有则是指占有人明知自己没有权利或对有无占有的权利有怀疑而仍进行的占有。善意占有也有可能转化为恶意占有，例如占有人取得某玉石的占有后被告知该玉石是赃物，占有人的占有即转变为恶意占有。判断占有人是善意占有还是恶意占有应当以占有的不动产或者动产受到损害时为标准。

善意占有和恶意占有区别的意义在于：善意占有人和恶意占有人对损害后果承担的责任不同。我国《民法典》第 459 条规定："占有人因使用占有的不动产或者动产，致使该不动产或者动产受到损害的，恶意占有人应当承担赔偿责任。"因此，在无权占有的情形下，如果没有相反的证据证明是恶意占有，应当推定为善意占有，对因为使用占有物造成的占有物损害不承担赔偿责任。

4. 直接占有和间接占有。直接占有，是不以他人的占有为媒介，直接对物进行管领、支配的占有，如承租人对租赁物的占有，借用人对借用物的占有。间接占有，是以他人的占有为媒介，非现实占有其物，仅对物有间接支配力的占有。例如，所有人对其已出租的所有物的占有就是一种间接占有。此时，承租人既是物的直接占有人，同时又是所有人间接占有的媒介。物之间接占有人不以所有人为限，非所有人亦可依一定法律关系成为物的间接占有人。例如，甲将其所有的房屋一幢借给乙，乙又将该房租给丙，丙又将该房转租给丁。在这一连串的关系中，除丁的占有为直接占有外，甲、乙、丙的占有则为不同层次的间接占有。

间接占有的构成须具备三个条件：①须与直接占有人存在一定的法律关系，如经营权关系、使用权关系、质押关系、租赁关系、借用关系、保管关系、运输关系等；②须对直接占有人具有返还原物的请求权；③须直接占有人对物的支配具有一定的制约能力。

直接占有和间接占有区分的意义在于：直接占有和间接占有取得的手段不同，保护方法也不同。

（二）占有的效力

占有的法律效力主要表现为权利推定、善意取得、占有物的使用收益、占有人对返还原物请求人的权利义务以及占有人的物上请求权五个方面。

1. 权利推定。占有的权利推定效力又称占有权利的推定力，是指占有人于占有物上行使的权利，推定其为合法并有此权利。

由于通常情形占有人即为物之合法权利人，因而为了保护交易安全法律推定物之占有人即为物之合法权利人，第三人对主张占有人不是物之合法权利人负举证责任。这一效力恰与动产物权以占有为其公示方式相配合。凡是以占有为要件的动产物权均可推定，如所有权、质权、租赁权等。推定为何种权利依赖占有人行使何种权利的意思。注意对于不动产而言，登记的效力强于占有的效力，即法律推定登记名义人为不动产的合法权利人，而不是推定占有人为合法权利人，只有该不动产未进行登记则推定占有人为其合法权利人。

2. 善意取得。善意取得，又称即时取得，是指无处分权人将其动产或不动产转让给受让人，受让人取得该动产或不动产时出于善意，则受让人将依法取得该动产或不动产的所有权或其他物权。法律之所以规定善意取得制度，其根本目的在于保障财产交易的安全，以维护交易秩序。我国《民法典》中规定了善意取得制度。《民法典》第 312 条对遗失物的善意取得问题作了特别规定："所有权人或者其他权利人有权追回遗失物。该遗失物通过转让被他人占有的，权利人有权向无处分权人请求损害赔偿，或者自知道或者应当知道受让人之日起 2 年内向受让人请求返还原物，但是，受让人通过拍卖或者向具有经营资格的经营者购得该遗失物的，权利人请求返还原物时应当支付受让人所付的费用。权利人向受让人支付所付费用后，有权向无处分权人追偿。"

善意受让人取得动产或不动产后，该动产或不动产上的原所有权消灭。原权利人可以基于债权上的请求权要求转让人承担合同责任、侵权责任或不当得利的返还责任，但不能向受让人追及。

3. 占有物的使用收益。

（1）有权占有人对占有物的使用收益依据合同和法律规定处理。基于合同关系等产生的占有，有关不动产或者动产的使用、收益、违约责任等，按照合同约定；合同没有约定或者约定不明确的，依照有关法律规定。

（2）无权占有人对占有物的使用收益取决于其是善意占有还是恶意占有。占有人因使用占有的不动产或者动产，致使该不动产或者动产受到损害的，恶意占有人应当承担赔偿责任。不动产或者动产被他人占有的，权利人可以请求占有人返还原物及其孳息，但应当支付善意占有人因维护该不动产或者动产支出的必要费用。

4. 占有人对返还原物请求权人的权利与义务。无权占有人，无论是善意占有还是恶意占有，对于权利人都负有返还占有物的义务。但占有人对请求返还原物的权利人享有和承担以下权利和义务：

（1）善意占有人请求返还必要费用的权利。我国《民法典》只赋予了善意占有人的必要费用求偿权。

（2）占有人在占有物毁损灭失时的赔偿责任。占有人因使用占有的不动产或动产，致使该不动产或动产受到损害的，恶意占有人应当承担赔偿责任。占有的不动产或者动产毁损、灭失，该不动产或者动产的权利人请求赔偿的，占有人应当将因毁损、灭失取得的保险金、赔偿金或者补偿金等返还给权利人；权利人的损害未得到足够弥补的，恶意占有人还应当赔偿损失。

5. 占有人的物上请求权。占有人在其占有被侵夺时，可以请求返还其占有物，占有被妨害时，可以请求除去其妨害，占有有被妨害之虞时，可以请求防止其妨害，此三者结合称为"占有保护请求权"。我国《民法典》第462条规定："占有的不动产或者动产被侵占的，占有人有权请求返还原物；对妨害占有的行为，占有人有权请求排除妨害或者消除危险；因侵占或者妨害造成损害的，占有人有权依法请求损害赔偿。占有人返还原物的请求权，自侵占发生之日起1年内未行使的，该请求权消灭。"

实务学习项目　物权基本理论的应用

一、识别案例中的物权种类

案例：别墅权利案

甲、乙于2016年8月8日各出资200万元合伙购买了一套别墅，并办理了房屋登记。为了装修别墅，2016 年 10 月甲、乙与丙约定，在丙家的院子里堆放建筑材料，期限 6 个月，每个月 500 元。2017 年 8 月，甲、乙把别墅租给丁居住，租期 3 年。2017 年 11 月，甲因生意周转，向戊借款 100 万，经乙同意把别墅抵押给戊。2018 年 1 月，甲的母亲生了重病，甲欲转让自己在别墅中的份额，乙和丁均想购买，由此形成争议。

任务：

1. 甲、乙、丙、戊之间涉及哪些种类的物权？请根据《民法典》的规定进行分析说明。

解题思路：根据《民法典》的规定，查找甲、乙、丙、戊之间涉及哪些种类的物权，并根据《民法典》说明判断的依据。

2. 甲出卖别墅中自己的份额，谁享有优先购买权？

解题思路：根据《民法典》规定，结合物权优先效力理论，分析按份共有人、承租人的权利。

二、根据物权基本原则，分析物权协议中的法律问题

案例：居住协议案

甲早年丧偶，一个人抚养女儿乙长大，女儿乙远嫁国外。甲在 61 岁时，生了一场大病以后，虽然没有什么生命的危险，但是生活没有自理能力。乙本想把父亲甲接到美国照顾，可甲不愿意，只想落叶归根，在故乡安享晚年。乙只好雇佣保姆丙照顾其父亲。保姆丙对甲的照顾很周到，甲很满意。因丙是一个人，没有房子，于是甲就与丙订立了如下协议：如果丙能用心照顾甲直到甲去世，甲名下房屋产权由乙继承，丙在世的时候，丙对该房屋拥有终身居住权，房屋费用由乙承担。在丙照顾甲 14 年后，甲去世。因为房子继承问题，乙与丙发生争议。对于这份协议，乙认为房屋所有权应该包括占有、使用、收益、处分等权利，自己对房屋享有所有权，丙就不应该享有居住权。于是，乙向法院起诉要求丙迁出。

任务：

1. 请根据《民法典》的规定分析甲遗嘱中关于丙享有终身居住权的内容是否具有法律效力？

解题思路：根据《民法典》关于民事法律行为的效力分析甲丙之间居住权协议的效力。

2. 按照《民法典》的规定，分析丙是否有居住权？

解题思路：根据《民法典》对居住权内容的规定进行分析。

三、应用物权效力和物权保护的原理，分析并解决法律问题

案例：玉石归属案

甲有一块价值 10 000 元的玉石。甲与乙订立了买卖该玉石的合同，约定价金 11 000 元。由于乙没有带钱，甲未将该玉石交付与乙，约定 3 日后乙到甲的住处付钱取玉石。随后甲又向乙提出，再借用玉石把玩几天，乙表示同意。隔天，知情的丙找到甲，提出愿以 12 000 元购买该玉石，甲同意并当场将玉石交给丙。丙在回家路上遇到债主丁，向丙催要 9000 元欠款甚急，丙无奈，将玉石交付与丁抵偿债务。后丁将玉石丢失被戊拾得，戊将其转卖给己。

任务：

1. 分析该案涉及物权的哪些效力。

解题思路：根据《民法典》关于物权效力的规定，指出该案涉及物权的效力。

2. 运用物权保护的原理，分析该玉石属于谁？给出玉石权利人应当如何找回玉石的解决方案。

解题思路：根据物权的公示方法和追及效力，说明玉石属于谁。

四、为咨询者提供物权变动的指导意见

案例：继承房屋被买卖案

甲、乙为兄妹，两人父母拥有一套房屋。这套房屋 2013 年出租给李某夫妇居住，租期 5 年，每年租金 4000 元。2014 年，甲、乙的父母相继去世，两人均未留下遗嘱，于是房屋由甲、乙兄妹两人依法继承。2015 年，甲欲出国留学，由于时间紧迫，甲乙未办理房屋的分割事宜。双方约定等甲回来后再办理，房屋暂时由乙管理。2015 年 3 月，乙在未告知甲、李某夫妇的情况下，擅自将房屋出售给了丙，价款为人民币 160 万元，乙、丙二人签订了合同，并到房产部门办理了过户手续。丙此时并不知该别墅是共有财产，并出租给了李某夫妇。

任务：

1. 假设甲回国后知道了乙出售房屋的事实，向你咨询，请按照物权变动的理论给出指导意见。

解题思路：根据《民法典》物权编和继承编的规定，说明甲乙什么时间取得该房屋的所有权，并说明该房屋现在属于谁。

2. 假设李某夫妇向你咨询，他们在该案中有哪些权利？请依照《民法典》的规定提供维权的意见。

解题思路：根据《民法典》物权编和继承编的规定，说明李某夫妇的权利。

知识拓展

学习小结

1. 物权基本理论的要点：①物权的客体是物，是对物的直接支配的权利，物权具有排他性是绝对权、对世权；②物权法定、公示公信是物权的基本原则；③物权具有排他效力、优先效力、追及效力和妨害排除效力；④民事法律行为引起的物权变动应当公示，动产交付，不动产登记。

2. 案例中的物权种类识别与区分：①我国《民法典》规定的物权的类型有所有权、用益物权、担保物权，找出案例中的物权是哪一种物权；②这些物权是自物权，还是他物权；③这些物权是主权利还是从权利？主权利消灭了，从权利是否也消灭？

3. 应用《民法典》物权编的规定分析物权协议中的法律问题：①判断物权协议违背了《民法典》的什么原则？②应该如何修改。

4. 物权效力和物权保护的原理的应用：①找出争议案件涉及的物权效力；②找出物权的权利人维权的法律依据。

5. 发生物权变动应注意的事项：①判断物权有没有发生变动；②能够为咨询者提供维权的法律意见。

课后作业

一、知识作业

（一）选择题

1. 2003 年甲将自己的房屋作价 7 万元卖给乙，乙居住一年后以 9 万元的价格卖给丙，丙居住一年后又以 15 万元的价格卖给丁。以上几次买卖均未办理房产过户手续。后房价上涨，四人对该房屋所有权发生争议。该房所有权应属于（　　）。

A. 甲　　　　　　B. 乙　　　　　　C. 丙　　　　　　D. 丁

2. 甲将自己的电脑卖给乙，双方约定电脑卖给乙后仍然由甲使用一个月。乙是通过哪种交付方法取得电脑所有权的？（　　）

A. 现实交付　　B. 占有改定　　C. 指示交付　　D. 简易交付

3. 甲将一辆汽车以 15 万元卖给乙，乙付清全款，双方约定 7 日后交付该车并办理过户手续。丙知道此交易后，向甲表示愿以 18 万元购买，甲当即答应并与丙办理了过户手续。乙起诉甲、丙，要求判令汽车归己所有，并赔偿因不能及时使用汽车而发生的损失。关于该汽车的归属，下列哪一说法是正确的？（　　）

A. 归甲所有，甲应交付于丙

B. 归乙所有，乙只能请求甲承担赔偿责任

C. 归丙所有，但甲、丙应赔偿乙的损失

D. 归丙所有，但丙应赔偿乙的损失

4. 甲工厂借用乙公司的一套电子设备，在使用的过程中，不慎将某部件弄坏，于是甲工厂向乙公司提出买下乙公司的这套设备，乙公司同意以 2 万元的价格卖给甲工厂。在甲工厂支付价款前，甲工厂厂房失火，这套设备被烧毁。那么，下列表述哪些项是错误的？（　　）

A. 经过简易交付，出卖人乙公司已经履行了交付义务

B. 在这套设备被烧毁时，其所有权仍属于乙公司

C. 这套设备灭失的风险应由甲工厂承担，甲工厂仍应支付 2 万元价款

D. 甲工厂和乙公司的约定违反物权法定原则，所以无效

5. 下列选项中取得所有权是基于公信原则的有（　　）。

A. 甲在垃圾堆拾取他人抛弃的旧家具

B. 甲从市场上以正常价格买到一件遗失物

C. 甲从乙处以市场价格买得一台电脑，后得知电脑是丙的

甲误将乙的房登记为自己的房，后甲将此房转让给丙，甲丙之间办理房屋过户手续，丙取得该房所有权

二、实训作业

1. 实训任务：情景模拟。

假如父亲想在其单独所有的房产证书上加上自己儿子的名字，如何办理手续？

2. 实训步骤：3 人一组，其中的 1 人扮演登记官，2 人分别扮演要求登记的父子。登记官应当告知加名的性质、后果、需提供的材料、程序等。

3. 评价标准：小组配合占 30%，知识应用的准确性占 50%，语言组织、表达等占 20%。

三、网络作业

扫码学习音频资料：物权优先于债权的例外情形。

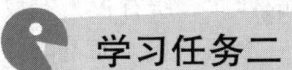 **学习任务二** 所有权取得与行使的法律规定及应用

理论学习项目 所有权取得与行使的法律规定

一、所有权的概述

（一）所有权的概念和特征

所有权是指所有人依法对自己所有的财产享有的占有、使用、收益和处分的权利。《民法典》第 240 条规定："所有权人对自己的不动产或者动产，依法享有占有、使用、收益和处分的权利。"这种独占性的支配，在法律上体现了物对所有人的最终归属，从而使财产关系特定化和稳定化。所有权在物权体系中有着重要的作用，其为产生他物权的基础，是最典型、最基本的物权。

所有权属于物权，当然会具备物权的一般特性，但作为物权下位概念的所有权，与他物权相比，也具有自己所特有的一些特性。所有权具有以下特征：

1. 所有权是自物权，是最完全的物权。所有权是所有人对自己的财产享有的物权，其他物权都是对别人的财产享有的权利。所有权是所有人对自己所有物的最全面、最充分的支配权，它不仅包括所有人对物的占有、使用、收益，还包括对物的最终处分权。在不违反法律或第三人权利的范围内，所有权人可以对物进行自由处分，而无须受其他限制。而用益物权和担保物权的物权人仅能在一定范围内对物进行支配，只享有所有权的部分内容，不享有处分权，不能对物进行自由、全面的支配。例如，土地承包经营权人，可以依法享有对其承包经营的耕地、林地、草地等占有、使用和收益的权利，但不具有处分承包土地的权利，四项权能因缺少处分权能而变得不完全。

2. 所有权是绝对权、对世权。所有权的实现不需要他人的积极协助，只要他人不加干预，所有人自己就能实现其所有权。所有权的义务主体是除所有权人以外的其他所有人，其所负的义务是不得非法干涉所有人行使权利的不作为的义务。

3. 所有权是独占权。所有人独占其所有物，独享其所有物的价值与使用价值。所有人使用其所有物，除在公法范围内可能向国家负担一定税费外，在私法范围内无须向任何人支付代价。他人处分所有人的财产，其所得价金，作为所有权的一般价值的表现形态，亦归所有人所有，而不归处分人所有。

4. 所有权具有排他性。所有权属于物权，具有排他的性质。所有权人有权排除他人对于其行使权力的干涉，并且同一物上只能存在一个所有权，而不能并存两个以上的所有权。当然，所有权的排他性并不是绝对的，现代各国法律对所有权有不同程度的限制。

5. 所有权具有永久性。所有权具有恒久性，不以期限为要件，不因时效而消灭。例如，当事人不能约定所有权只有 8 年期限，过此期限则所有权消灭。当事人对所有权存续期间的约定是无效的。凡是永久地禁止所有物处分的约定都是无效的；所有人虽长期放置所有物而不使用和收益，其所有权也并不因此而消灭。他物权则一般是有期限的，只在法定或约定的期限内有效，期限到来之日就是权利消灭之时。从这个意义上说，所有权是无期物权，而他物权是有期物权。

6. 所有权具有弹力性。所有权具有弹力性是指所有权的权能可以通过设定他物权或其他支配形式而与整体的所有权分离，但所有权并不丧失，而权能的分离又是有期限、有条件的，一旦条件丧失或期限届满，他物权消灭，所有权就恢复其内容或权能圆满状态。例如，所有人在其所有物上为他人设定地役权、抵押权等权利，虽然占有、使用、收益甚至处分权都能与所有人发生全部或者部分的分离，但只要没有发生使所有权消灭的法律事实，所有人仍然保持着对于其财产的支配权，所有权并不消灭。当所有物上设定的其他权利消灭，所有权的负担除去的时候，所有权仍然恢复其圆满的状态，即分离出去的权能仍然复归于所有权人，这称为所有权的弹力性。

（二）所有权的权能

根据《民法典》第 240 条的规定，占有、使用、收益和处分，构成了所有权的四项权能与内容。

1. 占有权。占有是指主体对于物基于占有的意思进行控制的事实状态。占有是对物的一种事实上的控制。不管占有人对物的控制是否具备据为己有的意思，只要客观上有控制状态就可以构成占有。占有可以是所有人占有，也可以是非所有人占有。

2. 使用权。使用权能是指按照物的性能和用途对物加以利用，以满足生产、生活需要的权能。行使使用权能，对物进行使用，是实现物的使用价值手段。对物的使用权以对物的占有为前提，因此享有物的使用权能，必定同时享有物的占有权能。当物与所有人分离以后，所有人的使用权也与所有权发生分离。因而使用权和占有权一样，也可以由非所有人享有。但在一定条件下，享有物之占有权能者并不一定享有物的使用权能，例如，质权只能对标的物实行占有而不能对标的物进行使用。

3. 收益权。收益权能是指收取由原物产生出来的新增经济价值的权能。所谓新增经济价值，包括由原物派生出来的果实（天然孳息），由原物产生的租金、利息等法定孳息，以及由运用原物进行生产经营活动而产生的利润，等等。

4. 处分权。处分权是指依法对物进行处置，从而决定物事实上和法律上命运的权利，包括事实上的处分和法律上的处分。处分权决定着财产的归属，它是所有权的核心内容，是所有权最基本的权能。

事实上的处分是指在生产和生活中使物的物资形态发生变更或消灭。例如，大米被做成米饭吃掉，房屋被拆除等。法律上的处分是指通过法律行为对物进行处置，即转让。它是对物的价值形态上的处分，意味着交换价值的转移。

事实上的处分和法律上的处分，分别引起所有权的绝对消灭和相对消灭。处分权一般是由所有人行使，但处分权也可以基于法律的规定和所有权人的意志与所有权分离而属非所有权人，如留置、抵押、质押。

所有权的权能体现的是所有人对其物的一种全面支配权。支配权是所有权四项权能的上位概念，其基本含义是对物的排他性控制的权利，但所有权的行使并非不受任何限制。民法和其他一些相关法律、法规对所有权进行的限制主要表现为：

（1）行使所有权不得违反法律规定。《民法典》第 8 条规定："民事主体从事民事活动，不得违反法律，不得违背公序良俗。"

（2）行使所有权不得妨害他人的合法权益。《宪法》第 51 条规定："中华人民共和国公民在行使自由和权利的时候，不得损害国家的、社会的、集体的利益和其他公民的合法的自由和权利。"

（3）行使所有权时必须注意保护环境、自然资源和生态平衡。《民法典》第 9 条规定："民事主体从事民事活动，应当有利于节约资源、保护生态环境。"

（4）根据公共利益的需要，国家可以依法对集体土地、私人财产实行征收、征用并给与补偿。《民法典》第 243 条第 1 款规定："为了公共利益的需要，依照法律规定的权限和程序可以征收集体所有的土地和组织、个人的房屋以及其他不动产。"

二、所有权的类型

根据不同的标准，可以将所有权划分为不同的类型。根据《民法典》的规定，主要有以下两种不同的分类。

（一）国家所有权、集体所有权、私人所有权

1. 国家所有权。国家所有权即全民所有权，是社会全体成员共同占有社会生产资料的一种所有制形式。国家所有权具有下列特征：

（1）权利主体的特定性。国家所有权的权利主体是国家，义务主体则是除国家以外的任何不特定的组织和个人。

（2）客体的广泛性。相对于集体组织财产所有权和公民个人财产所有权而言，国家所有权的客体具有广泛性。任何财产都可以成为国家所有权的客体，但不一定能够成为集体组织和私人所有权的客体。法律规定矿藏、水流、海域、无线电频谱资源、城市的土地、国防资产属于国家专有。《民法典》第 242 条规定："法律规定专属于国家所有的不动产和动产，任何组织或者个人不能取得所有权。"

（3）取得方式的特殊性。由于国家本身是主权的享有者和政权的承担者，国家可以凭借其公共权力通过征收、国有化、没收等方式强制性地将公民个人或集体的财产收归国有，也可以依据行政权强制性地、无偿地征收税金，还可以通过其他特殊方式取得所有权，如获得无人认领的拾得物、漂流物及发现所有权不明的埋藏物或者隐藏物。

（4）行使方式的特殊性。国家作为一个抽象的实体，难以直接行使所有权，必须通过法律法规授权的国家机关、企事业单位以及国家投资的企业在法律规定的范围内行使。我国《民法典》第 255 条规定："国家机关对其直接支配的不动产和动产享有占有、使用以及依照法律和国务院的有关规定处分的权利。"第 256 条规定："国家举办的事业单位对其直接支配的不动产和动产，享有占有、使用以及依照法律和国务院的有关规定收益、处分的权利。"第 257 条规定："国家出资的企业，由国务院、地方人民政府依照法律、行政法规规定分别代表国家履行出资人职责，享有出资人权益。"

我国《宪法》第 12 条第 1 款规定："社会主义的公共财产神圣不可侵犯。"《民法典》第 258 条规定："国家所有的财产受法律保护，禁止任何组织或者个人侵占、哄抢、私分、截留、破坏。"这里，所谓侵占，是指非经国家的授权或者是国家机关的同意占有国有财产。例如，未经批准使用国有土地和自然资源，抢占国有房屋和其他财产，挪用公款，化公为私，或以权谋私，侵吞国家财产等。所谓哄抢，是指故意以非法手段抢占国家财产。例如，趁国有企业关停并转

之机而哄抢财物。所谓私分，是指未经批准而将国有财产分配给个人或组织所有。例如，巧立名目，滥发奖金和实物等。所谓截留，指将应上交给国家的利税以各种手段不交或少交。所谓破坏，是指以非法手段直接损害国有财产。如滥挖矿床、滥伐林木、捕杀珍稀动物、盗掘古墓、毁损古迹等。为了防止国有资产流失，《民法典》第 259 条规定："履行国有财产管理、监督职责的机构及其工作人员，应当依法加强对国有财产的管理、监督，促进国有财产保值增值，防止国有财产损失；滥用职权，玩忽职守，造成国有财产损失的，应当依法承担法律责任。违反国有财产管理规定，在企业改制、合并分立、关联交易等过程中，低价转让、合谋私分、擅自担保或者以其他方式造成国有财产损失的，应当依法承担法律责任。"

2. 集体所有权。集体所有权是指劳动群众集体组织以及集体组织全体成员对集体财产享有的占有、使用、收益和处分的权利，它是劳动群众集体所有制在法律上的表现。

集体所有权没有全国性的统一的主体。各个劳动群众集体组织都是独立的集体所有权的主体。它们相互之间是平等的合作关系，集体组织大都是具有法人资格的主体。集体所有权的主体还包括集体的全体成员。《民法典》第 261 条第 1 款规定："农民集体所有的不动产和动产，属于本集体成员集体所有。"第 263 条规定："城镇集体所有的不动产和动产，依照法律、行政法规的规定由本集体享有占有、使用、收益和处分的权利。"在法律上，劳动群众集体所有的财产和集体组织成员的个人财产是分开的。集体组织的某个成员或某部分成员都不能成为集体所有权的主体。

集体所有权的客体是集体所有的不动产和动产。我国《民法典》对集体所有权的不动产和动产作了明确规定。《民法典》第 260 条规定："集体所有的不动产和动产包括：①法律规定属于集体所有的土地和森林、山岭、草原、荒地、滩涂；②集体所有的建筑物、生产设施、农田水利设施；③集体所有的教育、科学、文化、卫生、体育等设施；④集体所有的其他不动产和动产。"依法归劳动群众集体所有的土地，是集体所有权的重要客体。集体所有权的内容是指集体组织对它所有的财产享有占有、使用、收益和处分的权利。一般来说，集体所有权的各项权能都是由集体组织自己行使的，但是根据生产和经营活动的需要，某个集体组织也可以将其所有权的权能转移给个人行使。我国《宪法》第 17 条第 1 款规定："集体经济组织在遵守有关法律的前提下，有独立进行经济活动的自主权。"《民法典》第 262 条规定："对于集体所有的土地和森林、山岭、草原、荒地、滩涂等，依照下列规定行使所有权：①属于村农民集体所有的，由村集体经济组织或者村民委员会依法代表集体行使所有权；②分别属于村内 2 个以上农民集体所有的，由村内各该集体经济组织或者村民小组依法代表集体行使所有权；③属于乡镇农民集体所有的，由乡镇集体经济组织代表集体行使所有权。"

《民法典》对集体所有权和集体经济组织成员权利的保护都作了明确规定。《民法典》第265条规定："集体所有的财产受法律保护，禁止任何组织或者个人侵占、哄抢、私分、破坏。农村集体经济组织、村民委员会或者其负责人作出的决定侵害集体成员合法权益的，受侵害的集体成员可以请求人民法院予以撤销。"为了保护集体利益，如下事项必须依照法定程序经本集体成员决定：①土地承包方案以及将土地发包给本集体以外的单位或者个人承包；②个别土地承包经营者之间承包地的调整；③土地补偿费等费用的使用、分配办法；④集体出资的企业的所有权变动等事项；⑤法律规定的其他事项。集体经济组织或者村民委员会、村民小组应当依照法律、行政法规以及章程、村规民约向本集体成员公布集体财产的状况。

3. 私人所有权。私人所有权是公民个人依法对其所有的动产或者不动产享有的占有、使用、收益和处分的权利。《民法典》第266条："私人对其合法的收入、房屋、生活用品、生产工具、原材料等不动产和动产享有所有权。"私人所有权具有以下特点：

（1）私人所有权的主体是自然人。

（2）私人所有权的客体范围是非常宽泛的。《民法典》确定私人所有权的概念，不仅包括生活资料，也包括生产资料。

（3）私人所有权取得的方式是多样的。既可以是合法的劳动，也可以通过投资以及继承、赠与。只要不采取法律禁止的方式，自然人都可以获得物的所有权。

（4）私人所有权的内容包括公民个人依法对其所有的生产资料和生活资料享有完全的占有、使用、收益和处分的权利。私人在法律规定的范围内行使其生产资料所有权，从事正当的生产经营活动，或利用其生活资料满足个人的需要，都受法律的保护。《民法典》第267条规定："私人的合法财产受法律保护，禁止任何组织或者个人侵占、哄抢、破坏。"私人在其所有权受到侵犯时，有权要求侵权行为人停止侵害、返还财产、排除妨害、恢复原状、赔偿损失，或依法向人民法院提起诉讼。但私人在行使所有权时，应当遵守法律和社会公德，遵循诚信原则，不得滥用所有权。

（二）动产所有权、不动产所有权

1. 动产所有权。动产所有权是以动产为标的的物权，是所有人独占性地支配其所有的动产的权利。所谓动产，是指性质上不须破坏、变更而能够移动其位置的财产。动产的范围非常广泛，土地及其定着物之外的财产都是动产。动产具有移动性，且种类繁多，其所有权的取得和公示方法也有自己的特点。《民法典》第 224 条规定："动产物权的设立和转让，自交付时发生效力，但法律另有规定的除外。"一些特殊的动产，如有价证券、货币、船舶、航空器和机动车等，其所有权的取得与行使也与不动产或其他动产不同。《民法典》第 225 条规定："船舶、航空器和机动车等的物权的设立、变更、转让和消灭，未经登记，不得对抗善意第三人。"

2. 不动产所有权是不动产所有人依法对自己的不动产享有的占有、使用、收益和处分的权利。不动产所有权主要包括土地所有权和建筑物所有权（包括房屋所有权和建筑物区分所有权）两种。

土地所有权是指以土地为权利客体的不动产所有权，它是土地所有人独占性地支配其所有的土地的权利。根据我国现行法律的规定，土地所有权的主体只能是国家或农村集体经济组织。土地所有权的范围分为国家土地所有权和集体土地所有权。我国《宪法》第 10 条第 1 款和第 2 款规定："城市的土地属于国家所有。农村和城市郊区的土地，除由法律规定属于国家所有的以外，属于集体所有；宅基地和自留地、自留山，也属于集体所有。"

房屋所有权，又称房屋产权，是指以房屋为标的物的所有权，它是房屋所有人独占性地支配其所有的房屋的权利。房屋所有权是一种绝对权，即权利人不需要他人积极行为的协助就可以直接实现自己的权利。房屋所有人在法律规定的范围内可以对其所有的房屋享有占有、使用、收益、处分的权利，并可排除他人的干涉。我国房屋所有权具有以下特点：①房屋的国家所有权、集体所有权和个人所有权三者并存，并同等地受到宪法和法律的保护；②房屋所有权的客体是具有一定结构、可供利用的房屋，而不是单指组成房屋的材料；③房屋所有权与其所依附的土地的使用权分离，一旦房屋的所有权发生变更，土地的使用权也随之发生变更，反之亦然；④房屋所有权的设立与移转，需办理房屋所有权登记和变更登记手续，不办理房屋所有权登记或变更登记手续，不发生确定房屋所有权或移转房屋所有权的效力。

三、所有权的取得

所有权的取得，是指民事主体根据一定的法律事实获得某物的所有权，从而在该特定主体与其他人之间发生以该物为客体的所有权法律关系。根据所有权的取得是否以原所有人的所有权与意志为依据，所有权的取得可分为原始取得和继承取得。

（一）原始取得

原始取得，是指根据法律的规定，取得新物、无主物的所有权，或者不以原所有人的权利和意志为根据而取得原物的所有权。原始取得的主要方法有：

1. 生产。生产是通过人的劳动攫取自然物，创造社会财富的过程。

2. 取得原物之孳息。原物产生出来的孳息，包括天然孳息和法定孳息。天然孳息指因物的自然属性而获得的收益，与原物分离前，是原物的一部分。如从树上摘下的果实、从羊身上剪下的羊毛。《民法典》第321条第1款规定："天然孳息，由所有权人取得；既有所有权人又有用益物权人的，由用益物权人取得。当事人另有约定的，按照其约定。"法定孳息指因法律关系所获得的收益，如出租人根据租赁合同收取的租金、贷款人根据贷款合同取得的利息等。《民法典》第321条第2款规定："法定孳息，当事人有约定的，按照约定取得；没有约定或者约定不明确的，按照交易习惯取得。"《民法典》第412条第1款规定："债务人不履行到期债务或者发生当事人约定的实现抵押权的情形，致使抵押财产被人民法院扣押的，自扣押之日起，抵押权人有权收取该抵押财产的天然孳息或法定孳息，但抵押权人未通知应当清偿法定孳息义务人的除外。"

3. 国家强制取得所有权。国家可以从社会的公共利益出发，凭借其依法享有的公共权力，不顾原所有人的意志，采用征税、国有化、没收、征收等强制手段取得财产所有权。

4. 拾得遗失物。遗失物是所有人遗忘于某处，不为任何人占有的物。遗失物只能是动产，不动产不存在遗失的问题。遗失物也不是无主财产，只不过是所有人丧失了对于物的占有。遗失物的构成要件有以下几点：①必须是他人之物；②必须是动产，不动产不可能成为遗失物；③拾得人对拾得物的占有必须出于自己的意思。

我国《民法典》对遗失物的归属，采用罗马法不能取得所有权主义。拾得人无论拾得遗失物后经过多长时间，都不能取得所有权，都应当返还给权利人。《民法典》第314条规定："拾得遗失物，应当返还权利人。拾得人应当及时通知权利人领取，或者送交公安等有关部门。"有关部分收到遗失物，知道权利人的，应当及时通知其领取；不知道的，应当及时发布招领公告。遗失物自发布招领公告之日起1年内无人认领的，归国家所有。《民法典》第312条对遗失物不适用善意取得也做了明确规定："所有权人或者其他权利人有权追回遗失物。该遗失物通过转让被他人占有的，权利人有权向无处分权人请求损害赔偿，或者自知道或者应当知道受让人之日起2年内向受让人请求返还原物；但是，受让人通过拍卖或者向具有经营资格的经营者购得该遗失物的，权利人请求返还原物时应当支付受让人所付的费用。权利人向受让人支付所付费用后，有权向无处分权人追偿。"

拾得人在拾得遗失物后有下列义务：①拾得人的报告义务与保存机关的公告

义务：拾得人拾得遗失物后应当通知权利人领取或者送交公安等保存部门。保存部门知道权利人的，应当及时通知其领取；不知道权利人的，应当及时发布招领公告。②拾得人、保管部门的注意义务：拾得人拾得遗失物之后送交保存部门之前、保存部门在遗失物被认领之前，都负有妥善保管的义务，因故意或者重大过失致使遗失物毁损灭失的，承担赔偿责任。

　　拾得人在拾得遗失物后有下列权利：①费用偿还请求权：拾得人、保管部门为保管遗失物所支付的必要费用，如保管费、维持费、登报费、饲养费等，可以向领取人主张返还。②悬赏报酬请求权：只有在权利人悬赏寻找遗失物时，拾得人在权利人领取遗失物时有权要求权利人支付承诺的报酬。保存部门无报酬请求权。权利人没有悬赏寻找遗失物，拾得人也没有报酬请求权。但拾得人侵占遗失物的，无权请求保管遗失物等支出的费用，也无权请求权利人按照承诺履行义务。

　　5. 发现埋藏物、隐藏物，拾得漂流物。埋藏物，是指包藏于他物之中，不容易从外部发现的物。埋藏物以动产为限。隐藏物指隐藏于不动产或动产之中、所有权不明的物。隐藏物的特点是所有权人不明；不具有显而易见性；一般是动产。漂流物，是指漂浮在河或海或洋上面的财物。我国《民法典》第 319 条规定："拾得漂流物、发现埋藏物或者隐藏物的，参照适用拾得遗失物的有关规定。法律另有规定的，依照其规定。"

　　6. 无人继承又无人受遗赠的遗产。无人继承又无人受遗赠的遗产，是指公民死亡后遗留下来的，没有继承又没有受遗赠的财产。无人继承又无人受遗赠的遗产归国家所有，但死者生前是集体所有制组织成员的，归所在集体所有制组织所有。

　　7. 先占。先占，指以所有的意思，先于他人占有无主的动产，从而取得其所有权的事实。我国法律没有规定先占制度，学者们也多认为没有所有人的财产直接归国家所有，而否认先占取得。但从客观上讲，国家不可能也没有必要去独占性地支配所有的无主财产。从我国现实生活来讲，实际上存在着先占原则。对于抛弃的废旧物，先占者可以取得其所有权，物资回收企业也承认先占者的这种权利。

　　所谓无主，是指没有所有人，而不是所有人不明。无主物包括从来就没有所有人的物和所有人抛弃之后而没有所有人的物两种。先占的标的物为动产，土地及其附着物不适用先占。最常先占的为抛弃物，即基于所有人或处分权人的意志而放弃所有权的物，如饮用完饮料后扔掉的易拉罐。无人继承又无人受遗赠的财产，归国家或集体所有，不适用先占。遗失物不是无主物，只是暂时与所有人脱离。先占具有如下特征：①先占属于事实行为，先占人必须在事实上占有该物，并且是自主占有；②先占为瞬间行为，一旦完成，就取得所有权；③先占属于原始取得，因先占人取得动产的所有权，不依赖于原所有人的权利和意志。

8. 添附。添附，就是不同所有物因人为或自然的原因合并在一起而形成新物，它包括混合、附合、加工三种形式。混合是指不同所有人的不同财产互相渗合，难以分开并形成新财产。附合是指不同所有人的财产紧密结合在一起而形成的新的财产，虽未达到混合程度但非经拆毁不能达到原来的状态。加工是指一方使用他人财产加工改造为具有更高价值的新的财产。添附所得物的归属，《民法典》第 322 条规定："因加工、附合、混合而产生的物的归属，有约定的，按照约定；没有约定或者约定不明确的，依照法律规定；法律没有规定的，按照充分发挥物的效用以及保护无过错当事人的原则确定。因一方当事人的过错或者确定物的归属造成另一方当事人损害的，应当给予赔偿或者补偿。"

9. 善意取得。善意取得亦称即时取得，是指原物由占有人转让给善意第三人时，善意第三人一般可取得原物的所有权，所有权人不得请求善意第三人返还原物。此处的善意第三人即不知占有人为非法转让而取得原物的第三人。善意取得可以是动产和不动产。占有遗失物、盗窃物原则上不适用善意取得。《民法典》第 311 条规定："无处分权人将不动产或者动产转让给受让人的，所有权人有权追回；除法律另有规定外，符合下列情形的，受让人取得该不动产或者动产的所有权：①受让人受让该不动产或者动产时是善意；②以合理的价格转让；③转让的不动产或者动产依照法律规定应当登记的已经登记，不需要登记的已经交付给受让人。受让人依据前款规定取得不动产或者动产的所有权的，原所有权人有权向无处分权人请求损害赔偿。当事人善意取得其他物权的，参照适用前两款规定。"根据《民法典》第 312 条的规定，所有权人或者其他权利人有权追回遗失物。根据公安机关办理刑事案件的规定，盗窃的财物办理追缴。

（二）继受取得

继受取得，又称传来取得，是指通过某种法律行为从原所有人那里取得对某项财产的所有权。这种方式是以原所有人对该项财产的所有权作为取得的前提条件。继受取得与原始取得不同，它是以原所有人的所有权和原所有人移转所有权的意志为根据的。继受取得所有权的方法有以下几种：

1. 买卖。买卖是一方出让标的物所有权以换取价金，他方以支付价金为对价换取标的物所有权的双方民事法律行为。民事主体双方达成协议，出卖人一方将出卖财产交给买受人一方所有，买受人接受此项财产并支付价款。通过买卖，由买受人取得了原属出卖人的财产所有权。

2. 互易。互易是以物易物的双方民事法律行为，是互相继受对方财产所有权的方法。互易是最古老的商品交换形式。

3. 赠与。赠与是一方无偿转让财产所有权给另一方的双方民事法律行为。赠与人自愿将其财产无偿转移给受赠人，无偿转让的财产可以是金钱或金钱以外的财产。

4. 继承与遗赠。公民死亡后，其遗产依法转让归法定继承人、遗嘱继承人和遗赠受领人所有。继承人按照法律的直接规定或者合法有效遗嘱的指定，取得被继承人死亡时遗留的个人合法财产。自然人、集体组织或者国家作为受遗赠人，按照被继承人生前所立的合法有效遗嘱的指定，取得遗赠的财产。

5. 取得法人终止后遗留的财产。法人终止后，成立清算组织进行清算。遗留的财产，应首先用于清偿法人的债务。清偿债务后如有剩余财产，应由法人的出资人按比例进行分配。

6. 其他继受取得方法。完成一定工作，提供一定劳务，转让智力成果等方式取得财产所有权，也都属于继受取得。

四、所有权的特殊情形

（一）建筑物区分所有权

建筑物区分所有权是指各业主对住宅等专有部分享有所有权，对电梯等公共设施、绿地等公共场所共有部分享有共有以及共同管理的权利。《民法典》第271条规定："业主对建筑物内的住宅、经营性用房等专有部分享有所有权，对专有部分以外的共有部分享有共有和共同管理的权利。"

建筑物区分所有权的内容，包括区分所有建筑物专有部分的单独所有权、共有部分的共有权，以及区分所有权人的共同关系所生的管理权。

1. 专有部分的单独所有权。专有部分是在一栋建筑物中的住宅或者商业用房等。业主对其专有部分享有单独所有权，即对该部分为占有、使用、收益和处分的排他性的支配权，性质上与一般的所有权并无不同。但由于建筑物中各专有部分有密切的关系，彼此休戚相关，具有共同的利益，业主行使其专有部分的单独所有权受到下列限制：一是业主行使专有部分所有权不得危及建筑物的安全，不得损害其他业主的合法权益；二是业主不得违反法律、法规以及管理规约，将住宅改变为经营性用房；三是业主将住宅改变为经营性用房的，除遵守法律、法规以及管理规约外，应当经有利害关系的业主同意。

2. 共有部分的共有权。共有部分是指区分所有的建筑物及其附属物的共同部分，即专有部分以外的建筑物的其他部分。共有部分是由全体业主共同使用的部分，包括：①建筑区划内的道路，属于业主共有，但属于城镇公共道路的除外。建筑区划内的绿地，属于业主共有，但属于城镇公共绿地或者明示属于个人的除外。②建筑区划内的其他公共场所、公用设施和物业服务用房，属于业主共有。③建筑区划内占用业主共有的道路或者其他场地用于停放汽车的车位，属于业主共有。建筑区划内，规划用于停放汽车的车位、车库的归属，由当事人通过出售、附赠或者出租等方式约定。建筑区划内，规划用于停放汽车的车位、车库应当首先满足业主的需要。④建筑物及其附属设施的维修资金，属于业主共有。经业主共同决定，可以用于电梯、屋顶、外墙、无障碍设施等共有部分的维修、更新和改造。建筑物及其附属设施的维修资金的筹集、使用情况应当及时公布。紧急情况下需要维修建筑物及其附属设施的，业主大会或者业主委员会可以依法申请使用建筑物及其附属设施的维修资金。⑤建设单位、物业服务企业或者其他管理人等利用业主的共有部分产生的收入，在扣除合理成本之后，属于业主共有。

业主对建筑物专有部分以外的共有部分，享有权利并承担义务，但不得以放弃权利为由不履行义务。共有部分为相关业主所共有，均不得分割，也不得单独转让。业主转让建筑物内的住宅、经营性用房，其对建筑物共有部分享有的共有和共同管理的权利一并转让。业主依据法律规范、合同以及业主公约，对共有部分享有使用、收益、处分权，并按照其所有部分的价值，分担共有部分的修缮费以及其他负担。

3. 业主的管理权。基于区分所有建筑物的构造，业主在建筑物的权利归属以及使用上形成了不可分离的共同关系，并基于此共同关系而享有管理权。该管理权的内容为：

（1）业主有权设立业主大会并选举业主委员会。业主有权设立业主大会并选举业主委员会。业主大会、业主委员会成立的具体条件和程序，依照法律、法规的规定。地方人民政府有关部门应当对设立业主大会和选举业主委员会给予指导和协助。业主大会或者业主委员会的决定，对业主具有约束力。业主大会或者业主委员会作出的决定侵害业主合法权益的，受侵害的业主可以请求人民法院予以撤销。

（2）业主有权决定区分建筑物相关事项。下列事项由业主共同决定：①制定和修改业主大会议事规则；②制定和修改管理规约；③选举业主委员会或者更换业主委员会成员；④选聘和解聘物业服务企业或者其他管理人；⑤使用建筑物及其附属设施的维修资金；⑥筹集建筑物及其附属设施的维修资金；⑦改建、重建建筑物及其附属设施；⑧改变共有部分的用途或者利用共有部分从事经营活动；⑨有关共有和共同管理权利的其他重大事项。业主共同决定事项，应当由专有部分面积占2/3以上的业主且人数占比2/3以上的业主参与表决。决定前款第6项至第8项规定的事项，应当经参与表决专有部分面积3/4以上的业主且参与表决人数3/4以上的业主同意。决定前款其他事项，应当经参与表决专有部分面积过半数的业主且参与表决人数过半数的业主同意。

业主可以自行管理建筑物及其附属设施，也可以委托物业服务企业或者其他管理人管理。对建设单位聘请的物业服务企业或者其他管理人，业主有权依法更换。物业服务企业或者其他管理人根据业主的委托，依照《民法典》合同编有关物业服务合同的规定管理建筑区划内的建筑物及其附属设施接受业主的监督，并及时答复业主对物业服务情况提出的询问。

业主应当遵守法律、法规以及管理规约，相关行为应当符合节约资源、保护生态环境的要求。对于物业服务企业或者其他管理人执行政府依法实施的应急处置措施和其他管理措施，业主应当依法予以配合。业主大会或者业主委员会，对任意弃置垃圾、排放污染物或者噪声、违反规定饲养动物、违章搭建、侵占通道、拒付物业费等损害他人合法权益的行为，有权依照法律、法规以及管理规约，请求行为人停止侵害、排除妨碍、消除危险、恢复原状、赔偿损失。业主或者其他行为人拒不履行相关义务的，有关当事人可以向有关行政主管部门报告或者投诉，有关行政主管部门应当依法处理。业主对建设单位、物业服务企业或者其他管理人以及其他业主侵害自己合法权益的行为，有权请求其承担民事责任。

（二）相邻关系

相邻关系，是两个或两个以上相互毗邻的不动产的所有人或使用人，在行使不动产的所有权或使用权时，因相邻各方应当给予便利和接受限制而发生的权利义务关系。相邻关系的实质就是对行使所有权或使用权的合理延伸和必要限制。这种合理延伸和必要限制，既不能损害所有人或使用人的正当权益，同时也满足了对方的合理需要。只有在不损害所有人或使用人的正当权益时，相邻关系的另一方主体才有容忍的义务。

相邻关系发生在两个或两个以上的不动产相邻的所有人或使用人之间。相邻人可以是公民，也可以是法人；可以是财产所有人如集体组织、房屋所有人，也可以是非所有人如承包经营人、承租人。相邻关系的客体并不是财产本身，而是由行使所有权或使用权所引起的和邻人有关的经济利益或其他利益，如噪音影响邻人休息，对于财产本身的归属并不发生争议。

根据我国《民法典》的规定，主要的相邻关系的类型有以下几方面：

1. 因用水、排水产生的相邻关系。不动产权利人应当为相邻权利人用水、排水提供必要的便利。对自然流水的利用，应当在不动产的相邻权利人之间合理分配。相邻人应当保持水的自然流向；在需要改变流向并影响相邻他方用水时，应征得他方的同意。为了灌溉土地，需要提高上游的水位、建筑水坝，必须附着于对岸时，对岸的土地所有人或使用人应当允许；如果对岸的土地所有人或使用人也使用水坝及其他设施，应按受益的大小，分担费用。

2. 因通行所产生的相邻关系。不动产权利人对相邻权利人因通行等必须利用其土地的，应当提供必要的便利。但通行人在选择道路时，应当选择损失最小的路线。如只需小道即可，就不得开辟大道；能够在荒地上开辟道路，就不得在耕地上开辟。通行人还应对因通行给邻地造成的损害予以赔偿。历史上形成的通道，土地的所有人或使用人无权任意堵塞或改道，以免妨碍邻人通行。如果确实需要改道，应取得邻人的同意。

3. 因建造、修缮建筑物以及铺设管线所形成的相邻关系。不动产权利人因建造、修缮建筑物以及铺设电线、电缆、水管、暖气和燃气管线等必须利用相邻土地、建筑物的，该土地、建筑物的权利人应当提供必要的便利。但相邻方应当选择损害最小的地点及方法安设。相邻人还应对所占土地于事后清理现场。

4. 因通风、采光而产生的相邻关系。《民法典》第 293 条规定："建造建筑物，不得违反国家有关工程建设标准，不得妨碍相邻建筑物的通风、采光和日照。"

5. 保护环境所产生的相邻关系。《民法典》第 294 条规定："不动产权利人不得违反国家规定弃置固体废物，排放大气污染物、水污染物、土壤污染物、噪声、光辐射、电磁辐射等有害物质。"

6. 因挖掘土地、建造建筑物等发生的相邻关系。《民法典》第 295 条规定："不动产权利人挖掘土地、建造建筑物、铺设管线以及安装设备等，不得危及相邻不动产的安全。"

根据《民法典》的规定，在处理相邻关系时应遵循如下原则：

（1）兼顾各方的利益，互谅互让、互助团结。团结互助和公平合理的原则是指在相邻关系中，相邻各方在获得便利时，也应当承担一定的义务，对受到损失的相邻方，按照公平合理的原则给予适当的补偿。

（2）有利生产、方便生活。有利生产和方便生活的原则是指相邻一方为实现正常的生产生活活动，不得不请求另一方给予方便时，另一方应当给予方便。

（3）公平合理。处理相邻关系时，应当公平合理，照顾双方利益。一方权利的延伸和另一方权利的限制都必须在合理、必要的限度内为之，并且要求各方在享受权利的同时，亦应承担一定的义务。

（4）避免损害。《民法典》第 296 条规定："不动产权利人因用水、排水、通行、铺设管线等利用相邻不动产的，应当尽量避免对相邻的不动产权利人造成损害。"

（三）共有关系

共有，是指某项财产由两个以上的权利主体共同享有所有权。《民法典》第297 条规定："不动产或者动产可以由两个以上组织、个人共有。共有包括按份共有和共同共有。"共有的主体称为共有人，客体称为共有财产或共有物。各共有人之间因财产共有形成的权利义务关系，称为共有关系。我国《民法典》确认了两种共有形式，即按份共有和共同共有。

1. 按份共有。按份共有，又称分别共有，是指两个以上的共有人按照各自的份额分别对共有财产享有权利和承担义务的一种共有关系。按份共有人有如下的权利：

（1）按份共有人按照预先确定的份额对共有财产享有占有、使用、收益和处分的权利。按份共有人对共有的不动产或者动产享有的份额，没有约定或者约定不明确的，按照出资额确定；不能确定出资额的，视为等额享有。

（2）按份共有人对共有物的管理权利和义务。共有人按照约定管理共有的不动产或者动产；没有约定或者约定不明确的，各共有人都有管理的权利和义务。

（3）按份共有人有权处分其份额。为了保护共有人的权益，应允许共有人自己转让其共有的不动产或者动产份额。共有人可以自由参加或退出共有。但共有人转让其份额，不得损害其他共有人的利益。如果共有是合伙形式的，则共有人退出共有和转让份额，都要受合伙合同的约束。如果各共有人事先约定在共有关系存续期间，不得转让和分出份额，则视为各共有人自愿放弃转让或分出其份额的权利，无论哪一个共有人转让或分出其份额，都将构成对其他共有人的违约行为。按份共有人的份额具有所有权的某些效力，如按份共有人死亡以后，其份额可以作为遗产由继承人继承。

（4）按份共有人对共有财产的处分和修缮。因共有财产的处分涉及全体共有人的利益，因此，我国《民法典》规定，处分共有的不动产或者动产以及对共有的不动产或者动产作重大修缮的，应当经占份额 2/3 以上的按份共有人的同意，但是共有人之间另有约定的除外。但多数份额的共有人在处分共有财产时，不得损害份额少的共有人的利益。共有人未依法对共有财产进行法律上的处分的，对其他共有人不产生法律效力。如果其他共有人事后追认该行为，则该处分行为有效。如果转让的共有财产为动产，受让人取得该动产时出于善意，可以按善意取得的原则处理。

（5）按份共有人出售共有份额时，其他共有人在同等条件下享有优先购买的权利。按份共有人转让其享有的共有的不动产或者动产份额的，应当将转让条件及时通知其他共有人。其他共有人应当在合理期限内行使优先购买权。两个以上其他共有人主张行使优先购买权的，协商确定各自的购买比例；协商不成的，按照转让时各自的共有份额比例行使优先购买权。

按份共有人的义务有：

（1）共有人对共有物的管理费用以及其他负担，有约定的，按照约定；没有约定或者约定不明确的，按份共有人按照其份额负担。

（2）共有人对因共有的不动产或者动产产生的债权债务，在对外关系上，承担连带责任，但法律另有规定或者第三人知道共有人不具有连带债权债务关系的除外。偿还债务超过自己应当承担份额的按份共有人，有权向其他共有人追偿。

《民法典》第 308 条规定："共有人对共有的不动产或者动产没有约定为按份共有或者共同共有，或者约定不明确的，除共有人具有家庭关系等外，视为按份共有。"按份共有因共有人之间的协议、共有财产归于一人所有、共有财产丧失和被转让等原因而消灭。

2. 共同共有。共同共有是指两个以上的公民或法人，根据某种共同关系而对某项财产不分份额地共同享有权利并承担义务。在我国，共同共有的主要形式有，夫妻共有财产、家庭共有财产和遗产分割前共同继承的财产。共同共有也可以因合同而产生，在合同确定了共有人之间的权利义务后，共有人应按合同的规定行使权利并承担义务。

共同共有人有如下的权利和义务：

（1）共同共有人对共有财产享有平等的占有、使用权。对共有财产的收益，共同共有人不是按比例分配，而是共同享用。

（2）对共有物的共同管理。共有人按照约定管理共有的不动产或者动产；没有约定或者约定不明确的，各共有人都有管理的权利和义务。

（3）共有人对共有财产的处分和修缮。处分共有的不动产或者动产以及对共有的不动产或者动产作重大修缮的，应当经全体共同共有人同意，但共有人之间另有约定的除外。

（4）对共有物的管理费用以及其他负担。对共有物的管理费用以及其他负担，有约定的，按照约定；没有约定或者约定不明确的，共同共有人共同负担。因共有的不动产或者动产产生的债权债务，在对外关系上，共有人享有连带债权、承担连带债务，但法律另有规定或者第三人知道共有人不具有连带债权债务关系的除外。在共有人内部关系上，除共有人另有约定外，共同共有人共同享有债权、承担债务。

3. 共有财产的分割。共同共有关系存续期间，各共有人无权请求分割共有财产，部分共有人擅自划分份额并分割共有财产的，应认定为无效。

共有人约定不得分割共有的不动产或者动产，以维持共有关系的，应当按照约定，但共有人有重大理由需要分割的，可以请求分割；没有约定或者约定不明确的，按份共有人可以随时请求分割，共同共有人在共有的基础丧失或者有重大理由需要分割时可以请求分割。因分割对其他共有人造成损害的，应当给予赔偿。分割共有财产不得违反法律，损害国家、集体和他人的利益。如不能把属于国家、集体的财产，作为共有财产分割。

共有人可以协商确定分割方式。达不成协议，共有的不动产或者动产可以分割并且不会因分割减损价值的，应当对实物予以分割；难以分割或者因分割会减损价值的，应当对折价或者拍卖、变卖取得的价款予以分割。共有人分割所得的不动产或者动产有瑕疵的，其他共有人应当分担损失。对于不可分割的共有物，共有人中的一人愿意取得共有物的，可以由该共有人取得该共有物。对于共有物的价值超出其应得份额的部分，取得共有物的共有人应对其他共有人作价补偿。

五、所有权的消灭

（一）所有权消灭的原因

所有权的消灭，是指因某种法律事实致使所有权人丧失其所有权。所有权因一定的法律事实而取得，也可以因一定的法律事实而消灭。在民法理论上，所有权的消灭可以分为两种：一种是因法律行为而消灭；另一种是因法律行为以外的事实而消灭。

1. 因法律行为而消灭。

（1）所有权的抛弃。民事权利在法律规定的范围内，是否行使，如何行使，往往取决于权利人的主观意愿。抛弃是以消灭物权为目的的单方民事行为。原则上物权一经权利人抛弃即导致消灭；但假如物权的抛弃会损害他人的利益，则物权人不得任意抛弃其权利。抛弃的意思表示可以不向特定人表示，只要所有权人有抛弃其所有之物的意思，即发生抛弃的效力。但他物权的抛弃，须向因抛弃而取得利益之人表达意思表示；不动产物权的抛弃，必须办理注销登记才能发生效力。

（2）所有权的出让。所有权的出让包括买卖、赠与等转让行为。所有权出让导致原所有人丧失其所有权，而受让人则取得该财产的所有权。这是所有权人对其所有物行使处分权的一种结果。

2. 因法律行为以外的事实而消灭。

（1）所有权客体的消灭。这是指作为所有权客体的物的毁损、灭失，即改变了其自然状态。由于物本身的灭失，使原来建立在这一权利客体上的物权失去了存在的基础而彻底消灭。如食物被吃掉，地震导致房屋倒塌等，都会因为消费、消耗或者不可抗力导致所有权客体不复存在，从而产生所有权绝对消灭的后果。

（2）所有权主体的消灭。这是指作为所有人的公民死亡，法人解散、被撤销等。在这种情形下，所有权的客体并未消失，只是其权利主体发生了变更，物由一个新的所有人享有所有权，原所有人的所有权消灭。公民死亡，法人解散、被撤销等导致权利主体资格消灭，其财产依法定程序转移归他人所有，其所有权也归于消灭。

（3）所有权的强制消灭。这是指国家依法采取强制措施，迫使所有人转移所有权。所有权被国家依法通过判决、强制执行、罚款、没收、纳税等强制手段，使得原所有人的所有权消灭，财产归新的所有人所有。

（4）动产因添附于他人的不动产或动产，依法由他人取得动产的所有权。

（二）所有权消灭的后果

所有权人丧失对所有物的权利，称为所有权的消灭。所有权的消灭有两种法律后果：

1. 所有权的绝对消灭。在这种情形下，所有权因一定的法律事实或自然原因而不复存在。不仅原所有权人因此失去了所有权，其他人也不可能取得所有权，如所有权的客体消灭。

2. 所有权的相对消灭。这是指因一定的法律行为或法律事实的发生而导致原所有权人丧失所有权。在这种情形下，某一特定主体失去了所有权，但其他人仍可以取得所有权。如所有权主体消灭、所有权被依法转让等情况下，民事主体一方所有权消灭，但另一方取得所有权。

实务学习项目　所有权取得与行使中的法律实务

一、分析判断案例中的房屋所有权关系

案例：房屋买卖合同纠纷案

原告乙系某市某监狱的在职职工，其所在单位某市某监狱为解决民警职工住房城市化问题，与某市市政府商定，由某监狱团购某市城市建设开发总公司（原为某市拆建总公司）开发承建的景阳花园。2004年12月19日原告（乙方）、被告（甲方）签订了一份房屋购买转让协议，协议约定：①乙方购买甲方的优惠房，是以甲方的名义购买的，实际上是乙方购买商品房，所有购房费用由乙方出，包括过户费。②在购买过程中，甲方必须协助乙方办理好购房的有关手续，不得拖延，不得损害乙方利益。③乙方已先以甲方的名义支付定金2万元，定金收据在甲方处，甲方已打收条。④预定的商品房：面积130平方米以上。楼层：底层为车库的二层。车库：汽车车库面积20~25平方米。位置：某监狱开发的，

暂定名为某市文化三村。此房基价为 1350 元/平方米（不含代办费和"二金"）。⑤乙方购买甲方优惠房，补偿甲方 8000 元人民币，支付时间是在房屋过户后，由乙方一次性支付给甲方。⑥本协议一式二份，甲乙双方各执一份，签字后生效。甲乙双方必须遵守此协议，不得违约，如有违反者将向对方支付违约金 1.5 万元人民币。协议签订后，原告乙以被告甲的名义支付某市某监狱 2 万元购房定金，2005 年 7 月被告甲以原告乙名义通过抽签的形式选订了景阳花园三期 26 号楼 201 室，2009 年 8 月 4 日原告乙应被告甲的通知，通过银行转账支付某市城市建设开发总公司房屋预付款 112 000 元。因 26 号楼地处本市基督教堂，涉及教堂的拆迁，至今该楼尚未建造，处待建状态。2010 年 1 月 6 日，被告以违反相关法律规定为由，向原告发出解除房屋转让合同的通知，原告于 2010 年 1 月 9 日回复不同意解除，要求继续履行合同，并于 2010 年 1 月诉请某市人民法院依法判决。

任务：

1. 2004 年 12 月 19 日原告（乙方）、被告（甲方）签订的房屋购买转让协议有效吗？原告有没有取得房屋所有权？请根据《民法典》中物权的基本原则和所有权变动的原理予以说明。

解题思路：根据《民法典》物权编和合同编的规定，分析合同的效力和物权的效力之间的关系。

2. 房屋买卖未办理过户引发的诉讼风险，房屋属于谁？

解题思路：根据《民法典》物权编和合同编关于风险的规定，分析房屋未办理登记由谁承担风险。

二、分析判断特殊的买卖合同纠纷案件中的法律问题

案例：共有房屋买卖纠纷案

原告郑某与被告成某系夫妻关系。2002 年 9 月被告成某与王某签订房屋买卖合同，王某向成某购买坐落于泰州市某小区×幢 506 室房屋一套，并实际支付了价款，经市房地产交易所办理了房地产转移变更契约手续。办理过户手续时，成某提供了结婚证、夫妻二人的身份证、房屋产权证、市区已购公有住房和经济适用住房上市出售审批表等办理过户所需手续。2002 年 9 月王某办齐了该房屋的产权证和国有土地使用权证。2004 年王某夫妻装修房屋并已竣工入住。2002 年 10 月，原告郑某与被告成某经法院判决不准离婚。在婚姻案件审理中，郑某与成某确认成某在郑某未知的情况下将夫妻共有的本市某小区×幢 506 室房屋以 13 万元的价格卖给了王某。其后，原告郑某向被告成某要求其向王某要回共有房屋，成某亦找王某交涉，要求返还房屋未果，致涉讼。

任务：

1. 请根据所有权取得的原理和善意取得制度，判断说明该房屋属于谁？

解题思路：根据《民法典》物权编规定的公示公信原则，分析夫妻一方擅自处分房屋使第三人的善意取得。

2. 分析说明成某和王某买卖合同是否有效？

解题思路：根据《民法典》规定的表见代理制度，分析夫妻之间的代理行为。

学习小结

1. 所有权概念要点：①所有权是所有人对自己的财产享有的权利；②所有权包括占有、使用、收益和处分四项权能，是完全物权；③所有权具有永久性。

2. 所有权取得的特别规定包括：①先占；②添附；③拾得遗失物；④发现埋藏物、隐藏物；⑤善意取得。

3. 建筑物区分所有权是区分业主的所有权、共有权和管理权。

4. 相邻关系源于双方的不动产相邻，在行使不动产权利时要给予他方方便，自己受到一定的限制。

5. 共有分为按分共有和共同共有，分清按份共有和共同共有的区别，按份共有人对外转让份额时其他共有人享有优先购买权。

6. 判断民事主体如何取得房屋所有权：①房屋买卖合同是否有效？②买房有没有取得房屋所有权？③买房怎么样能取得房屋所有权？

7. 判断是否是善意取得：①找出双方争议的焦点及其事实依据和证据；②找出解决争议的法律依据。

课后作业

一、知识作业

（一）名词解释

所有权

（二）选择题

1. 甲将其父去世时留下的毕业纪念册赠与其父之母校，赠与合同中约定该纪念册只能用于收藏和陈列，不得转让。但该大学在接受乙的捐款时，将该纪念册馈赠给乙。下列哪一选项是正确的？（　　　）

A. 该大学对乙的赠与无效，乙不能取得纪念册的所有权。

B. 该大学对乙的赠与无效，但乙已取得纪念册的所有权。

C. 只有经甲同意后，乙才能取得纪念册的所有权。

D. 该大学对乙的赠与有效，乙已取得纪念册的所有权。

2. 张某与李某签订商品房预售合同，预购商品房一套，并向登记机关申请办理了预告登记。随后李某将张某预购的商品房以更高价格销售给不知情的王某，并与王某依法办理了房屋所有权证书。下列说法中正确的是（　　　）。

A. 张某不能取得该房屋的所有权，因为李某与王某依法办理了房屋所有权证书

B. 张某不能取得该房屋的所有权，只能追究李某的违约责任

C. 张某可以取得该房屋的所有权，因为房屋进行了预告登记

D. 李某未经张某同意进行房屋出卖的行为，不发生所有权变动的效力

3. 王某在某餐厅吃饭时丢失手机一部，餐厅人员拾得后交给公安部门。王某未在规定期限内前去认领，公安部门按照有关规定交寄售商店出售。孙某从该商店买得手机后送给女友林某作为生日礼物。手机在林某第二天乘公交车时被偷去，小偷以 100 元的低价卖给郑某。该手机的所有权属于（　　　）。

A. 王某　　　　　　B. 孙某　　　　　　C. 林某　　　　　　D. 郑某

4. 甲乙各以 20% 与 80% 的份额共有一间房屋，现甲欲将自己的份额转让，则下列表述正确的是（　　　）。

A. 未经乙同意不得转让　　　　　　B. 只能转让给乙

C. 在同等条件下，乙有优先购买权　　D. 可以任意转让，乙无优先购买权

（三）问答题

所有权取得的特别方式。

二、实训作业

（一）案例分析

案例：房屋所有权确认案

刘某与王某系朋友关系，王某有老房一座，于 2001 年起租给刘某居住。2005 年，经双方朋友撮合，王某同意以人民币 17 000 元的价格将房屋卖给刘某，但未办理过户登记。2008 年 3 月间，因房屋需要拆迁，刘某以买断人名义与拆迁单位签订了拆迁协议，拆迁补偿费约人民币 150 000 元。2008 年 4 月，王某以房

屋租赁合同纠纷为由起诉刘某，要求刘某退还租赁房屋以及相关证照。刘某辩称双方系房屋买卖关系。2010年2月，王某以房屋买卖契约尚未签署完毕为由，起诉要求撤销拆迁单位与刘某签订的拆迁补偿安置协议书，改由王某作为产权人与拆迁单位重新签订拆迁补偿安置协议书。

实训任务：分析说明谁是该房的产权人？

解题思路：根据《民法典》物权编规定的物权变动的方式，分析物权变动公示的意义。

（二）小论文撰写

材料："借名购房"所涉房屋所有权该如何认定？

在现实的房地产交易市场中，尽管部分购房者并不具备购房条件，但为了能拥有属于自己的家（房子），通常会采取"借名购房"的方式购房，即房屋的实际出资人借用其他符合购房条件的人的名义购房，并以他人名义登记房屋产权，由于我国房屋产权采取的是登记制度，此种购房方式难免引发诸多不确定的法律风险，给实际购房者的经济利益造成损失。

1. 实训任务：针对这种现象，分析"借名购房"所涉房屋所有权该如何认定，并写出800字左右的小论文。

2. 评价标准：

优秀：观点正确，论证有理有据，语言通畅，句子通顺，标点正确，字迹清晰，字数符合要求。

良好：观点基本正确，但表述略有不足，语言通顺，标点符号没有明显问题，有个别错别字，字数未达到要求（多字或不足）。

合格：观点明显不够准确，表述存在明显问题，语言不通顺，错别字多，标点单一，字数较少。

不合格：观点错误、表述不正确，只有特别简单的内容。

三、网络作业

1. 扫码观看微课视频资料：谁动了我的手表？

2. 扫码观看微课视频资料：我家的屋顶归谁所有？

3. 扫码学习音频资料：遗失物能否善意取得？

4. 扫码学习音频资料：建筑物区分所有权中管理权的行使。

5. 扫码学习音频资料：建筑物区分所有权中共有部分。

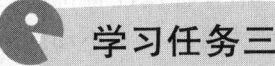 **学习任务三　用益物权取得与行使的法律规定及其应用**

理论学习项目　用益物权取得与行使的法律规定

一、用益物权概述

用益物权制度是一项非常古老的法律制度，与所有权制度、担保物权制度等共同构成了物权制度的完整体系。我国《民法典》重点规定了土地承包经营权、建设用地使用权、宅基地使用权、地役权和居住权这几种用益物权，还明确了自然资源使用权（包括海域使用权、探矿权、采矿权、取水权、养殖权和捕捞权）亦具有用益物权的性质。

（一）用益物权的概念

用益物权是权利人对他人所有的不动产或者动产，依法享有占有、使用和收益的权利。我国《民法典》第323条规定："用益物权人对他人所有的不动产或者动产，依法享有占有、使用和收益的权利。"可见，用益物权是以对他人所有的物为使用、收益目的而设立的限制物权，并无处分用益物的权能。

（二）用益物权的特征

1. 用益物权是他物权。相对于自物权，用益物权是在他人所有的财产上设立的权利，对他人的财产享有占有、使用和收益的权利。因此，用益物权被称作"他物权"。

2. 用益物权是受限制的物权。用益物权是一种不完全物权，享有的只是对他人财产占有、使用和收益的权利，并不具有对所占有财产进行处分的权利。而且，用益物权人必须根据法律规定及合同约定的期限正确行使权利，当期限届满时，用益物权人应将占有、使用之物返还于所有权人。因此，用益物权被称作"限制物权"。

3. 用益物权是一项独立的物权。我国《民法典》第326条规定："用益物权人行使权利，应当遵守法律有关保护和合理开发利用资源、保护生态环境的规定。所有权人不得干涉用益物权人行使权利。"用益物权虽以所有权为权源而派生，但一经设立，便独立于所有权而存在，所有权人对物的支配力因此受到限制，不得随意收回其财产，不得妨碍用益物权人依法行使权利。因此，用益物权是一项独立的物权。

4. 用益物权主要以不动产为客体。土地因其稀缺性、不可替代性且价值较高，在财产体系中的重要地位显而易见。用益物权以不动产为客体，将不动产所有权与其权能相分离，极大地提高了不动产资源的利用效率，以达到对不动产利用的社会公平和稳定。同时，随着社会发展，设立动产用益物权也是人们对物的利用多样化的现实要求。

5. 用益物权是使用价值权。用益物权和担保物权均属于他物权，但不同的是，用益物权是以物的使用和收益为目的而设立的，着眼于财产的使用价值，其内容也主要是行使使用、收益的权能，因此，用益物权的享有和行使必须以对客体的实际占有为前提，否则使用和收益无从谈起。

二、土地承包经营权

（一）土地承包经营权概述

我国《民法典》第330条规定："农村集体经济组织实行家庭承包经营为基

础、统分结合的双层经营体制。农民集体所有和国家所有由农民集体使用的耕地、林地、草地以及其他用于农业的土地，依法实行土地承包经营制度。"第331条规定："土地承包经营权人依法对其承包经营的耕地、林地、草地等享有占有、使用和收益的权利，有权从事种植业、林业、畜牧业等农业生产。"

1. 土地承包经营权的概念。土地承包经营权是指农业生产经营者以种植、养殖、畜牧等农业生产为目的，对其依法承包的农民集体所有或国家所有由集体使用的耕地、林地、草地以及其他用于农业的土地享有的占有、使用、收益的权利。

2. 土地承包经营权的特征。

（1）土地承包经营权的主体是农村集体经济组织的成员，包括从事农业生产的村民个人和农户家庭，一般称之为农业经营者。为了维护集体经济组织成员的应有权利，促进农户的经济民主，对于不宜采取家庭承包方式的荒山、荒沟、荒丘、荒滩等，可以通过招标、拍卖、公开协商等方式由农村集体经济组织以外的单位和个人承包。

（2）土地承包经营权的客体限于农业用地。主要包括农民集体所有和国家所有依法由农民集体使用的耕地、林地、草地以及其他依法用于农业生产的土地，例如，养殖水面、"四荒地"等，不包括农村集体组织的建设用地和"四荒地"以外的未利用土地。

（3）土地承包经营权的设立目的是从事种植业、林业、畜牧业、养殖业等农业生产活动。因此，土地承包经营权人虽然具有自主利用土地的支配权，但是其权利内容仍受到一定限制，即对承包的土地不得进行农业生产以外的经营活动。

（4）土地承包经营权有期限限制。我国《民法典》和《农村土地承包法》明确规定，耕地的承包期为30年。草地的承包期为30年至50年。林地的承包期为30年至70年。前款规定的耕地承包期届满后再延长30年，草地、林地承包期届满后依照前款规定相应延长。

（二）土地承包经营权的取得

按照我国《民法典》和《农村土地承包法》的规定，土地承包经营权主要是基于法律行为而取得的，并且不以登记为生效要件。具体有以下方式：

1. 基于农村土地承包合同而取得。这是土地承包经营权的创设取得方式，是指承包人与发包人通过订立承包经营合同而取得承包经营权，分为家庭承包和以招标、拍卖、公开协商等方式进行的承包两种方式。通过这两种方式承包的，都应当签订承包合同，承包合同自成立之日起生效，承包人于合同生效时取得土地承包经营权。

　　根据我国《农村土地承包法》第 22 条的规定，土地承包合同应当采取书面形式，一般包括以下条款：①发包方、承包方的名称，发包方负责人和承包方代表的姓名、住所；②承包土地的名称、坐落、面积、质量等级等；③承包期限和起止日期；④承包土地的用途；⑤发包方和承包方的权利和义务；⑥违约责任。

　　2. 基于土地承包经营权的流转而取得。这是土地承包经营权的移转取得方式。土地承包经营权的合理流转，是农业发展的客观要求，也是农村经济发展、农村劳动力转移的必然结果。我国《民法典》第 334 条规定："土地承包经营权人依照法律规定，有权将土地承包经营权互换、转让。未经依法批准，不得将承包地用于非农建设。"第 342 条规定："通过招标、拍卖、公开协商等方式承包农村土地，经依法登记取得权属证书的，可以依法采取出租、入股、抵押或者其他方式流转土地经营权。"在土地承包经营权的流转过程中，应当遵循一定的原则，例如，流转的期限不得超过承包期的剩余期限；未经依法批准，不得将承包地用于非农建设；土地承包经营权人将土地承包经营权互换、转让，当事人双方应当签订书面流转合同。当事人要求登记的，应当向县级以上地方人民政府申请土地承包经营权变更登记；未经登记，不得对抗善意第三人等。

　　另外，以家庭承包方式取得的林地承包经营权，承包人死亡的，其继承人可以在承包期内继续承包；以招标、拍卖、公开协商等方式设立的承包经营权，承包人死亡的，其继承人可以在承包期内继续承包。

　　（三）土地承包经营权的内容

　　1. 土地承包人的权利。

　　（1）依法享有对承包土地占有、使用和收益的权利。承包期内承包人享有生产经营自主权，有权按照土地用途自主决定农业生产的种类和方式，通过生产劳动获取收益，发包人和其他任何第三人都无权进行干涉。除了对承包土地进行种植业、林业、畜牧业等农业生产外，承包人因进行农业生产而修建必要的附属设施，如建造沟渠、修建水井等，也是对承包土地的一种合理使用。

　　（2）对土地承包经营权依法享有流转的权利。例如，按照《民法典》《农村土地承包法》的规定，为了方便耕种或者各自需要，土地承包经营权人有权在本集体经济组织内部进行承包地块及承包经营权的交换或者转让。另外，土地承包经营权人可以自主决定依法采取出租、入股或者其他方式向他人流转土地经营权。出租，是指承包方将部分或全部土地承包经营以一定期限租赁给他人从事农业生产经营，出租后不影响原土地承包合同关系。入股，是指将土地承包经营权做为股权，自愿联合从事农业合作生产经营，土地经营权的新型流转方式也体现了农业现代化的发展要求。

　　（3）依法享有获得补偿的权利。根据我国《民法典》和《农村土地承包法》

的相关规定，为了公共利益的需要，承包地被依法征收、征用、占用的，有权依法获得相应的补偿。

2. 土地承包人的义务。根据《民法典》及相关法律规定，土地承包人所承担的义务主要有：

（1）维持承包土地的农业用途，不得在承包土地上盖房、建窑、建坟等非农建设，不准进行掠夺性经营；

（2）根据土地的条件合理使用，改善土地生态环境，严禁给土地造成永久性损害；

（3）依法缴纳承包费用以及依照法律、行政法规，承包人应依法承担的其他义务。

（四）土地承包经营权的消灭

土地承包经营权消灭的事由主要有：

1. 承包人自愿提前交回土地。

2. 承包地期限届满。

3. 承包地被征收。国家因社会公共利益的需要可以依法征收集体所有的农村土地并给予承包人合理的经济补偿，在该土地上设立的土地承包经营权当然消灭。《民法典》第 338 条规定："承包地被征收的，土地承包经营权人有权依照本法第 243 条的规定获得相应补偿。"

4. 承包地使用价值丧失。"使用价值丧失"包括土地本身的灭失及承包地用途的丧失。例如，地震、火山爆发、洪水等不可抗拒的自然灾害或人为原因导致土地丧失使用价值时，自然无从实现土地承包经营的目的，该项权利也就归于消灭。

（五）土地经营权

我国《民法典》第 339 条规定，土地承包经营权人可以通过出租、入股或者其他方式向他人流转土地经营权。这一规定体现了我国农村土地"三权分置"制度的基本理念，由此产生的土地经营权和所有权、承包权并列为农村土地上的三种权利类型。从性质上看，土地经营权具有物权属性，有利于权利的同等保护，以保障权利主体的合法权益。土地经营权人有权在合同约定的期限内占有农村土地，自主开展农业生产经营并取得收益，对于流转期限为五年以上的土地经营权，自流转合同生效时设立。当事人可以向登记机构申请土地经营权登记；未经登记，不得对抗善意第三人。

三、建设用地使用权

（一）建设用地使用权概述

在以往的法律文件中，建设用地使用权曾被称为国有土地使用权。我国《民法典》第 344 条规定："建设用地使用权人依法对国家所有的土地享有占有、使用和收益的权利，有权利用该土地建造建筑物、构筑物及其附属设施。"

1. 建设用地使用权的概念。建设用地使用权是指权利人依法享有的对国家所有的土地进行占有、使用和收益，以及有权利用该土地营造建筑物、构筑物及其附属设施的权利。

2. 建设用地使用权的特点。

（1）建设用地使用权的客体是国家所有的土地。建设用地使用权的标的仅限于国家所有的土地。对于集体所有的土地一般应先由国家征收为国有土地后，才能设立建设用地使用权。在特殊情形下，为了农村集体组织及其成员自身的居住和生产使用之目的，集体所有的土地依法经批准后才可以在不转化为国有土地时直接进行建设，这包括农村的宅基地和集体企业、农田基本设施的建设用地。

（2）建设用地使用权的设立目的是建造建筑物或者构筑物及其他附属设施。这里的建筑物主要是指住宅、写字楼、厂房等；构筑物主要是指不具有居住或者生产经营功能的人工建造物，比如道路、桥梁、隧道、水池、水塔、纪念碑等；附属设施主要是指附属于建筑物、构筑物的一些设施。随着建筑科学技术的发展，对土地资源已趋向立体化、多层次利用。我国《民法典》第 345 条规定："建设用地使用权可以在土地的地表、地上或者地下分别设立。"也就是说，这里的建筑物、构筑物及其附属设施，不仅可以构建于地表，亦可构建于地上空间和地下空间，并且这三个部分可以分别设立建设用地使用权。

（3）建设用地使用权的取得方式应符合法律规定。建设用地使用权一般是以出让或者划拨的方式取得，采取划拨方式的，还应当遵守法律、行政法规关于土地用途的规定。

（4）建设用地使用权具有可流转性。我国《民法典》第 353 条明确规定："建设用地使用权人有权将建设用地使用权转让、互换、出资、赠与或者抵押，但是法律另有规定的除外。"建设用地使用权的流转功能可以更有效地提高土地资源的利用效率。

（二）建设用地使用权的取得

建设用地使用权的取得方式有原始取得和继受取得两种。

1. 原始取得。建设用地使用权的原始取得方式包括划拨和出让。

（1）划拨，是指土地使用人按照一定程序提出申请，经县级以上地方人民政府依法批准，通过行政划拨方式，在土地使用人缴纳补偿费、安置费等费用后将该片土地交付给其无偿使用。土地使用人取得建设用地使用权后，应当遵守法律、行政法规关于土地用途的规定，划拨土地原则上不得转让、出租、抵押。通过这种方式取得土地使用权的土地使用人，除了法律规定的使土地使用权消灭的

原因外，可以无期限地使用土地。按照《土地管理法》《城市房地产管理法》的规定，可以通过划拨方式取得的建设用地包括：国家机关用地和军事用地；城市基础设施用地和公益事业用地；国家重点扶持的能源、交通、水利等基础设施用地；法律、行政法规规定的其他用地。

（2）出让，是指国家以土地所有人的身份，采取招标、拍卖、协议等方式，将建设用地使用权出让给土地使用人，并由使用人向出让人支付土地出让金的行为。与划拨相比，出让不仅是有偿的，而且有期限的限制。双方当事人应当采取书面形式签订建设用地使用权出让合同，合同条款主要包括：当事人的名称和住所；土地界址、面积；建筑物、构筑物及其附属设施占用的空间；土地用途；使用期限；出让金等费用及其支付方式；争议的解决方法。

我国《民法典》第349条规定："设立建设用地使用权的，应当向登记机构申请建设用地使用权登记。建设用地使用权自登记时设立。登记机构应当向建设用地使用权人发放权属证书。"

2. 继受取得。继受取得是指在使用期限内，建设用地使用权可以依法转让、互换、赠与。如果建设用地使用权人为自然人的，其死亡后在剩余期限内，继承人还可以继承建设用地使用权。

（三）建设用地使用权的流转

我国《民法典》第353条规定："建设用地使用权人有权将建设用地使用权转让、互换、出资、赠与或者抵押，但是法律另有规定的除外。"建设用地使用权的流转在性质上属于物权的变动，其转让一般应采用书面形式并需及时向登记机构申请转移登记，建设用地使用权的流转自登记时发生效力。

（四）建设用地使用权的内容

1. 建设用地使用权人的权利。

（1）对土地的占有和使用权。建设用地使用权是为建造和保存建筑物或其他工作物而使用土地的权利，建设用地使用权人对在该土地上建造的建筑物、构筑物及其附属设施享有所有权。因此，占有和使用土地是建设用地使用权的主要内容。但是，对土地的使用，应当在设定建设用地使用权的行为所限定的范围内进行，即对作为标的物的土地应明确四至界限，建设用地使用权人使用土地时不得超出该范围，并应按照确定的用途使用。例如，限定房屋的高度、限制房屋的用途，同时，建设用地使用权人也可以准用不动产相邻关系的规定。

（2）对建设用地使用权的处分权。建设用地使用权人有权将建设用地使用权转让、互换、出资、赠与或者抵押，但不得超过建设用地使用权的剩余期限，同时应遵循"房地一体"的原则，即转让、互换、出资或者赠与、抵押建设用地使用权的，附着于该土地上的建筑物、构筑物及其附属设施应一并处分；同样，当建筑物、构筑物及其附属设施转让、互换、出资或者赠与、抵押的，该建筑物、构筑物及其附属设施占用范围内的建设用地使用权亦一并处分。另外，建设用地使用权人还可将建设用地使用权连同地上的建筑物或其他构筑物租赁给他人使用并收取租金。

（3）有权从事必要的附属行为。建设用地使用权人可以在占有的土地范围内进行与保存建筑物或其他构筑物有关的附属行为，如开辟道路、修筑围墙、种植花木等。

（4）获得地上建筑物或其他构筑物的补偿权。我国《民法典》第358条规定："建设用地使用权期限届满前，因公共利益需要提前收回该土地的，应当依据本法第243条的规定对该土地上的房屋以及其他不动产给予补偿，并退还相应的出让金。"

2. 建设用地使用权人的义务。

（1）支付出让金的义务。我国实行国有土地有偿使用制度，根据《民法典》和《城市房地产管理法》的规定，以出让方式取得建设用地使用权的，建设用地使用权人应当依照法律规定以及合同约定支付出让金等费用；以划拨方式取得建设用地使用权的，无须支付出让金。

（2）返还土地的义务。建设用地使用权人在建设用地使用权消灭时，应当将占有的土地返还给所有权人，原则上应恢复土地的原状。

（3）保护、管理和合理利用土地的义务。建设用地使用权人应当按照建设用地使用权设立时登记的用途使用土地，不得擅自改变土地用途；需要改变土地用途的，应当依法经有关行政主管部门批准。同时，建设用地使用权人应当按照土地的自然属性和法律属性保护并合理使用土地，以维护土地的使用价值。

（五）建设用地使用权的消灭

1. 建设用地使用权期限届满。我国法律、法规中对于建设用地使用权的期限，是按不同种类的土地使用权进行规定的。除了划拨土地可无限期使用外，通过出让方式取得建设用地使用权的，根据《城镇国有土地使用权出让和转让暂行条例》第12条的规定，土地使用权出让最高年限按下列用途确定：①居住用地70年；②工业用地50年；③教育、科技、文化、卫生、体育用地50年；④商业、旅游、娱乐用地40年；⑤综合或者其他用地50年。关于不同土地的实际使用年限，由出让方和受让方双方在最高年限内协商确定。

当法律规定或当事人约定的使用权期限届满，经批准准予续期的，应当重新签订土地使用权出让合同，并依照规定支付土地使用权出让金。我国《民法典》第359条规定："住宅建设用地使用权期限届满的，自动续期。续期费用的缴纳或者减免，依照法律、行政法规的规定办理。非住宅建设用地使用权期限届满后

的续期，依照法律规定办理。该土地上的房屋以及其他不动产的归属，有约定的，按照约定；没有约定或者约定不明确的，依照法律、行政法规的规定办理。"如果土地使用权出让合同约定的使用期限届满，土地使用者未申请续期或者虽申请了续期但依照前款规定未获批准的，土地使用权由国家无偿收回，建设用地使用权归于消灭。

2. 建设用地使用权被提前收回。根据我国《民法典》《土地管理法》及《城市房地产管理法》的相关规定，因公共利益、城市规划的需要，以及土地闲置和使用权人其他违反合同约定的行为，国家可以提前收回建设用地使用权。但因公共利益、城市规划等原因收回的，应当就该土地上的房屋及其他不动产给予使用权人适当的补偿，并退还相应的出让金。

3. 土地的灭失。例如，不可抗拒的自然灾害，如地震、火山爆发、洪水等，导致土地灭失，则建设用地使用权自然消灭。如果部分灭失而不影响其他部分使用的，则未灭失部分仍可继续使用。建设用地使用权消灭的，出让人应当及时办理注销登记，登记机构应当收回建设用地使用权证书。

四、宅基地使用权

(一) 宅基地使用权概述

我国《民法典》第 362 条规定："宅基地使用权人依法对集体所有的土地享有占有和使用的权利，有权依法利用该土地建造住宅及其附属设施。"

1. 宅基地使用权的概念。宅基地使用权是指农村集体经济组织的成员对集体所有的土地依法享有占有、使用并建造住宅及其附属设施，以满足居住使用之需的权利。

2. 宅基地使用权的特点。

(1) 宅基地使用权的主体只能是农村集体经济组织的成员。这是农村村民基于集体成员身份享有的福利保障，城镇居民不能享有宅基地使用权。

(2) 宅基地使用权的客体是经依法批准划拨给村民建造住宅使用的集体所有的土地。按照"一户一宅"原则，不得超面积多占，严禁占用耕地建房。

(3) 宅基地的用途仅限于建造住宅及其附属设施，包括建造住房以及与居住生活有关的附属设施，如盖建厨房、院墙、牲畜圈舍等附着物和采光、通道、天井、滴水、排水等设施。如果没有经过相关部门的审批，私自将宅基地的用途改成农家乐、旅馆、小商店、作坊、工厂等商业用地、工业用地或是其他用地的用途的，则不能取得宅基地使用权。

(4) 宅基地使用权的取得是无偿的。宅基地使用权是农村集体组织带有社会福利性质的权利，并且具有永久性，不存在因期限届满而消灭的问题。宅基地使用权人死亡的，在符合分配宅基地条件的前提下，其继承人可以连同地上建筑物一并取得宅基地的使用权。继承人已分户或因其他原因不符合取得宅基地的条件的，宅基地使用权可以由集体收回，但继承人有权就地上建筑物和附属设施获得一定的补偿。

（二）宅基地使用权的取得

按照法律规定，农户取得宅基地使用权须经乡（镇）人民政府审核后由县级人民政府批准，并且一户只能拥有一处宅基地（即"一户一宅"原则），宅基地的面积不得超过省、自治区、直辖市规定的标准，多出的宅基地，要依法收归集体所有。农户出卖、出租住房后，再申请宅基地的，不予批准，禁止城镇居民在农村购置宅基地。

（三）宅基地使用权的流转

由于我国农村社会保障体系尚未全面建立，因此，宅基地使用权的流转受到严格的限制。按照《民法典》和《土地管理法》的规定，宅基地使用权的转让一般只能在农村集体成员内部进行，宅基地使用权亦不得抵押。但是，随着2018年农村土地确权工作的完成，我国将会逐步完善农民闲置宅基地和闲置农房政策，适度放活宅基地和农民房屋使用权。

（四）宅基地使用权的行使

宅基地使用权人取得宅基地后，可以建造自住房屋，修建生活需要的附属建筑物和设施，但不得擅自改变宅基地的用途。按照法律规定，可以有条件地转让宅基地使用权，禁止非法买卖宅基地使用权。因国家、集体统一规划需要变更宅基地时，宅基地使用权人不得阻挠，如因变更宅基地给宅基地使用权人造成困难或损失时，其可依法获得补偿。

（五）宅基地使用权的消灭

1. 宅基地被征收或者收回。国家和集体为了公共利益的需要，对农村宅基地进行征收，并改变了该宅基地的用途的，该农村宅基地使用权消灭，任何人不能再取得对该地的农村宅基地使用权。这种情况下，应依照法定程序给予宅基地使用权人相应的补偿。另外，取得宅基地使用权的村民如果擅自改变宅基地的用途，农村集体经济组织有权撤销宅基地使用权并收回宅基地，宅基地使用权消灭。

2. 转让或抛弃宅基地。宅基地使用权可以在农村集体经济组织内部转让，但原使用权人就会丧失对该宅基地的使用权。根据《土地管理法》等法规的规定，农村村民在合法转让宅基地使用权之后，不得再申请宅基地。另外，宅基地使用权人放弃宅基地使用权，宅基地使用权消灭，但应当事先通知宅基地所有权人，以防止土地资源的浪费。

3. 因自然灾害导致宅基地灭失。《民法典》第 364 条规定："宅基地因自然灾害等原因灭失的，宅基地使用权消灭。对失去宅基地的村民，应当依法重新分配宅基地。"例如，因地震、火山喷发、河流改道、山体滑坡等自然灾害的影响，不能恢复原状，不能继续使用或者灭失的，农村宅基地使用权归于消灭。如果只是宅基地上的建筑物或其他附属设施灭失的，不影响宅基地使用权的存续的，宅基地使用权人可以重新建造房屋居住、使用。

《民法典》第 365 条规定："已经登记的宅基地使用权转让或者消灭的，应当及时办理变更登记或者注销登记。"

五、地役权

（一）地役权概述

1. 地役权的概念。地役权是指不动产的所有人或使用人按照合同约定，为了自己不动产的使用便利或者提高自己不动产的效益而使用他人土地的权利。在地役权法律关系中，因使用他人土地而获便利的土地为需役地，为他人土地的便利而被使用的土地为供役地。通过设定地役权，地尽其利、物尽其用、人得其需，充分发挥了不动产的社会经济效益。

2. 地役权的特点。

（1）地役权的客体是他人的不动产。地役权是通过对他人不动产的利用来提高自己不动产的效益，所以客体仅限于他人的不动产，但并不以实际占有他人不动产为要件，只是对他人的不动产设置了一定的负担或义务。

（2）地役权的设立目的是增加需役地的利用价值和提高其效益。如为需役地的使用便利而在供役地上设立的通行、引水、排水、铺设管线等权利，又如为需役地上的视野宽广而设定的眺望地役权等。

（3）地役权具有从属性和不可分性。地役权是为了需役地的便利而产生的用益物权，不能与需役地分离而单独存在，只能从属于需役地而存在，并随着需役地使用权的转移而转移。地役权的不可分性是其从属性的延伸，表现在它及于需役地的全部，也及于供役地的全部，不能进行分割也不因需役地或者供役地的分割而受影响。

（二）地役权的取得

1. 基于合同约定而取得。设立地役权，当事人应当采取书面形式订立地役权合同，地役权自地役权合同生效时设立。当事人要求登记的，可以向登记机构申请地役权登记，未经登记，不得对抗善意第三人。

地役权合同一般包括以下条款：①当事人的姓名或者名称和住所；②供役地和需役地的位置；③利用目的和方法；④利用期限，地役权的期限由当事人约定，但不得超过土地承包经营权、建设用地使用权等用益物权的剩余期限；⑤费用及支付方式；⑥解决争议的方法。

2. 基于转让与或者继承而取得。由于地役权的从属性，需役地权利转让的，地役权则一并转让。当需役地权利人死亡时，其地役权亦由其继承人继承。

（三）地役权的内容

1. 地役权人的权利与义务。

（1）对供役地的使用权。地役权人有权按照合同约定利用供役地。对供役地的利用方式因地役权的类型而有所不同，如取水、通行、铺设电缆或禁止供役地所有人建筑高层建筑物等。

（2）为必要的附属行为。例如，为了行使在供役地上取水的地役权，地役权人可修建必要的取水装置等设施，但应尽量选择最小化损失的地点及方法实施，避免造成对供役地的过分损害。

（3）维护设施的义务。地役权人应当认真维护在供役地上修建的必要设施，如电线、管道、道路等，以免因设施损坏对供役地人造成损害。

（4）行使所有权之物上请求权。对于妨害地役权的行为，地役权人可以行使停止侵害、排除妨碍、返还所有物等物上请求权。

（5）恢复原状及补偿义务。地役权消灭时，地役权人应当将供役地恢复原状。因行使地役权对供役地造成损害的，地役权人应当进行补偿。

（6）按照合同约定支付使用费或报酬的义务。

2. 供役地人的权利和义务。

（1）设施使用权。在不妨碍地役权人的正常使用时，供役地人有权为了自己的利益使用地役权人在供役地的设置，并支付适当的使用费。

（2）供役地使用场所与使用方法的变更请求权。当变更地役权行使场所或使用方法对地役权人无不利影响时，供役地人可请求将地役权的行使场所迁移于供役地其他适宜之处或改变使用方法。

（3）费用请求权。根据地役权合同约定供役地为有偿使用的，供役地所有人有请求地役权人支付对价的权利。

（4）容忍地役权人利用土地及不妨碍的义务。

地役权人利用供役地不可避免地会给供役地人带来一定影响，供役地人不仅需容忍地役权人利用自己土地，而且需容忍其在供役地上修建必要的附属设施以及可能造成的某种程度上的损害等，且供役地所有人不得妨碍地役权人行使权利。

（四）地役权的消灭

1. 因法定原因解除。根据我国《民法典》第384条的规定，当地役权人出现下列两项法定情形之一时，供役地权利人有权解除地役权合同，地役权随之消灭：①违反法律规定或者合同约定，滥用地役权；②有偿利用供役地，约定的付款期限届满后在合理期限内经两次催告未支付费用。

2. 土地灭失。土地灭失是任何以土地为标的的物权消灭的原因，无论是需役地还是供役地灭失，地役权均归于消灭。

3. 目的事实不能。即供役地事实上无法再对需役地提供便利时，地役权消灭。例如，汲水地役权因供役地水源枯竭而消灭。

4. 抛弃。地役权人如将地役权抛弃，供役地则恢复其无负担的状态，地役权归于消灭；但如果是有偿使用的地役权，地役权人抛弃地役权后，仍应支付地役权全部期间的租金。

5. 存续期间的届满。地役权设有期限的，当期限届满时，地役权归于消灭。

六、居住权

（一）居住权概述

1. 居住权的概念。居住权是我国《民法典》物权编中新增设的用益物权类型，是指为了满足生活居住需要而在他人所有的住房及其附属设施上设立的占有、使用的权利。这一制度有助于落实党和国家"房住不炒"政策，实现人们对住房的多样利用，有效发挥住房的经济功能和效用，具有重要的社会意义和法治价值。

2. 居住权的特点。

（1）居住权是以满足权利人生活居住需要而设立的用益物权，与因房屋租赁产生的居住权性质不同。

（2）因体现一定的伦理性和保护弱势群体利益的目的，因而一般以无偿设立为原则，但是当事人另有约定的除外。

（3）具有较强的人身依附属性，多设立于亲属之间、具有特殊关系的人之间。

（二）居住权的设立

根据我国《民法典》的规定，居住权主要通过订立书面合同设立，合同一般包括当事人的姓名和住所、住宅的位置、居住的条件和要求、居住权期限、解决争议的方法等条款。合同签订后，应当向登记机构申请居住权登记，居住权自登记时设立。居住权也可以通过遗嘱方式设立，具体内容参照居住权合同的内容。

实务学习项目　用益物权取得与行使中的法律实务

一、解答农村土地承包关系中的法律问题

案例：土地承包经营权流转纠纷案[1]

甲、乙均系某村村民。甲承包了村集体土地 8.25 亩，承包期限为 30 年。后来甲与村民乙口头协商，将其承包的 2.28 亩土地交由乙代种并缴纳各种费用。此情况仅在村委会保管的甲的承包土地档案的基本情况栏内予以注明，但在镇政府保存的甲的土地承包合同档案的基本情况栏内却未作注明，也没有相关变更登记的内容。现甲要求乙返还承包地未果，遂提起诉讼，请求判令乙返还 2.28 亩承包地。

任务：

1. 土地承包经营权的流转期限应如何确定？

解题思路：查找关于土地承包经营权的法律规定。

2. 如果按照现行《民法典》的规定，在未约定期限的情况下，甲能否要求收回承包地？

解题思路：查找关于合同未解除的法律规定。

二、解答建设用地使用权中的法律问题

案例：建设用地使用权流转纠纷

2004 年 6 月 10 日，某市国土资源局与张某达成合意，将 8040.5 平方米的国有土地使用权出让给张某使用，双方就此签订了《国有土地使用权出让合同》。合同约定，当张某改变土地用途和土地使用条件时，应依法办理有关批准手续，取得出让人同意，在重新签订土地使用权出让合同变更协议时，相应调整土地使用权出让金，办理土地变更登记，否则张某应支付相应的违约金和滞纳金。2008 年 4 月 28 日，某置业公司与张某签订《土地使用权转让协议书》，取得该 8040.5 平方米的国有土地使用权，用于开发房地产项目，并办理了变更登记手续。据此，置业公司应向某市国土资源局缴纳土地出让金 238.8 万元。2010 年 9 月 26 日，置业公司缴纳了 30 万元的土地出让金后，剩余 208.8 万元一直未缴纳。

某市国土资源局遂以置业公司未缴纳剩余土地出让金以及相应的逾期支付的滞纳金为由，向法院提起诉讼，请求判令置业公司缴纳土地出让金 208.8 万元及

---

[1]　案件来源：甘肃省敦煌市人民法院。

自 2011 年 4 月 1 日起至付清之日止每天 5‰的滞纳金。置业公司辩称：置业公司并非《国有土地使用权出让合同》的当事人，其是依据《土地使用权转让协议书》取得该土地的使用权，其无意拖延支付土地出让金，不知晓滞纳金的约定，故无需支付滞纳金。[1]

任务：

1. 分析说明某置业公司与张某签订的《土地使用权转让协议书》是否有效。

解题思路：查找关于建设用地使用权流转条件的法律规定。

2. 某市国土资源局的请求是否应得到支持？

解题思路：查找有关建设用地使用权流转后果的法律规定。

三、解答宅基地使用中的法律问题

案例：地上房屋居住、改建纠纷案

某村村民董某夫妻共有 3 个子女，相继都考上了大学。3 个子女毕业后均留在大城市工作，转为城市户口。董某夫妻一直在农村生活，2010 年二人先后因病去世，留下农村一院房产和财产若干。后来，当 3 个子女打算将父母留下的房子或者翻拆改建时，有村民提出按照法律规定，城镇居民不能继承农村房屋和宅基地，只能由本村村民拥有和使用。3 个子女得知后，认为作为子女，他们有权继承父母留下的房产，也有权拆除重建，他人无权干涉。

任务：

1. 分析说明城市居民可否继承农村的房屋和宅基地使用权。

解题思路：查找《民法典》关于遗产和宅基地使用权的相关规定。

2. 分析说明城市居民是否有权处分继承的农村房屋。

解题思路：查找关于农村房屋买卖的相关法律规定。

---

〔1〕 案件来源：贵州省黔西南布依族苗族自治州中级人民法院。

学习小结

　　用益物权是指对他人所有物在一定范围内占有、使用、收益、处分的他物权。用益物权以占有他人之物为前提，是他物权、期限物权、限制物权，是以使用、收益为目的的独立物权。用益物权主要包括：

　　1. 土地承包经营权：①土地承包经营权自土地承包经营权合同生效时设立，不以登记为生效的要件。②土地承包经营权有期限限制，这个承包期限是法定期限，不得随意变更。③承包人在承包期内依法享有生产经营自主权，土地承包经营权还可以互换或转让等方式进行流转。如果承包的土地被依法征收，承包人有获得补偿的权利。④承包人在承包期内有维持承包土地农业用途的义务，其应根据土地的条件合理使用承包地，不准进行掠夺性经营。

　　2. 建设用地使用权：①建设用地使用权主要是通过划拨和出让的方式取得。②建设用地使用权人有权将建设用地使用权转让、互换、出资、赠与或者抵押，但不得超过建设用地使用权的剩余期限。③建设用地使用权的出让和流转自登记时发生效力。④建设用地使用权人有保护、管理和合理利用土地的义务，不得擅自改变土地用途。

　　3. 宅基地使用权：①宅基地使用权是农村集体经济组织带有社会福利性质的权利，其主体只能是农村集体经济组织的成员。②划分宅基地坚持"一户一宅"原则，宅基地的用途仅限于建造住宅及其附属设施。③宅基地使用权的转让一般只能在农村集体成员内部进行，宅基地使用权不得抵押。

　　4. 地役权：①地役权是利用他人的不动产来提高自己不动产的效益，从需役地的角度看，地役权是一种权利，而从供役地的角度看，地役权则是一种负担或义务。②地役权自地役权合同生效时设立，未经登记，不得对抗善意第三人。基于转让与或者继承也可取得地役权。③地役权人有权按照合同约定利用供役地，对供役地的利用方式因地役权的类型而有所不同。④当地役权合同出现两项法定事由之一时，供役地权利人有权解除地役权合同，地役权随之消灭。

　　5. 处理涉及用益物权的案件：①首先确定涉案用益物权的类型。②关于土地承包经营权纠纷，重点分析土地承包合同是否有效、是否有侵权行为、流转方式和程序是否规范等。③关于建设用地使用权纠纷，重点分析合同的性质和效力及违约责任、流转是否符合法律规定等。④关于宅基地使用权纠纷，重点判断主体是否合法、权属确认、转让是否符合法律规定等。⑤关于地役权纠纷，首先，搞清地役权与相邻关系的区别；其次，重点从地役权的设立、地役权的效力等方面分析，确认当事人之间存在的具体权利义务关系；最后，判断是否发生侵权行为。

课后作业

知识作业

（一）名词解释

1. 建设用地使用权　2. 居住权　3. 地役权

（二）选择题

1. 土地承包经营权属于（　　）。

A. 自物权　　　　　B. 用益物权　　　　C. 担保物权　　　　D. 他物权

2. 依据《民法典》相关规定，下列有关居住权的说法正确的是（　　）。

A. 设立居住权，当事人可以采用口头形式订立

B. 居住权自登记时设立

C. 居住权人享有对住宅修缮改良的权利

D. 居住权不得转让，但可以继承

3. 甲为了便于耕种自己承包的土地，需要修建一条经过乙承包的土地的水渠，甲、乙就此达成协议，甲因此取得的权利属于（　　）。

A. 土地承包经营权　　　　　　　B. 地役权

C. 建设用地使用权　　　　　　　D. 集体土地所有权

4. 下列关于建设用地使用权的表述中，正确的是（　　）。

A. 建设用地使用权，可在土地地表、地上或地下分别设立

B. 建设用地使用权自合同生效设立

C. 经营性建设用地应当采用招标、拍卖等方式出让

D. 建设用地使用权为有偿取得

5. 下列关于宅基地使用权的说法正确的是（　　）。

A. 主体只能是农村集体经济组织的成员

B. 一户一宅

C. 宅基地使用权转让之后，可以重新申请宅基地

D. 可以继承

（三）问答题

1. 简述用益物权和担保物权的区别。

2. 地役权和相邻关系有何不同？

二、实训作业

案例：农村土地承包经营权继承案

原告王某祥与被告王某梅系姐弟关系。1998 年 2 月 13 日，原告的父亲王某云将其承包的 3.08 亩农田转包给同村村民李某宁经营，因王某云不识字，转包

合同由李某梅代签。王某云于 2004 年去世，去世前将上述 3.08 亩农地的承包证交给原告王某祥，并言明该 3.08 亩土地由原告王某祥和被告李某梅共同继承，每人一半。原告王某祥称被告李某梅一直将该 3.08 亩土地全部据为己有，原告曾多次与其协商，被告王某梅均不同意返还，故请求法院确认原告对该 3.08 亩土地中的 1.54 亩土地享有继承权，并判令被告向原告交付该部分土地。被告王某梅辩称：原告王某祥系非农业户口，不应享有农村土地的承包经营权，且自己家庭人口比原告多，原告对父母所尽赡养义务较少，故被告应多享有诉争土地承包权的继承份额，讼争土地应全部由被告承包经营。

1. 实训任务：案例讨论+撰写案件分析报告

2. 实训步骤：

(1) 以学习小组为单位，结合所给案例素材，查阅有关农村土地承包权相关的法律规定并进行汇总交流。

(2) 组内展开讨论，请根据《民法典》和《农村土地承包法》的规定分别发表对本案的处理意见及依据。

(3) 撰写一份简要的案件分析报告。

报告格式：由案件基本事实、争议焦点、法律意见及法律适用等四个部分组成。字数不少于 500 字。

3. 评价标准：

(1) 能认真查阅资料并相互交流。

(2) 积极参与小组讨论，并对讨论内容进行记录。

(3) 报告格式符合要求，案件事实表述条理清晰，突出重点。

(4) 分析意见准确，法律依据充分，法律推理逻辑严密，解决方案合法、合理，切实可行。

(5) 规范使用法言法语。

三、网络作业

1. 扫码学习音频资料：宋庄画家村案。

2. 扫码学习音频资料：相邻关系与地役权。

 **学习任务四** **担保物权取得与行使的法律 规定及其应用**

理论学习项目 担保物权取得与行使的法律规定

一、担保物权概述

担保物权制度是现代民法的一项重要制度，对于促进社会融资以及保障交易安全，维护民事主体的合法权益有着十分重要的作用。例如，在借贷、买卖等民事活动中，通过采取一定的担保方式，对债权人而言，可以有效地降低交易风险，防止利益受损，确保债权实现；对所有权人而言，可以在不丧失财产所有权的情况下融通资金，充分发挥物的使用价值和交换价值。

（一）担保物权的概念和特征

担保物权是为确保债权的实现，而在债务人或债务人以外的第三人的特定财产上设定担保，当债务人未履行到期债务时，债权人可依照合同约定或法律规定就该担保物优先受偿的权利。我国《民法典》第386条规定："担保物权人在债务人不履行到期债务或者发生当事人约定的实现担保物权的情形，依法享有就担保财产优先受偿的权利，但是法律另有规定的除外。"担保物权具有以下特征：

1. 担保物权具有变价受偿性。担保物权是以保障债权实现为目的的，所以其内容主要是直接支配担保物的交换价值，而不是对担保物的占有和使用。这一点与用益物权以获取物的使用价值为内容不同。

2. 担保物权具有从属性。担保物权从属于所担保的主债权，故称为从权利。其从属性主要表现在：担保物权成立以债权的成立为前提，主债权无效，担保物权原则上亦无效；主债权发生转移，担保物权也随之发生转移；主债权消灭，担保物权也相应消灭。

3. 担保物权具有不可分性。担保物权的不可分性是指债权人可就担保物的全部行使权利，即使担保物权的标的物被分割或部分转让、部分消灭，也不影响担保物权的存续及整体性。反之，担保物权所担保的债权进行分割、部分转让或者消灭的，也不影响担保物权的存续及其整体性。

4. 担保物权具有物上代位性。担保物权是一种价值权，支配的是标的物的价值而非其实体，债权人设立担保物权并不以使用担保财产为目的，而是以取得该财产的交换价值为目的。因此，担保财产即使灭失、毁损，只要其他替代物的交换价值存在，担保物权并不消灭，此时担保物权的效力转移到了该替代物上。例如，担保财产毁损、灭失或者被征收等，担保物权人仍可就获得的保险金、赔偿金或者补偿金等优先受偿。

（二）担保物权的分类

1. 法定担保物权与约定担保物权。这是根据担保物权的发生原因及成立方式的不同划分的。法定担保物权是指基于法律的直接规定而产生的担保物权，如留置权。约定担保物权是指基于当事人之间的合同约定而产生的担保物权，如抵押权、质权。

2. 留置性担保物权与优先清偿性担保物权。这是以担保物权的主要效力为标准划分的。以留置权为典型代表的留置性担保物权，是以留置标的物来迫使债务人清偿债务，因权利人需要占有标的物，导致债务人不能使用、收益标的物，所以企业融资一般不采取这种方式。而以抵押权为典型代表的优先清偿性担保物权，是以标的物的交换价值作为优先清偿债务的保障，债务人仍占有、使用标的物，而无需将标的物的占有移转给债权人。这种担保物权在经济生活中居于主导地位，对企业而言，更乐于采用这种对经营影响较小的融资方式。

3. 动产担保物权、不动产担保物权、权利担保物权。这是根据担保物权的标的不同来划分的。根据《民法典》的规定，可以用于担保的财产既包括不动产，也包括动产，在特定情形下还可用权利进行担保。一般而言，动产上既可以设定质权或成立留置权，也可以设定抵押权；不动产及不动产用益物权只能设立抵押权；可转让的权利之上可设定权利质权。动产担保物权的设定以交付标的物的占有作为公示方法，而以不动产和权利作为担保的标的，则应当以登记作为公示方法。

4. 占有担保物权与非占有担保物权。这是以是否移转担保标的物的占有为标准划分的，将标的物移转给债权人占有的担保物权，称为占有担保物权，如留置权和质权；不把标的物移转给债权人占有，债务人仍继续使用、收益担保的物的担保物权，称为非占有担保物权，如抵押权。

（三）担保物权与用益物权的区别

担保物权和用益物权是两种不同的他物权形态，二者有以下不同：

1. 内容不同。担保物权主要以标的物的交换价值和优先受偿为内容，不以对物的实际利用为目的，因此，担保物权的标的物必须具有交换价值。而用益物权是以对物的使用、收益为目的，着眼于财产的使用价值，以追求物的使用价值为内容，标的物必须具有使用价值。

2. 性质不同。担保物权以担保债务履行为目的，故因债权的产生而产生，因债权的消灭而消灭，因此，担保物权是从物权，具有从属性。而用益物权根据法律规定或合同约定独立存在，不以用益物权人对财产所有人享有其他财产权利为前提，因此，用益物权是独立物权。

3. 存续期间不同。用益物权一般有明确的存续期间，权利人在存续期间内可以依法或依合同规定行使占有、使用和收益的权利；当期限届满后，权利归于消灭。而担保物权以债权的存在为前提，担保物权实现之时，权利亦归于消灭。

4. 权利行使的前提不同。用益物权的行使，必须以占有标的物为必要前提，而担保物权的行使，除留置权、质权外，均不以直接占有标的物为前提。

5. 是否具有代位性不同。担保物权具有物上代位性，表现在当担保物权的标的物灭失，如不能归责于担保物权人的，担保物权人仍可就该担保物获得的保险金、赔偿金或者补偿金等优先受偿。而用益物权则不具有这一性质。

（四）担保物权的消灭

担保物权的消灭是指担保物权对于担保财产所具有的优先受偿的支配力终止。根据我国《民法典》第 393 条的规定，担保物权的消灭原因主要包括以下情形：

1. 主债权消灭。担保物权属于从权利，主债权消灭，担保物权亦消灭。一般来说，主债权消灭的原因主要有：①清偿，是指债务人或第三人清偿全部主债权，从而使债消灭的行为；②提存，是指由于债权人的原因致使债务人不能按期偿还到期债务，债务人将清偿标的交付给特定提存部门或约定的第三人，从而使主债权消灭的行为；③抵销，是指担保物权人与债务人互负债务，根据法律规定或者合同约定符合抵销条件而导致主债权消灭的行为；④免除，是指担保物权人在不损害第三方合法权益的情况下全部免除债务人的债务而致使主债权消灭的行为；⑤混同，是指担保物权与债务因婚姻、继承、合并等原因同归于一人，从而使主债权消灭的行为。

要注意的是，这里的"主债权消灭"是指主债权的全部消灭，根据担保物权的不可分性，主债权部分消灭的，担保物权仍然存在，担保财产仍然担保剩余的债权，直到债务人履行完毕全部债务为止。

2. 担保物权实现。担保物权的实现，是指担保物所担保的债权已届清偿期而债务人不能履行债务时，担保物权人通过行使担保物权而使其债权得到优先受

偿。担保物权的实现，意味着担保法律关系消灭。但是需要注意的是，担保物权一旦实现，无论其所担保的债权是否全部清偿，担保物权即归于消灭。根据《物权法》的规定，担保物权实现后，未受清偿的债权部分可以要求债务人清偿，但这部分债权已无担保物权。

3. 债权人放弃担保物权。债权人放弃担保物权时必须具有完全民事行为能力，并以明示方式作出放弃的意思表示。主要包括两种情形：①债权人用书面的形式明确表示放弃担保物权。例如，债权人与债务人或者提供担保的第三人以签订协议的方式同意放弃担保物权。②债权人以自己的行为放弃担保物权。例如，因债权人自己的行为导致担保财产毁损、灭失的，视为债权人放弃了担保物权。

4. 法律规定担保物权消灭的其他情形。这是法律规定的兜底条款，是指《民法典》或者其他法律规定的担保物权消灭的特殊情形或者专属于某一类担保物权的消灭原因。例如，《民法典》第457条规定，留置权人对留置财产丧失占有或者留置权人接受债务人另行提供担保的，留置权消灭。

二、抵押权

（一）抵押权的概念和特征

根据《民法典》第394条的规定，抵押权是指为担保债务的履行，债务人或者第三人不转移财产的占有，将该财产抵押给债权人，当债务人不履行到期债务或者发生当事人约定的实现抵押权的情形时，债权人依法享有的，就该担保财产优先受偿的权利。在抵押法律关系中，提供担保物的债务人或者第三人称为抵押人，抵押人提供的用于担保债务履行的特定物称为抵押物，接受抵押担保的债权人称为抵押权人。

抵押权具有以下特征：

1. 抵押权是担保物权，具有担保物权的所有特征，即变价受偿性、从属性、不可分性等。

2. 抵押权的标的可以是不动产，也可以是动产或者权利。抵押物不仅要求债务人或者第三人对抵押物有处分权，而且应该是法律规定的可以抵押的财产。

3. 抵押权是不需要移转标的物占有的物权。抵押权设定后，抵押人不必将抵押财产转移于抵押权人，抵押人仍对抵押财产享有占有、使用、收益和处分的权利。比如，债务人甲将自己所有的房屋作为担保财产抵押给乙，在抵押期间，甲仍可在该房屋内居住，或者将该房屋出租给他人，收取租金。

4. 抵押权人有权就抵押财产变卖的价金优先受偿。优先受偿是指当债务人有多个债权人，其财产不足清偿全部债权时，有抵押权的债权人优先于普通债权人而受到清偿。

（二）抵押权的设立和登记

设立抵押权是抵押法律关系当事人之间的法律行为，不仅要求当事人双方意思表示一致，还应当采用书面形式订立抵押合同，有些抵押物依照法律规定还需要办理抵押登记。

1. 订立抵押合同。根据《民法典》第 400 条的规定，抵押合同一般包括以下内容：①被担保债权的种类和数额；②债务人履行债务的期限；③抵押财产的名称、数量等情况；④担保的范围。

当事人之间对其他认为需要约定的事项，也可以在协商一致的情况下在抵押合同中约定。比如抵押财产的保险责任承担，提前偿还债权的提存机关，发生纠纷后是否申请仲裁等。

2. 抵押物的范围。根据《民法典》第 395 条的规定，债务人或者第三人有权处分的下列财产可以抵押：①建筑物和其他土地附着物；②建设用地使用权；③海域使用权；④生产设备、原材料、半成品、产品；⑤正在建造的建筑物、船舶、航空器；⑥交通运输工具；⑦法律、行政法规未禁止抵押的其他财产。抵押人可以将前述所列财产一并抵押。应注意，以不动产抵押的，应按照房地一体原则即"房随地走，地随房走"。

同时，我国《民法典》第 399 条还明确规定下列财产不得抵押：①土地所有权；②宅基地、自留地、自留山等集体所有土地的使用权，但是法律规定可以抵押的除外；③学校、幼儿园、医疗机构等为公益目的成立的非营利法人的教育设施、医疗卫生设施和其他社会公益设施；④所有权、使用权不明或者有争议的财产；⑤依法被查封、扣押、监管的财产；⑥法律、行政法规规定不得抵押的其他财产。

3. 抵押权登记。财产抵押是重要的民事法律行为，进行抵押权登记可以强化抵押担保的社会功能，使抵押权获取公信力，对保护抵押关系当事人的利益，维护交易安全，具有重要的法律意义。

根据《民法典》第 402 条的规定，以本法第 395 条第 1 款第 1 项至第 3 项规定的财产或者第 5 项规定的正在建造的建筑物抵押的，应当办理抵押登记。抵押权自登记时设立。

对于以法律规定强制登记之外的其他财产抵押的，采用的是登记对抗主义，由当事人自由决定是否办理抵押登记，未经登记的抵押权不能对抗善意第三人，抵押权自抵押合同生效时设立。

4. 为避免抵押权人利用其优势地位对抵押人造成不公平，《民法典》第 401 条规定："抵押权人在债务履行期限届满前，与抵押人约定债务人不履行到期债务时抵押财产归债权人所有的，只能依法就抵押财产优先受偿。"

（三）抵押权的效力

1. 所担保债权的范围。抵押权所担保债权的范围包括主债权及利息、违约金、损害赔偿金和实现抵押权的费用。抵押合同对担保范围另有约定的，依照约定。

2. 对标的物的效力。抵押权对标的物的效力范围，除了抵押物本身外，还包括抵押物的从物、添附物、从权利、孳息、抵押财产的代位物等。当抵押权人实现抵押权时可以就以上财产进行折价或拍卖、变卖，并优先受偿。

（四）抵押权人的权利

1. 抵押权的保全权。抵押权设立后，抵押财产仍由抵押人占有、使用和收益。如果在抵押期间，抵押人的行为足以使抵押财产价值减少，损害抵押权人的利益的，抵押权人有权要求抵押人停止其行为，恢复抵押物的价值或补充提供与减少的价值相当的担保。抵押人对抵押物价值的减少无过错的，抵押权人有权在抵押人因受损害而得到的赔偿范围内要求提供担保。抵押物价值减少的部分，仍作为债权的担保。抵押人不恢复抵押物价值也不提供担保的，抵押权人有权要求债务人提前清偿债务。

2. 抵押权的处分权。抵押权人有权转让、放弃抵押权以及以抵押权为自己的债务提供担保。但抵押权不得与债权分离而单独转让或者作为其他债权的担保，应当与抵押权所担保的债权一同进行移转。抵押权人如果放弃抵押权也就意味着放弃其债权就抵押财产优先受偿的权利。但抵押权人不行使抵押权或者怠于行使抵押权的，不得推定抵押权人放弃抵押权。抵押权人放弃抵押权的，抵押权消灭。

3. 优先受偿权。这是抵押权的核心权利，在债务人不履行债务时，抵押权人就抵押财产处分所获得的价金优先于没有设立抵押权的债权人获得清偿，即只有抵押权人的债权全部获得清偿以后，有余额的，其他普通债权人才可以受偿。

（五）抵押人的权利

1. 对抵押物占有、使用、收益的权利。抵押人在其财产设定抵押后，既达到了融资目的，又可以继续享有对抵押财产占有、使用和收益的权利，真正做到了物尽其用。

2. 处分权。抵押期间，抵押人可以转让抵押财产，当事人另有约定的，按照其约定。抵押财产转让的，抵押权不受影响。但抵押人转让抵押财产的，应当及时通知抵押权人。抵押权人能够证明抵押财产转让可能损害抵押权的，可以请求抵押人将转让所得的价款向抵押权人提前清偿债务或者提存。转让的价款超过债权数额的部分归抵押人所有，不足部分由债务人清偿。

3. 抵押物的出租权。抵押人将财产抵押后，有权将该财产予以出租。我国

《民法典》第 405 条规定："抵押权设立前，抵押财产已经出租并转移占有的，原租赁关系不受该抵押权的影响。"

（六）抵押权的实现

1. 抵押权实现的条件。当债务履行期间届满，债务人不履行债务或者发生了当事人约定的实现抵押权的情形时，抵押权人就可以依照法律规定的方式和程序处理抵押财产以实现其债权。

2. 抵押权实现的方式。抵押权人与抵押人就实现抵押权协商一致达成协议的，可以按照协议的方式实现抵押权。未达成协议的，抵押权人可请求人民法院拍卖、变卖抵押财产。实践中，具体有以下几种方式：

（1）折价。是指在债务清偿期届满后，抵押权人与抵押人达成协议，参照市场价格公平作价将抵押财产的所有权转移给抵押权人以实现债权。如果双方确定的抵押财产的价格高于被担保的债权时，超出的部分归抵押人所有。

（2）拍卖。拍卖也称为竞卖，是实现抵押权最为普通的一种方式。抵押权人与抵押人协商一致即可选择拍卖机构拍卖抵押财产来实现债权，以公开竞价的方法将标的物卖给出价最高的买者，拍卖的价款能够最大限度地体现拍卖财产的价值，从而充分发挥抵押财产对债权的担保作用。

（3）变卖。就是以拍卖以外的买卖形式出让抵押财产给第三人，并以变卖价金来实现债权的方式。为保障变卖价格的公允，变卖抵押财产应当参照市场价格。

3. 抵押权实现的次序。抵押权实现的次序又称抵押权的顺位或者位序，是指就同一个抵押物设定数个抵押权时，各个抵押权人优先受偿的先后顺序，即同一抵押物上数个抵押权之间的相互关系。根据《民法典》第 414 条第 1 款的规定，同一财产向两个以上债权人抵押的，拍卖、变卖抵押财产所得的价款依照下列规定清偿：①抵押权已经登记的，按照登记的时间先后确定清偿顺序；②抵押权已经登记的先于未登记的受偿；③抵押权未登记的，按照债权比例清偿。

（七）特殊抵押权

相对于一般抵押权而言，特殊抵押权是指法律上特别规定的具有一定特殊性的抵押权。主要包括：

1. 共同抵押。共同抵押，又称为聚合抵押，是为担保同一债权在数个不同的物上设定的抵押。在共同抵押中，数个物并不是本身结合而视为一物，而是相互独立，在担保同一债权的目的上互相结合。所以共同抵押与一般抵押不同，是一种特殊的抵押。

共同抵押所担保的债权已届清偿期而未受清偿时，债权人可以对共同抵押物行使抵押权。如果抵押合同对各个抵押物的担保金额有约定，那就按照各个抵押物的变卖价金分别进行清偿。如果未约定各个抵押物的负担金额时，债权人原则上可以任意选择设定共同抵押的某个抵押物的变卖价金受偿，直至全部清偿。

2. 最高额抵押。最高额抵押是指为担保债务的履行，抵押人与抵押权人约定，在最高债权额限度内，对一定时期内连续发生的债权作担保，债务人不履行到期债务或者发生当事人约定的实现抵押权的情形时，抵押权人有权在最高债权额限度内就该担保财产优先受偿。最高额抵押具有以下特征：

（1）担保的债权具有最高限额。即无论将来实际发生的债权如何增减变动，抵押权人只能在最高债权额范围内对抵押财产享有优先受偿权。实际发生的债权超过最高限额的，以抵押权设定时约定的最高债权额为限优先受偿；不及最高限额的，以实际发生的债权额为限优先受偿。

（2）最高额抵押是为将来发生的债权作担保。与一般抵押权的从属性不同，最高额抵押权具有一定的独立性，所以，其设立时不以主债权的存在为前提。另外，根据《民法典》第421条的规定，最高额抵押担保的债权确定前，部分债权转让的，最高额抵押权不得转让，但当事人另有约定的除外。在最高额抵押权中，只要产生最高额抵押权的基础关系还存在，即使部分债权消灭也不影响最高额抵押权的存在。因此，最高额抵押权并不从属于特定债权，而是从属于主合同关系，其设立、转移和消灭在一定程度上是独立于主债权的。

（3）担保的债权种类、数额具有不特定性。设定最高额抵押权时，债权尚未发生，无法确定担保债权的实际发生额和种类，只有所担保的最高债权额是确定的。对于最高额抵押权设立前已经存在的债权，经当事人同意，也可以转入最高额抵押担保的债权范围。

（4）最高额抵押是对一定期间内连续发生的债权作担保。一定期间，不仅包括债权发生的期间，也包括抵押权担保的期间。连续发生的债权，是指所发生的债权次数不确定，且接连发生。

（5）只有在决算期界至、债权数额已确定且届履行时，最高额抵押权人才能行使抵押权。

3. 浮动抵押。浮动抵押源于英国的衡平法，浮动抵押指权利人以现有的和将有的全部财产或者部分财产为其债务提供担保。债务人不履行到期债务或者发生当事人约定的实现抵押权的情形，债权人有权就约定实现抵押权时的动产优先受偿。我国《民法典》第396条规定："企业、个体工商户、农业生产经营者可以将现有的以及将有的生产设备、原材料、半成品、产品抵押，债务人不履行到期债务或者发生当事人约定的实现抵押权的情形，债权人有权就抵押财产确定时的动产优先受偿。"债权人有权就实现抵押权时的动产优先受偿，但浮动抵押不得对抗正常经营活动中已支付合理价款并取得抵押财产的买受人。

三、质权

（一）质权概述

1. 质权的概念和特征。质权也叫质押权，是为担保债权的实现，债务人或第三人将其动产出质给债权人占有，在债务人不履行到期债务或者发生当事人约定的实现质权的情形时，债权人有权就该动产优先受偿的权利。在质权法律关系中，提供担保财产的人称为出质人，债权人称为质权人，担保财产称为质物。

区别于抵押权，质权具有以下特征：

（1）质权的客体限于动产和法律规定的权利，不动产之上不能设定质权。

（2）质权的设定以移转占有质物为生效要件。

（3）质权除具有优先受偿效力外，还因质物的移转占有而取得留置效力。

2. 质权的分类。按照质权标的物的性质不同，质权可分为动产质权和权利质权。动产质权是在债务人或第三人的动产上设立的质权；权利质权是在债务人或第三人的可让与的债权或其他权利上设定的质权。例如，将法律规定可以转让的股权、仓单、提单等财产权利出质，这时质权则称为权利质权。

（二）动产质权的设立

1. 订立质权合同。根据《民法典》第427条的规定，设立质权，当事人应当订立书面的质押合同。质押合同一般包括下列条款：①被担保债权的种类和数额；②债务人履行债务的期限；③质押财产的名称、数量等情况；④担保的范围；⑤质押财产交付的时间、方式。

2. 交付质物。由于动产具有易转移、难控制的特点，为了保障动产质权的实现，也为了保护善意第三人的合法权益，《民法典》第429条规定，质权自出质人交付质押财产时设立。即仅有质权合同并不能产生质权，出质人只有实际将质物交付给质权人占有时，质权才发生法律效力，所以质物的交付是质权设立的生效要件。交付方式包括现实交付、指示交付和简易交付，但不包括占有改定，交付的标的物与合同约定不一致的，以交付的为准。因出质人迟延移转质物给质权人造成损失的，出质人应当根据其过错承担赔偿责任。出质人代质权人占有质物的，质押合同不生效；质权人将质物返还于出质人后，以其质权对抗第三人的，人民法院不予支持。

3. 为了保障出质人的合法利益，《民法典》第428条明确规定："质权人在债务履行期限届满前，与出质人约定债务人不履行到期债务时质押财产归债权人所有的，只能依法就质押财产优先受偿。"

（三）动产质权的效力

1. 担保的债权范围。质权所担保的范围包括主债权及利息、违约金、损害赔偿金、质物保管费用和实现质权的费用。质权合同另有约定的，从其约定。

2. 对质物的效力。质权的效力及于质物的全部，当主债权未受全部清偿时，质权人可以就质物的全部行使其质权。质物被分割或者部分转让的，质权人可以就分割或转让后的质物行使质权。此外，动产质权的效力还及于质物的从物、添附物、代位物和孳息。

3. 对质权人的效力。在质权存续期间，质权人享有以下权利：①留置质物。②收取质物所产生的孳息，但合同另有约定的除外；依法收取的孳息首先应当充抵收取孳息的费用，然后充抵主债权的利息和主债权。③为担保自己的债务，将所占有的质物转质。④非因质权人责任，当质物有损坏或者价值明显减少的可能，足以危害质权人权利的，质权人有保全质权的权利，其可要求出质人提供相应的担保。出质人不提供的，质权人可以拍卖或者变卖质物，并与出质人协商将所得价款用于提前清偿债务或者提存。⑤当债务人不履行到期债务或者发生当事人约定的实现质权的情形时，质权人可处分质物并就其价款优先受偿。

同时，质权人也负有一定的义务，例如，妥善保管质物；不得擅自使用和处分质物，未经出质人同意，擅自使用、处分质押财产并给出质人造成损害的，应当承担赔偿责任；当质权消灭时应返还质物等。

4. 对出质人的效力。出质人的权利主要包括：①因质权人保管不善致使质物毁损灭失的，有权要求质权人承担赔偿责任；②质权人不能妥善保管质物可能致使其灭失或者毁损的，可要求质权人将质物提存，或提前清偿债权而返还质物；③债务履行期届满，债务人履行债务的，或出质人提前清偿所担保的债权的，有权要求质权人返还质物；④债务履行期届满，出质人不能偿还债务时，有权请求质权人及时行使质权。经出质人请求后质权人仍不行使的，出质人有权向人民法院要求拍卖、变卖质物以清偿债务。如果因质权人怠于行使权利致使质物价格下跌，或者发生其他毁损、灭失等情形，使质物无法实现其原有的变价额的，质权人要对出质人的损失承担赔偿责任。

（四）权利质权

随着商品和货币流通手段的不断发展，以票据、有价证券及其他财产权利凭证替代有形财产和货币流通的现象逐渐增多。权利质权就是出质人以提供财产权利为标的而设定的担保物权。根据《民法典》第440条的规定，债务人或者第三人有权处分的下列权利可以出质：①汇票、本票、支票；②债券、存款单；③仓单、提单；④可以转让的基金份额、股权；⑤可以转让的注册商标专用权、专利权、著作权等知识产权中的财产权；⑥现有的以及将有的应收账款；⑦法律、行政法规规定可以出质的其他财产权利。

出质人以上述权利为标的设定的质权可分为：

1. 有价证券质权。有价证券质权是指以汇票、支票、本票、债券、存款单、仓单、提单等有价证券出质设定质权。以上述有价证券出质的，质权自权利凭证交付质权人时设立；没有权利凭证的，质权自办理出质登记时设立。法律另有规定的，依照其规定。

2. 基金份额、股权质权。以基金份额、股权出质的，双方当事人应当订立书面质权合同。合同订立后，根据基金份额、股权种类的不同，质权生效情形的不同：以基金份额、证券登记结算机构登记的股权出质的，质权自证券登记结算机构办理出质登记时设立；以其他股权出质的，质权自工商行政管理部门办理出质登记时设立。基金份额、股权出质后，不得转让，但经出质人与质权人协商同意的除外。出质人转让基金份额、股权所得的价款，应当用于向质权人提前清偿债务或者提存。

3. 知识产权质权。以注册商标专用权、专利权、著作权等知识产权中的财产权出质的，质权自办理出质登记时设立。知识产权中的财产权出质后，出质人不得转让或者许可他人使用，但是出质人与质权人协商同意的除外。出质人转让或者许可他人使用出质的知识产权中的财产权所得的价款，应当用于向质权人提前清偿债务或者提存。

4. 应收账款质权。以应收账款出质的，当事人应当订立书面合同。合同订立后，双方当事人到信贷征信机构办理出质登记后质权才设立。目前我国的信贷征信机构是中国人民银行信贷征信中心。质权自信贷征信机构办理出质登记时设立。应收账款出质后，出质人不得随意转让应收账款，但经出质人与质权人协商同意的除外。出质人转让应收账款所得的价款，应当用于向质权人提前清偿债务或者提存。

四、留置权

（一）留置权的概念和特征

留置权是指在债务人不履行到期债务时，债权人有权依照法律规定留置其已经合法占有的债务人的动产，并就该动产优先受偿的权利。其目的在于督促债务人及时履行义务，以保护债权人的利益。我国《民法典》第 447 条第 1 款规定："债务人不履行到期债务，债权人可以留置已经合法占有的债务人的动产，并有权就该动产优先受偿。"这里的债权人为留置权人，占有的动产为留置财产。

留置权具有以下特征：

1. 留置权是占有型担保物权和动产担保物权，即留置权人须事先合法占有留置物且留置物只能是动产。

2. 留置权是法定担保物权。与抵押权和质权不同的是，留置权并不具有融资功能。留置权的成立也不需要当事人合同约定，只能依照法律规定的条件发生，因而它是法定的担保物权。

3. 留置权具有双重效力。首先，当债务未受清偿时留置权人可以留置合法占有的债务人的财产，不予返还，这是留置权的第一次效力；其次，当债务人超过合理期限仍不履行债务的，留置权人可以依法就留置财产折价、变卖或拍卖，并就变价价金优先受偿，这是留置权的第二次效力。

（二）留置权的成立

留置权为法定担保物权，其成立基于法律的直接规定，当事人不得任意约定创设留置权。成立留置权，必须具备以下要件：

1. 须债权人已经合法占有债务人的动产。债权人要行使留置权，必须已经合法占有债务人的动产。无论是直接占有还是间接占有该动产，都必须是基于合法原因占有，例如，基于承揽、运输、保管合同的占有。非法占有债务人的动产则不得留置，例如，债权人不得留置以侵权行为占有的债务人的动产。另外，留置权的标的物只能是动产，对于法律规定不得留置或者当事人已经明确约定不得留置的动产，不得成立留置权。

2. 须债权的发生与占有该留置动产有直接的牵连关系。除了企业之间留置的以外，留置财产必须与债权属于同一法律关系。比如，保管合同中寄存人不按期交付保管费，保管人可以留置保管物，此时留置权成立。如果保管人对寄存人享有的是保管合同之外的其他债权而留置保管物，或者保管人留置的是债务人的其他财产，则该留置权不能成立。

3. 须债务人已逾清偿期不履行债务。当债务人不履行到期债务时，债权人对已经合法占有的动产，只能实现留置权的第一次效力；当债务履行期限届满后，债务人仍不履行债务时，债权人才可以实现留置权的第二次效力以优先受偿。

应注意的是，留置权的目的是担保债权的实现，一般并不涉及公共利益或者其他第三人的利益，所以法律也允许当事人通过约定的方式排除留置权的适用。

（三）留置权的效力

1. 所担保债权的范围。留置权所担保的债权范围是由法律明确规定的，主要包括：主债权及利息、违约金、损害赔偿金、留置物保管费用和实现留置权的费用。

2. 所及的标的物范围。留置权效力所及的标的物范围，一般包括主物、从物、孳息以及代位物等。

3. 留置权人的权利和义务。

留置权人的权利包括：

（1）留置并占有留置物。当债权未受偿时，留置权人享有扣留留置物以及拒绝一切返还请求的权利，这是留置权的基本效力。留置物为可分物的，留置财产的价值应当相当于债务的金额；留置物为不可分物的，留置权人则可就留置物的全部行使留置权。在留置物受到不法侵害时，留置权人享有物上请求权，可请求法院保护。

（2）收取留置物所产生的孳息。留置权人占有留置物期间，有收取留置物孳息的权利，但不直接取得孳息的所有权，而只能以收取的孳息优先受偿。收取的孳息应先充抵收取费用，再充抵利息，最后充抵原债权。

（3）对留置物必要的使用权。在留置期间，留置权人未经留置物所有人同意，对留置物不得进行使用、获取收益。因擅自使用、出租、处分留置物给留置物所有人造成损失的，由留置权人承担赔偿责任。但在下列情形下对留置物可加以必要的使用：一是出于保管上的必要，如为防止留置的机械生锈加以必要的使用；二是经留置物所有人同意，可在一定范围内使用留置物。

（4）必要费用返还请求权。留置权人为妥善保管留置物所支出的必要费用，如养护费、维修费等，是为物的所有人的利益而支出的，故可向物的所有人请求返还。

（5）当债务履行的宽限期满后，债务人仍未履行债务的，留置权人可以行使优先受偿权。

留置权人的义务包括：

（1）妥善保管留置物。留置权人应以善良管理人的注意保管留置物。因留置权人自身过错，保管不善导致留置物毁损或灭失的，留置权人应承担损害赔偿责任。至于留置权人是否尽了必要的注意、采取的措施是否得当、对留置物的损失是否有过错，留置权人应负举证责任。

（2）不得擅自使用、出租或处分留置财产的义务。

（3）留置权消灭后返还留置财产。当留置权所担保的债权消灭时，留置权人有义务将留置物返还于债务人。在债权虽未消灭，但债务人另行提供担保而使留置权消灭时，留置权人也有返还留置物的义务。留置权人违反返还留置物的义务的，构成非法占有，应向债务人或所有人承担民事责任。

4. 对留置物所有人的效力。因留置权的成立，使得留置物所有人的权利行使受到一定限制。例如，留置物所有人不能对留置物行使占有、使用、收益的权利，也不能将留置物用于质押和出租。但是，留置物所有人并不因此而丧失留置物的所有权，只要对留置物的处分不影响留置权，留置物所有人仍可处分留置物。另外，根据《民法典》第454条的规定，债务人可以请求留置权人在债务履行期限届满后行使留置权；留置权人不行使的，债务人可以请求人民法院拍卖、变卖留置财产。

（四）留置权的实现

留置权的实现是指留置权人对留置财产进行处分，以优先受偿其债权的行为。

1. 留置权实现的条件。

（1）留置权人须给予债务人以履行债务的宽限期。债权已届清偿期债务人仍不履行债务，留置权人并不能立即实现留置权，而必须经过一定的期间后才能实现留置权。这个一定的期间，称为宽限期。因此，留置权人与债务人应当约定留置财产后的债务履行期间；没有约定或者约定不明确的，留置权人应当给债务人一定的履行债务的期间，一般不少于两个月。但鲜活易腐等不易保管的动产因保管成本过高、期限过长容易贬值甚至失去价值，对留置权人和债务人都不利，因此，留置权人无须给予债务人两个月以上的宽限期。除此之外，债务人逾期未履行的，留置权人可以与债务人协议以留置财产折价，也可以就拍卖、变卖留置财产所得的价款优先受偿。留置财产折价或者变卖的，应当参照市场价格。

（2）债务人于宽限期内仍不履行义务，也不另行提供担保。留置权人可以按法律规定的方法实现留置权。

2. 留置权实现的方法。一般情况下，留置权人可以与债务人先协议将留置财产折价以实现其债权，如果无法达成协议，留置权人可以依法拍卖或者变卖留置财产，并以拍卖或者变卖所得的价款优先受偿其债权。无论留置财产是折价、拍卖还是变卖，都必须参照市场价格，而不能随意降低该留置财产的价格。当留置物折价或者拍卖、变卖后，其价款超过债权数额的部分归债务人所有，不足部分由债务人清偿。应注意的是，此时未清偿部分的债权已经属于普通债权，不能享有优先受偿的权利。

（五）留置权的消灭

根据《民法典》的规定，留置权的消灭原因有以下几种：

1. 主债权消灭。债权可因债务人在宽限期内清偿全部债务而消灭；也可因债权人于宽限期届满后，行使留置权实现自己的债权而消灭；还可因混同、抵销、免除等其他原因而消灭。留置的根本目的在于担保债务的履行，当主债权消灭，留置权作为从物权随之消灭。

2. 在留置期间，债权人接受债务人另行提供的有效担保替代留置，留置权归于消灭。

3. 债权人对留置物丧失占有。例如，债权人自愿将留置物交还给债务人的，视为放弃留置权的占有，留置权归于消灭。如果留置权人丧失对留置物的占有非出于本人意愿，如留置物被侵夺，那么在物上请求权行使期限届满之前，留置权并不消灭。

实务学习项目　担保物权取得与行使中的法律实务

一、担保方式的选择

案例：汽车抵押案

周某向新星公司购买生产原料一批，合同价款 20 万元，双方约定新星公司交货后 3 个月周某再付款。同时，周某以自己所有的一辆汽车（价值 30 万元）作抵押，约定如到期不能付款，则这辆汽车归新星公司所有。为此，双方签订了抵押合同但未向有关机关办理抵押登记。此后，周某因向吴某借款 10 万元，又将该车质押给吴某。双方签订汽车质押合同的同时，周某将该车辆移交给了吴某。现由于周某不能按约定支付货款，也无力偿还吴某借款，新星公司将周某诉至法院，要求周某交付汽车。

任务：

1. 本案中的两种担保方式各有什么特点？

解题思路：查找《民法典》关于抵押权和质权的相关规定并进行比较。

2. 周某与新星公司的抵押合同效力如何？

解题思路：查找《民法典》中关于抵押合同的相关规定。

3. 周某与吴某的质押合同效力如何？

解题思路：查找《民法典》中关于质权合同的相关规定。

4. 新星公司该如何实现债权？

解题思路：查找《民法典》第 403 条的规定。

二、担保合同的审核

案例：房屋抵押合同案

王某因经营活动需 17 万元进货款，经协商，夏某同意借给王某 17 万元，借款期限 6 个月，但要王某提供担保。王某说服好友陈某，用陈某的房产为自己借款作担保，于是陈某与夏某签订了房产抵押合同，约定如果王某无法偿还借款，该套房产便归夏某所有，并将房产证交于夏某。6 个月后，王某因经营不善无钱归还借款，夏某持抵押合同找到陈某，要求陈某按合同履行，陈某则认为借款人是王某，与己无关，夏某无奈只好将二人诉至法院。

任务：

1. 签订担保合同时应注意哪些事项？

解题思路：查找《民法典》关于订立担保合同的法律规定。

2. 夏某的借款该由谁偿还？

解题思路：查找关于抵押权生效的法律规定。

三、常见担保物权纠纷的处置

案例：玉雕出质案

2010 年 7 月 18 日，胡某与王某签订了借款合同，合同约定：胡某借款 20 万元给王某，期限为 3 个月，同时还约定，王某以自己价值 25 万元的一块玉雕作为质押担保。合同签订后，王某将玉雕交付给胡某。后胡某因急需资金周转向冯某借款 15 万元，冯某要求胡某提供担保，胡某因无其他钱财担保，于是将王某出质的玉雕交付给冯某作为担保，不料一日冯某的孙子不慎打碎了玉雕的一角。王某在借款到期后按照约定归还了借款，要求胡某返还该玉雕时，方知玉雕在冯某手中并损坏。王某要求胡某赔偿自己的损失。但是胡某认为玉雕是冯某损坏的，冯某应赔偿王某的损失。于是王某向法院起诉，要求胡某返还作为质物的玉雕。

任务：

1. 胡某以玉雕抵债的约定是否有效？

解题思路：查找《民法典》关于转质的法律规定。

2. 分析说明玉雕被损坏，谁该对王某承担责任？

解题思路：查找《民法典》关于质权消灭和转质的法律责任的规定。

案例：汽车修理费纠纷案

甲汽车修理厂三年来经常为乙运输公司修理汽车，去年下半年乙运输公司经营状况下滑，欠甲汽车修理厂的 2 万元修理费一直未付。今年上半年乙运输公司又将 1 辆大卡车交给甲汽车修理厂修理，并付清了本次修理费，但甲汽车修理厂却拒绝将修好的大卡车交还给乙运输公司，并要求乙运输公司支付上半年欠下的 2 万元修理费，否则将变卖这辆大卡车来折抵所欠修理费。

任务：

1. 分析甲汽车修理厂是否有权留置乙运输公司的这辆大卡车？

解题思路：查找《民法典》关于留置权成立的条件。

2. 分析说明甲汽车修理厂变卖这辆大卡车的条件。

解题思路：查找《民法典》关于实现留置权的条件。

知识拓展

学习小结

1. 抵押权：①设立抵押权，当事人应当采取书面形式订立抵押合同。以不动产及不动产物权抵押的，抵押权自办理抵押登记时生效；以其他财产抵押的，抵押权自抵押合同生效时设立，未经登记的抵押权不能对抗善意第三人。②抵押权的效力包括担保的债权范围、及于标的物的范围以及抵押权人和抵押人的权利义务。③实现抵押权的方法主要有折价、拍卖和变卖。④特殊抵押权主要包括最高额抵押、共同抵押、动产浮动抵押。

2. 质权：①质权的客体限于动产和法律规定的权利。②设立质权，当事人应当订立书面形式的质权合同，质权自出质人交付质押财产时设立。③质权的效力包括担保的债权范围、及于标的物的范围以及质权人和出质人的权利义务。

3. 留置权：①留置权为法定担保物权，其成立基于法律的直接规定，当事人不得任意依约定创设留置权，但允许当事人以约定排除留置权的适用。②当债务人不履行到期债务时，债权人合法占有的债务人的动产与债权属于同一法律关系的，留置权成立。③留置权具有双重效力，即留置标的物和变价并优先受偿。

4. 处理涉及担保物权的案件：①首先初步判断具体属于哪种担保方式。②分析判断是否符合具体担保物权成立的条件。③分析担保关系当事人之间的权利和义务。④分析确定担保物权是否具备实现条件。

课后作业

一、知识作业

（一）名词解释

1. 抵押权   2. 质权   3. 留置权

（二）选择题

1. 抵押权标的物的范围包括（   ）。

A. 抵押物   B. 抵押物的代位物

C. 抵押物的孳息   D. 抵押物的从权利

2. 以动产设定的质权，自（   ）有效。

A. 质押合同成立时　　　　　　　　B. 质押合同登记时

C. 质物交付质权人占有时　　　　　D. 质物被质权人使用时

3. 根据《民法典》的规定，下列各项中（　　　）的债务人不履行债务时，债权人享有留置权。

A. 保管合同　　B. 租赁合同　　C. 运输合同　　D. 加工承揽合同

4. 根据《民法典》的规定，下列权利中不能设定权利质权的是（　　　）。

A. 专利权　　　　　　　　　　　　B. 应收账款债权

C. 可以转让的股权　　　　　　　　D. 房屋所有权

5. 根据《民法典》的规定，下列财产或权利中可以作为抵押物的有（　　　）。

A. 未完工的房屋　　　　　　　　　B. 学校教学楼

C. 建设用地使用权　　　　　　　　D. 林木

（三）问答题

1. 如何正确理解抵押登记的效力？

2. 简述质押的法律特征及种类。

二、实训作业

案例：房屋抵押纠纷案

2012 年 1 月 12 日李某和张某签订了抵押借款协议，约定张某借给李某 30 万元，李某的一处房屋作为抵押物，李某应于 2014 年 1 月 12 日一次性还清借款。为了简化手续，双方未办理登记。借款期满后，张某多次向李某催还借款，但李某始终以各种理由推脱不还。2014 年 3 月 15 日，李某将作为抵押的房屋转让给第三人。张某得知后，诉至法院，请求法院撤销李某与第三人的买卖合同。法院是否支持张某的请求？

1. 实训任务：案例讨论，并撰写案例分析报告。

2. 实训步骤：

（1）以学习小组为单位，结合所给案例素材，查阅有关抵押权的法律规定并进行汇总交流。

（2）组内展开讨论，重点对合同效力进行分析讨论。分别发表对本案的处理意见及依据。

（3）撰写一份简要的案件分析报告。

报告格式：由案件基本事实、争议焦点、法律意见及法律适用等四个部分组成。字数不少于 500 字。

3. 评价标准：

（1）能认真查阅资料并相互交流。

（2）积极参与小组讨论，并对讨论内容进行记录。

（3）报告格式符合要求，案件事实表述条理清晰，突出重点。

（4）分析意见准确，法律依据充分，法律推理逻辑严密。

三、网络作业

1. 扫码学习音频资料：用益物权与担保物权的区别。

2. 扫码学习音频资料：几种特殊的抵押权。

第四单元　债权及其行使

学习目标

　　通过本单元的教学，使学生全面了解我国法律关于债的有关规定；理解债的发生原因、债的履行原则、债的保全制度、债的担保制度以及债的消灭原因；掌握债权人的代位权和撤销权以及保证在民事活动中的具体运用；熟悉债的主要种类及其法律的一般规定，并据以解决民事生活中发生的常见债的民事纠纷。

重点提示

　　本单元的重点是理解债的含义，掌握债的履行原则、债的保全制度、债的担保制度、债的常见种类及其在实践中的具体运用。

 **学习任务一**　　债的基本理论及其应用

理论学习项目　债的基本理论

一、债权概述

　　债，是指存在于特定当事人之间，以一方请求另一方为一定行为或不为一定行为的法律关系。在这种民事法律关系中，享有请求他方为一定行为或不为一定行为的权利叫作债权，应他方的请求必须为一定行为或不为一定行为的义务叫作债务。债的关系的主要内容由债权和债务构成，其中享有权利的一方称为债权人，负有义务的一方称为债务人。

　　我国《民法典》第118条规定："民事主体依法享有债权。债权是因合同、侵权行为、无因管理、不当得利以及法律的其他规定，权利人请求特定义务人为或者不为一定行为的权利。"

二、债的发生根据

债的发生根据，又称债的发生原因，是指能够引起债产生的法律事实。

根据我国《民法典》第 118 条第 2 款的规定，债的发生根据包括以下五种情况：

（一）合同

我国《民法典》第 464 条第 1 款规定："合同是民事主体之间设立、变更、终止民事法律关系的协议。"合同依法成立后，即在特定当事人之间产生债权债务关系。基于合同所产生的债为合同之债。债权人有权按照合同的约定，请求合同义务人履行合同义务。合同之债是民事主体为自己利益依自己意思自行设定的，属于意定之债。合同是产生债的最常见、最重要的原因。

（二）侵权行为

侵权行为是指侵害他人的民事权益，依法应承担民事责任的行为。我国《民法典》第 3 条规定："民事主体的人身权利、财产权利以及其他合法权益受法律保护，任何组织或者个人不得侵犯。"因此，在民事活动中，如果侵权行为导致他人不法损害，侵权行为人依法应当承担损害赔偿责任时，在侵权人与被侵权人之间就形成了以损害赔偿为内容的债的关系。因侵权行为而产生的损害赔偿之债，是一种典型的法定之债。法律确定侵权行为之债的目的在于：通过债的手段使侵权行为人承担其不法行为所造成的不利后果，给受害人以救济，从而保护民事主体的合法民事权益。因此，侵权行为所生之债是合同之债之外的另一种较为常见的债。

（三）无因管理

无因管理是指没有法定或约定的义务，为避免他人利益受损失而主动对他人的事务进行管理的行为。我国《民法典》第 121 条规定："没有法定的或者约定的义务，为避免他人利益受损失而进行管理的人，有权请求受益人偿还由此支出的必要费用。"管理他人事务的人叫作管理人，事务被他人管理的人叫作本人或受益人。无因管理一经成立，在管理人和受益人之间即产生债权债务关系，管理人有权请求受益人偿还其因管理而支出的必要费用，受益人有义务偿还。这种因无因管理而产生的债，称为无因管理之债，它不是基于当事人的意愿设定的，而是根据法律的规定，为法定之债。

（四）不当得利

不当得利是指没有法律根据，取得不当利益，造成他人损失的情形。我国《民法典》第 122 条规定："因他人没有法律根据，取得不当利益，受损失的人有权请求其返还不当利益。"由于受益人所获得的利益缺少法律上的基础和根据，并且其获益是建立在他人受有损失的基础上的，法律规定受损失的人有权请求获利人返还该项不当利益，双方因此形成了以不当得利返还为内容的债的关系，即不当得利之债。不当得利不是当事人之间的合意，也不以当事人的意志为转移，而是法律为纠正不当得利，直接赋予当事人的权利义务，因此，不当得利之债属于法定之债。

（五）法律的其他规定

除上述四种原因外，法律的其他规定也会引起债的发生，民事主体依法享有债权。我国《民法典》第 1067 条规定："父母不履行抚养义务的，未成年子女或者不能独立生活的成年子女，有要求父母给付抚养费的权利。成年子女不履行赡养义务的，缺乏劳动能力或者生活困难的父母，有要求成年子女给付赡养费的权利。"当义务人不履行法定义务时，未成年的或不能独立生活的子女和无劳动能力的或生活困难的父母就依据法律的规定享有债权。

三、债的分类

基于不同的分类标准，可将债分为不同的种类。民法上债的分类主要有以下几种：

（一）意定之债和法定之债

按照债的内容是否依据当事人的自主意愿而发生，可将债分为意定之债和法定之债。

意定之债，是指债的发生及其内容均由当事人依其自由意愿而决定的债。其中，最常见、最为典型的是合同之债。法定之债是指债的发生及其内容均由法律加以规定的债，又称为非合同之债。这种类型的债主要包括侵权行为之债、无因管理之债和不当得利之债。

区分意定之债和法定之债的意义在于：两者法律特征不同，法律适用也各不同。意定之债，全面贯彻当事人意思自治原则，在债的主体、内容、债的履行方面，均由当事人自由约定。如合同之债，适用法律为我国《民法典》合同编。而法定之债，即各类非合同之债，其债的发生及效力均由法律直接规定。如侵权行为之债，适用法律为我国《民法典》侵权责任编。

（二）特定之债和种类之债

按照债的标的物在债成立时是否特定，债可分为特定之债和种类之债。

特定之债是指在债成立的时候，标的物就已经特定的债，也就是说，债发生时其标的物已特定化。种类之债是指在债成立时，以非特定的种类物为给付标的物的债。

区分特定之债和种类之债的法律意义在于：一是债的履行要求不同。特定之债的履行，除非债权人同意，债务人不得以其他标的物代为履行，而种类之债无此要求；二是所有权及意外灭失风险转移时间不同。在法律规定或当事人约定的情况下，特定之债的标的物所有权及意外灭失的风险可自债的成立时转移；种类之债的标的物所有权及意外灭失的风险只能自交付之日起转移。

（三）简单之债和选择之债

根据债的标的有无选择性，可将债分为简单之债和选择之债。

简单之债，又称不可选择之债，是指债的履行标的是唯一的，当事人只能按此种标的来履行。选择之债，是指债的标的为两种以上，当事人可以从中选择其一来履行。选择之债可以转变为简单之债，此即选择之债的特定。

区分二者的法律意义在于：简单之债的履行无选择性，只能按确定的标的履行；而选择之债则需要在选择确定履行标的之后才能履行。

（四）按份之债和连带之债

根据多数人之债中多数一方当事人享有的权利和承担的义务不同，可分为按份之债和连带之债。

按份之债是指债的一方主体为多数人，各自按照一定的份额享有权利或承担义务的债。债权主体一方为多数人，各债权人按一定份额分享债权的，为按份债权，各个债权人只能就自己享有的债权份额请求债务人给付或接受给付，无权请求或接受债务人的全部给付；债务主体一方为多数人，各债务人按一定份额分担债务的，为按份债务，各债务人只应对自己分担的债务额负责清偿，无须向债权人清偿全部债务。连带之债，是指债的主体一方为多数人，多数人一方的各个当事人之间在行使权利或承担义务方面存在连带关系的债。连带之债包括连带债权和连带债务。连带债权，是指数人有同一债权，其中每个人都有请求债务人履行全部债务的权利。连带债务，是指数人负同一债务，其中每个人各自都有对债权人履行全部债务的义务。

区分按份之债与连带之债的法律意义在于：二者产生的法律效力不同。在按份之债中，任一债权人接受了其份额内的给付或任一债务人给付了应负担的份额后，与其他债权人和债务人均不发生任何权利义务关系。而在连带之债中，连带债权人接受了任何一人全部义务的给付，或者连带债务人的任何一人给付了全部债务时，原债归于消灭，但在连带债权人和连带债务人之间却产生了新的按份之债。

（五）财物之债和劳务之债

根据债务人所给付义务的内容不同，可分为财物之债和劳务之债。财务之债是指债的给付为财物的债，劳务之债是债的给付为提供劳务的债。

区分二者的法律意义在于：债的履行强制力不同。当债务人不履行债务时，财物之债可强制履行，而劳务之债不可强制履行。

（六）主债和从债

根据两个债的关联性关系，即两个债所处的不同的法律地位，可将债分为主债和从债。主债是指能独立存在，不以他债的存在为前提的债。从债是指不能独立存在，必须以主债的存在为存在前提的债。例如，借款合同为主债，而担保借款人履行还款义务的保证之债就属于从债。

区分主债与从债的法律意义在于：二者在效力上的依存关系不同。主债与从债虽各自独立存在，但从债的效力依附于主债。主债是从债发生的根据，没有主债，就不会发生从债。主债的效力决定从债的效力，主债不成立，从债也不成立。主债无效、被撤销或消灭时，从债也随之失去效力或消灭。相反，从债不成立、无效或被撤销，对主债的效力不发生影响。

四、债的履行

（一）债的履行的概念

债的履行是指债务人按照合同的约定或法律的规定履行其义务。我国《民法典》第 509 条第 1 款规定："当事人应当按照约定全面履行自己的义务。"由此可见，债的履行是债最主要的效力。因为只有债务人履行了自己的义务，债权人的债权才能得以实现。

（二）债的履行原则

债的履行原则，是指当事人在履行债务时所应遵循的基本准则。这些基本准则，有的是民法的基本原则，例如，平等原则、自愿原则、公平原则、诚实信用原则等；有的是专属于债的履行原则，包括适当履行原则、协作履行原则、经济合理原则、情势变更原则等。对于民法共有的基本原则，在此不再赘述，下面着重介绍专属于债的履行原则。

1. 适当履行原则。适当履行原则，又称全面履行原则或正确履行原则，是指当事人按照法律规定或者合同约定的标的及其质量、数量，由适当的主体在适当的履行期限、履行地点，以适当的履行方式，全面完成债务的履行原则。我国《民法典》第 509 条第 1 款表述为："当事人应当按照约定全面履行自己的义务。"

适当履行原则是债的履行本旨所在，只有坚持适当履行原则，才能发生债消灭的法律后果。当事人能否全面、正确、适当地履行债是决定其是否承担债的不履行民事责任的界限。

2. 协作履行原则。协作履行原则，是指当事人不仅应当适当履行自己的债务，而且应基于诚实信用原则的要求，在必要的限度内协助对方当事人履行债务的履行原则。我国《民法典》第 509 条第 2 款规定："当事人应当遵循诚信原则，根据合同的性质、目的和交易习惯履行通知、协助、保密等义务。"该条款充分体现了协作履行原则。协作履行原则是诚实信用原则在债的履行方面的具体体现。

协作履行原则强调的是债的双方当事人在债的履行过程中的相互配合性和相互协作性。

3. 经济合理原则。经济合理原则，是指在债的履行过程中，讲求经济效益，付出最小的成本，取得最佳的效益。经济合理原则在债的履行中的具体表现为：①债务人应选择最经济合理的运输方式；②选择履行期限应体现经济合理；③选用设备体现经济合理；④变更合同体现经济合理原则，我国法律允许变更收货人、到货地点，即为例证；⑤债务履行的费用超过履行获得的收益，不得要求继续履行；⑥违约救济体现经济合理。

4. 情势变更原则。情势变更原则，是指合同依法成立后，因不可归责于双方当事人的原因发生了不可预见的、不属于商业风险的重大变化，致使合同的基础丧失或者动摇，若继续维持合同原有效力则显失公平，而允许当事人变更或解除合同的原则。我国《民法典》第533条第1款规定："合同成立后，合同的基础条件发生了当事人在订立合同时无法预见的、不属于商业风险的重大变化，继续履行合同对于当事人一方明显不公平的，受不利影响的当事人可以与对方重新协商；在合理期限内协商不成的，当事人可以请求人民法院或者仲裁机构变更或者解除合同。"情势变更原则的适用，须具备以下条件：①有情势变更的事实；②情势变更必须发生在合同成立以后，履行完毕之前；③情势变更的发生不可归责于当事人；④情势变更是当事人所无法预见的。

情势变更不同于商业风险。情势变更是当事人根据主、客观因素都很难预见的，且发生变更的法律事实动摇或消灭了合同的基础。而对于商业风险，法律推定当事人根据经验等可以预见、能预见而未预见，且发生的是一般法律事实的变更。

情势变更原则与不可抗力之间的关系在于，不可抗力的发生未影响到合同履行时，不适用情势变更原则；若不可抗力致使合同不能履行时，在我国《民法典》上发生合同解除，亦不适用情势变更原则；不可抗力导致合同履行十分困难，但尚未达到不能的程度，若按合同规定履行就显失公平时，方可适用情势变更原则。

（三）债的适当履行

债的适当履行，包括债的履行所遵循的具体标准和要求，是适当履行原则的具体体现。

1. 履行主体。债的履行主体，不同于债的主体，它包括履行债务的主体和接受债务履行的主体，即履行债务和接受债务履行的人。

通常情况下，履行债务的人包括：①债务人，包括单独债务人、连带债务人、不可分债务人、保证债务人；②债务人的代理人。除法律规定、当事人约定或性质上必须由债务人本人履行的债务外，履行可由债务人的代理人进行。但代理只有在履行行为是法律行为时方可适用；③当事人以外的第三人，但第三人代替履行义务，必须由法律规定或当事人约定，且债的性质不属于当事人亲自履行的债。我国《民法典》第 523 条规定："当事人约定由第三人向债权人履行债务，第三人不履行债务或者履行债务不符合约定的，债务人应当向债权人承担违约责任。"

一般情况下，接受债务履行的人包括：①债权人，包括单独债权人、连带债权人、不可分债权人等；②债权人的代理人；③当事人约定受领履行的第三人。但这种约定不得违反法律、行政法规的强制规定。

2. 履行标的。履行标的，是指债务人应为履行的内容，包括交付标的物、移转权利、提供劳务、完成工作等。履行标的应具体确定。

关于履行标的的质量、价款或报酬等要求，我国《民法典》第 510 条、第 511 条都有明确的规定。具体要求是：当事人有约定，依其约定；没有约定或约定不明确的，可以协议补充；不能达成补充协议的，按合同相关条款或交易习惯确定；履行标的的质量以上述方法仍不能确定的，按照国家标准、行业标准履行；没有国家标准、行业标准的，按照通常标准或者符合合同目的的特定标准履行。价款和报酬以上述方法不能确定的，按照订立合同时履行地的市场价格履行；依法应当执行政府定价或者政府指导价的，按照规定履行。

3. 履行期限。履行期限，是指债务人履行债务和债权人接受履行的时间。履行期限一般由当事人约定或者由法律明确规定。有约定的，依其约定，无约定的，当事人可以事后协议补充；法律、法规有规定时，依其规定。履行期限还可由债务的性质确定。

依上述方法仍不能确定履行期限的，应按照我国《民法典》第 511 条第 4 项关于"履行期限不明确的，债务人可以随时履行，债权人也可以随时请求履行，但是应当给对方必要的准备时间"的规定来处理。

4. 履行地点。履行地点，是指债务人履行债务和债权人接受履行的地点。履行地点可以由当事人约定，也可以由法律、法规明确规定。当事人对履行地点没有约定或者约定不明确的，可以协议补充；不能达成补充协议的，按照合同有关条款或者交易习惯确定。多数人之债履行地点可以约定多个不同的履行地点；同一债的数个给付，也可约定数个不同履行地点；双务合同中，可以分别约定履行地点；即使同一个债务，也可以约定数个履行地点，供当事人选择。法律、法规对履行地点有特别规定的，依其规定。当事人如无约定，又无法律明确规定的，可依习惯或债的性质确定履行地点。

按上述规则仍不能确定履行地点时，应依照我国《民法典》第511条第3项关于"履行地点不明确，给付货币的，在接受货币一方所在地履行；交付不动产的，在不动产所在地履行；其他标的，在履行义务一方所在地履行"的规定来处理。

5. 履行方式。履行方式，是指债务人履行债务的方法。如标的物的交付方法，价款或者酬金的支付方法等。履行方式有约定的，依其约定，有法律、法规特别规定的，依其规定。既无约定也无法律规定的，可由债的性质来确定。

如果依上述规则仍无法确定的，可依我国《民法典》第511条第5项关于"履行方式不明确的，按照有利于实现合同目的的方式履行"的规定予以确定。例如，当事人约定以邮寄方式给付，而未规定是否挂号的，依诚信原则贵重物品采用挂号邮寄，即为适当履行。

6. 履行费用。履行费用，是指履行债务的必要费用，但是不包括债的标的物本身的价值。在通常情况下，履行费用包括运送费、包装费、汇费、登记费、通知费等。对于履行费用的负担，当事人有约定的，依其约定；如无约定，依据我国《民法典》第510条的规定，双方当事人可协议补充；不能达成补充协议的，按照合同相关条款或者交易习惯确定。如以上述方法仍不能确定的，依据我国《民法典》第511条第6项的规定，履行费用的负担不明确的，由履行义务一方负担；因债权人增加的履行费用，由债权人负担。

（四）债的不履行

债的不履行，是指债的主体没有按照债的规定内容，全面正确实施规定的义务。一般认为，不履行债务的形态包括全部不履行和部分不履行。全部不履行是指债的履行主体根本未实施任何旨在清偿债务的给付行为，包括履行不能和拒不履行；部分不履行是指履行主体虽然有履行义务的行为，但其履行不符合当事人的约定或者法律的规定，包括迟延履行和瑕疵履行。债的不履行形态各异，但导致的后果只有一个，即未能充分满足债权，使债的目的不能达到。对此，法律规定了相应的补救措施，要求债的履行主体承担债的不履行的相应法律后果。

1. 履行不能。履行不能，是指实现债的内容在客观上根本不可能。例如，在特定物之债的履行中，特定物灭失导致的履行不能。另外，即使尚有履行的可能，但若履行不得不付出不适当的代价或重大的生命危险或因此而违反更大的义务，也应认为属于履行不能。

履行不能的法律后果主要有：①因不可归责于债务人的事由的履行不能，债务人免除其原债务，且不承担不履行债务的责任；②因可归责于债务人的事由的履行不能，债务人免除履行原债务的义务，但应承担不履行的责任。

2. 拒不履行。拒不履行，是指债务人能够履行债务而故意不履行。拒不履行的构成要件：①须有合法债务存在；②须债务人有拒绝履行的意思表示，这种意思表示，可以明示，也可默示；③须债务人有故意或重大过失；④履行须为可能；⑤拒不履行须为违法。

拒不履行的法律后果：①债权人可以解除合同，并请求支付违约金或赔偿损失；或由债权人诉请法院强制执行，并请求支付违约金或赔偿损失；②在双务合同中，债务人丧失同时履行抗辩权，债权人有先履行义务的，债权人可以拒绝履行；③在担保债权中，债权人可以请求保证人履行保证义务；在物的担保中，债权人可依法行使担保物权。

3. 迟延履行。迟延履行，是指合同当事人的履行违反了履行期限的规定，包括债权人迟延和债务人迟延，其中债务人迟延又称给付迟延，债权人迟延又称受领迟延。

给付迟延的法律后果：①债权人可诉请法院强制执行；②债务人对因迟延履行所产生的损害进行赔偿；③在迟延履行后，如遇不可抗力而造成损失的，债务人须承担赔偿责任；④当事人一方迟延履行债务，经对方催告后，在合理的期限内仍未履行的，或当事人一方迟延履行债务致使合同目的不能实现的，另一方当事人可以解除合同并请求赔偿。

受领迟延的法律后果：①债权人应承担因受领迟延而发生的费用，债务人无须承担；②债务人可以通过提存等方式来免除其履行责任；③债权人的受领迟延，造成债务人损失的，应支付违约金并赔偿损失。

4. 瑕疵履行。瑕疵履行，是指债务人虽履行，但其履行有瑕疵。即履行不符合法律规定或当事人的约定，导致减少或丧失履行的价值或效用，造成履行利益的丧失，甚至造成债权人的其他损害。瑕疵履行包括一般的瑕疵履行和加害给付两种，如果履行上的瑕疵仅造成债权人履行利益的丧失，构成一般的瑕疵履行；但若造成债权人的其他损害，就构成了加害给付。

一般的瑕疵履行因瑕疵的性质能否补正而产生不同的法律后果：①对于尚可补正的瑕疵履行，债权人有权要求债务人补正后再受领，但经债权人催告而债务人不为补正的，债权人可诉请法院强制执行。因标的物的补正而造成债务人迟延履行的，债务人应承担迟延履行责任。对于标的物虽能补正但对债权人已无利益的，债权人可解除合同。②瑕疵不能补正的，债权人得拒绝受领，请求全部不履行的损害赔偿，并可解除合同。如债权人愿意受领的，则可免除债务人已履行部分的赔偿责任。

加害给付的法律后果：我国《民法典》第 186 条规定："因当事人一方的违

约行为，侵害对方人身权益、财产权益的，受损害方有权选择请求其承担违约责任或者侵权责任。"可见，债务人的加害给付行为，已构成侵权责任与违约责任的竞合，债权人可选择其一来行使请求权。

五、债的保全

（一）债的保全概述

债的保全，是指法律为防止因债务人的财产不当减少给债权人的债权带来危害，允许债权人代债务人之位向第三人行使债务人的权利，或者请求法院撤销债务人与第三人的民事法律行为的法律制度。债的保全制度包括债权人代位权制度与债权人撤销权制度。

法律设置债的保全制度的原因在于，债权需要债务的适当履行才能实现，债务的履行多体现为从债务人的总财产中分离出一定的财产给债权人，债务人的总财产为债务人的责任财产。因此，债务人的总财产状况如何，直接关系到债权人的债权能否得以实现。法律为保证债权人债权的实现，而对责任财产采取了保全手段，即债的保全制度。保全制度弥补了债法固有救济方式（特殊担保和民事责任）的不足，其目的在于能够更好地维护债权人利益，是对债权的积极保护。我国《民法典》合同编对债的保全制度作了比较具体的规定。

（二）债权人的代位权

1. 债权人代位权的概念。根据我国《民法典》第535条第1款的规定，债权人的代位权是指因债务人怠于行使其债权或者与该债权有关的从权利，影响债权人的到期债权实现的，债权人为保全自己的债权，可以向人民法院请求以自己的名义代位行使债务人对相对人的权利。

2. 债权人代位权的法律特征。债权人代位权属于债的对外效力，作为一种民事权利，其特征如下：①代位权是债权人以自己的名义行使债务人的权利，因此不同于代理权；②代位权是债权人为保全债权而代债务人行使其权利，而非扣押债务人的财产权利或就其收取的财产有优先受偿权，因而是实体法上的权利，而非诉讼法上的权利；③代位权是为了保全债权，而且在履行期到来之前，债权人为了保持债务人的财产可以行使代位权，此点不同于债权人对债务人或第三人的请求权；④代位权是债的一种法定权能，是债权人的固有权利，只要具备代位权成立的法定要件，无论当事人是否约定，债权人都可以享有。

3. 债权人代位权的成立要件。

（1）债务人享有对第三人（次债务人）的权利。债务人对第三人享有的权利，为债权人代位权的标的。债务人对第三人的权利，应具备以下几个条件：①债务人对第三人的权利应为合法债权；②债务人对第三人的权利应为到期债权；③债务人对第三人的权利应是以金钱给付为内容的权利；④债务人对第三人的权利必须是非专属于债务人本身的权利。

（2）债务人怠于行使其到期债权。所谓怠于行使，是指债务人应行使且能行使却不行使其权利。

（3）债务人已陷入履行迟延。

（4）须有保全债权的必要。只有因债务人怠于行使到期债权，而使债权人的债权出现难以实现的危险时，债权人才有行使代位权的必要。

4. 债权人代位权的行使。

（1）债权人代位权行使的主体。债权人代位权的行使主体是债权人，债务人的各个债权人在符合法律规定的条件下均可以行使代位权。在多数人之债中，多数债权人可以独立行使代位权，也可作为共同原告共同行使代位权。但如果其中一个债权人已就某项债权行使了代位权，或正在代位诉讼，其他债权人就不得就该项债权再行使代位权，提起代位权诉讼。不过，其他债权人可以起诉债务人，请求其履行债务。

（2）债权人代位权行使的方式。债权人以自己的名义通过诉讼程序行使，若允许在诉讼外行使，则难以达到保全债权的目的。

（3）债权人代位权行使的范围。债权人代位权行使的范围，是以保全债权人的债权为限。在必要范围内，可以同时或顺位代位行使债务人的数个债权。

（4）债权人代位权行使的限制。债权人行使代位权，应尽善良管理人的义务，否则给债务人造成损害的，由债权人赔偿。

5. 代位权行使的效力。

（1）对债务人的效力。代位权行使的效果应直接归属于债务人，即使在债权人受领交付场合，也是作为对债务人的清偿，而不能将它直接作为对债权人自己债权的清偿。代位权行使的效果必须归入债务人总体的责任财产之中。

（2）对第三人（次债务人）的效力。代位权的行使对于次债务人的效力有三：①在代位权诉讼中，处于被告地位的次债务人，可以向债权人行使自己对抗债务人的一切抗辩权；②经人民法院审理后认定代位权成立的，由次债务人向债权人清偿，履行清偿义务后，债务人与次债务人之间相应的债权、债务关系消灭；③在代位权诉讼中，债权人胜诉的，诉讼费用由次债务人承担，从实现的债权中优先支付。

（3）对债权人的效力。债权人行使代位权不得超出债务人的权利范围，也不得超出债权人本人的债权范围。经审理确认代位权成立并经次债务人向债权人履行清偿义务后，债权人与债务人之间相应的债权、债务关系消灭。

（三）债权人的撤销权

1. 债权人撤销权的概念。根据我国《民法典》第 538 条、第 539 条的规定，债权人的撤销权，是指债务人所为减少其财产的行为影响债权人的债权实现时，债权人为保全债权而请求人民法院撤销债务人行为的权利。作为债的保全制度的一种，撤销权与代位权的不同之处在于：代位权是对因债务人消极的不行使权利使财产减少而害及债权行为的救济，而撤销权是对因债务人的积极行为使财产减少而害及债权行为的救济。

2. 债权人撤销权的成立要件。债权人撤销权的成立要件，可分为客观要件和主观要件。

（1）客观要件。客观要件是指债务人实施了有害于债权的行为，包括三层含义：①须有债务人的加害行为。根据我国《民法典》第 538、539 条的规定，债务人的加害行为，包括债务人放弃其债权、放弃债权担保、无偿转让财产，以明显不合理的低价转让财产、以明显不合理的高价受让他人财产或者为他人的债务提供担保等行为。对于"明显不合理的低价、明显不合理的高价"，人民法院应当以交易当地一般经营者的判断，并参考交易当时交易地的物价部门指导价或者市场交易价，结合其他相关因素综合考虑予以确认。转让价格达不到交易时交易地的指导价或者市场交易价 70% 的，一般可以视为明显不合理的低价；对转让价格高于当地指导价或者市场交易价 30% 的，一般可以视为明显不合理的高价。债务人以明显不合理的高价收购他人财产，人民法院可以根据债权人的申请，予以撤销。②债务人的行为必须以财产为标的。③债务人的行为须有害债权。所谓有害债权，是指债务人的行为导致债务人的责任财产减少，从而使债务人无资力来清偿其债务。

（2）主观要件。撤销权成立的主观要件是指债务人明知其行为有害于债权而仍然从事有关行为，该行为要求债务人和第三人（受益人）主观上均有恶意。

3. 债权人撤销权的行使。

（1）债权人撤销权的行使主体为债权人。在可以行使撤销权的情况下，债权人中的任何一人均可单独提起诉讼，也可作为共同原告共同提起诉讼。但如其中一个债权人已提起撤销权诉讼，其他共同债权人不得再就该项债务提起撤销权诉讼。

（2）债权人撤销权的行使方式。债权人以自己的名义通过诉讼方式行使。

（3）债权人撤销权行使的限制。撤销权在行使范围上，以债权人的债权为限。在行使期限上，撤销权应自债权人知道或应当知道撤销事由之日起 1 年内行使。自债务人的行为发生之日起 5 年内没有行使撤销权的，该撤销权消灭。

4. 债权人撤销权行使的效力。

（1）对债务人的效力。债务人的行为，一经撤销，自始无效。尚未依该行为给付的，不再给付。已经依该行为给付的，受领人负有恢复原状的义务。

（2）对受益人的效力。受益人已经受领债务人财产的，应负返还义务。原物不能返还的，应当折价返还。受益人已向债务人支付对价的，可以向债务人主张不当得利。

（3）对债权人的效力。行使撤销权的债权人可以请求受益人向自己返还所受利益，并应将所受领的利益加入债务人的责任财产，作为全体一般债权人的共同担保，而无优先受偿权。债权人行使撤销权所支付的律师代理费、差旅费等必要费用，由债务人负担；第三人有过错的，应当适当分担。

六、债的担保

（一）债的担保概述

1. 债的担保的概念。债的担保是促使债务人履行其债务，保障债权人的债权得以实现的法律措施。这是债的担保的广义概念。它包括债的一般担保和债的特别担保。

债的一般担保，是指债务人必须以其全部财产作为履行债务的总担保。

债的特别担保，是指法律为保证特定债权人利益的实现而特别规定以第三人的信用或以特定的财产保障债务人履行义务，债权人实现债权的制度。债的特别担保为狭义的债的担保，本书所指债的担保为狭义的债的担保。

2. 债的担保的形式。债的担保的形式，也就是债的担保的方式、方法。主要包括：人的担保、物的担保、金钱担保。

（1）人的担保。人的担保最重要的形式为保证人担保，也称保证担保。保证担保是基于保证人的信用担保债务人履行债务的担保形式，即当债务人不履行其债务时，由保证人代债务人履行债务或承担民事责任。

（2）物的担保。物的担保，是指以债务人或第三人的特定财产作为抵偿债权的标的，在债务人不履行其债务时，债权人可以将该财产折价、拍卖或者变卖，从中优先受偿。其包括：抵押、质押、留置。抵押、质押、留置作为物的担保在本书物权部分已作介绍。

（3）金钱担保。金钱担保，主要指定金，是指当事人在债务之外又交付一定数额的金钱，使债务的履行与金钱的得失相联系，从而促使其积极履行债务，保障债权得以实现的制度。基于本书的体例安排，本章仅介绍保证和定金两种债的担保形式。

（二）保证

1. 保证的概念和特征。保证，是指第三人与债权人约定，当债务人不履行债务时，该第三人按照约定履行债务或者承担责任的担保形式。这里的第三人叫作保证人，这里的债权人既是主合同的债权人，又是保证合同的债权人。保证具

有以下主要特征：①保证具有从属性。保证债务从属于主债务；②保证具有独立性。保证人的保证债务虽具有从属性，但并不是主债务的一部分，而是独立于主债务的单独债务；③保证具有补充性或连带性。

2. 保证的分类。按不同的标准有以下不同的分类：

（1）一般保证和连带责任保证。依据保证人在保证关系中所处的地位或者说依据保证方式的不同，可以把保证分为一般保证和连带责任保证。一般保证是指当事人在保证合同中约定，债务人不能履行债务时，由保证人承担保证责任的保证。连带责任保证，是指当事人在保证合同中约定保证人与债务人对债务承担连带责任的保证。两种保证最大的区别在于保证人是否享有先诉抗辩权。一般保证中的保证人享有先诉抗辩权，而连带责任保证中的保证人则不享有先诉抗辩权。因此，采用何种保证方式就显得十分重要，需在保证合同中明确规定。我国《民法典》第 686 条第 2 款规定："当事人在保证合同中对保证方式没有约定或者约定不明确的，按照一般保证承担保证责任。"

（2）单独保证和共同保证。依据保证人的数量不同，可把保证分为单独保证和共同保证。单独保证是指只有一个保证人担保同一债权的保证。除非另有指明，我们通常所说的保证就是指单独保证。共同保证是指数个保证人担保同一债权的保证。具体而言，一是要求保证人为 2 人以上，二是要求数个保证人担保同一债务。共同保证又可分为按份共同保证和连带共同保证，且两者具备不同的效力。

（3）有期保证和无期保证。依据当事人是否约定保证期限，保证可分为有期保证和无期保证。有期保证是指保证人在保证合同中约定保证人承担保证责任的期限，保证人仅于此期限内负其保证责任，债权人未在此期限内对债务人或保证人提起诉讼或者申请仲裁的，保证人即免负其责。无期保证是指当事人在保证合同中未约定保证期限，债权人有权自主债务履行期限届满之日起 6 个月内请求保证人承担保证责任的保证。可见，无期保证中的无期仅是当事人在保证合同中未约定期限，但法律已经规定了法定期限。

（4）既存债务的保证和将来债务的保证。依据被担保的债务是否为既存债务，保证可分为既存债务的保证和将来债务的保证。前者是指为已经存在的债权、债务设定的保证，这是保证的常态。后者是为将来存在的债权、债务设定的保证，如最高额保证。

3. 保证合同。保证合同是指保证人与债权人订立的在主债务人不履行其债务时，由保证人承担保证责任的书面协议。

（1）当事人。保证合同的当事人为保证人和债权人。保证人必须具备代为清偿能力且须有承担保证责任的意思表示。根据我国《民法典》第 683 条的规

定，下列机关或单位原则上不得作为保证人：①机关法人不得为保证人，但经国务院批准为使用外国政府或者国际经济组织贷款进行转贷的除外；②以公益为目的的非营利法人、非法人组织，也不得为保证人。

（2）保证合同的内容和形式。根据我国《民法典》第 684 条的规定，保证合同一般应具有以下内容：①被保证的主债权种类、数额；②债务人履行债务的期限；③保证的方式；④保证担保的范围；⑤保证的期间；⑥双方认为需要约定的其他事项。保证合同若不完全具备上述条款，可以补正。关于保证合同的形式，我国《民法典》第 685 条要求保证合同必须采用书面形式。既可以是单独订立的书面合同，也可以是主债权债务合同中的保证条款。

4. 保证的效力。

（1）债权人的权利。在主债务人没有履行或没有完全履行债务时，债权人可以请求保证人承担保证责任。债权人请求保证人履行保证债务的，应以主债务人不履行其债务为前提，并且保证人无其他合法的抗辩事由。债权人仅向债务人请求履行债务而未向保证人主张权利的，对保证人不发生效力。

（2）保证人的权利。保证合同为单务、无偿合同，保证人对债权人不享有请求给付的权利，仅享有抗辩权或其他防御性的权利。例如，保证人可享有债务人享有的抗辩权、撤销权、抵销权。保证人在承担保证责任后，即可行使求偿权，可请求主债务人偿还债务。

5. 保证责任的免除与消灭。保证责任的免除，是指对已经存在的保证责任，基于法律的规定或者当事人的约定加以除去、保证人不再承担保证责任的现象。根据我国《民法典》关于保证责任的规定及其《最高人民法院关于适用〈中华人民共和国民法典〉有关担保制度的解释》，保证责任的免除与消灭的事由主要有：

主合同双方当事人恶意串通，骗取保证人提供保证的。

主合同债务人采取欺诈、胁迫等手段，使保证人在违背真实意思的情况下提供保证，债权人知道或者应当知道欺诈、胁迫事实的，保证人也不承担保证责任。

（1）保证期间，债权人依法将主债权转让给第三人，而保证人与债权人事先约定仅对特定的债权人承担保证责任或者禁止债权转让的，保证人不再承担保证责任。

（2）保证期间，债权人许可债务人转让债务，但未经保证人同意的，保证人对未经其同意转让的债务不再承担保证责任。

（3）债权人与债务人协商变更主合同，但未经保证人同意，如果加重债务人债务的，保证人对加重的部分不承担保证责任；如果减轻债务人债务的，保证人仍应当对变更后的合同承担保证责任。

（4）保证合同解除或终止时，保证责任消灭。

（5）主债务消灭，保证责任消灭。

（三）定金

1. 定金的概念。定金是指合同当事人一方为了确保合同的履行，依据法律规定或者当事人双方的约定，在合同订立时或订立后、履行前，按合同标的额的一定比例，预先给付对方一定数额的金钱的担保方式。

2. 定金的成立。

（1）在我国现行法上，定金合同为要式合同，定金的成立必须有书面定金合同。

（2）定金合同是实践性合同。我国《民法典》第586条第1款规定："当事人可以约定一方向对方给付定金作为债权的担保。定金合同自实际交付定金时成立。"

（3）定金合同是以金钱为标的的合同，根据我国《民法典》第586条第2款的规定，定金的数额由当事人约定，但不得超过主合同标的额的20%。当事人交付的定金超过法律规定的最高限额的，超过的部分，不产生定金的效力。

3. 定金的效力。定金的效力，主要体现在以下三个方面：

（1）证约效力，即具有证明合同成立的效力。

（2）冲抵价金或返还的效力。

（3）定金罚则的效力：给付定金的一方不履行债务的，无权要求返还定金；收受定金的一方不履行约定的债务的，应当双倍返还定金。这是定金的主要效力。

七、债的移转

（一）债的移转概述

所谓债的移转，是指在债的内容和客体保持不变的情形下，债的主体发生变更。其中，债权人的变更称为债权让与；债务人的变更称为债务承担；债权、债务一并移转给第三人的，称为债的概括承受。

债的移转的发生原因主要有如下几种情况：①基于法院的裁决而发生；②基于法律的直接规定而发生，如依我国《民法典》关于继承的规定，被继承人死亡，其包括合同权利、义务在内的遗产即移转于继承人；③基于民事法律行为而发生，如遗嘱人以遗嘱的方式将其合同权利、义务转让给继承人或受遗赠人，或转让人与受让人订立转让合同而将合同权利、义务转让。

（二）债权让与

1. 债权让与的概念。债权让与，是指不改变债的关系的内容，债权人将其债权移转于第三人享有的法律制度。其中债权人称为转让人，第三人称为受让人，债权让与生效后受让人即取代债权人地位而成为新的债权人。

2. 债权让与的要件。

（1）须存在有效的债权，这是债权让与的根本前提。

（2）让与人与受让人须在自愿的基础上就债权的转让达成协议，并且不得违反法律的相关规定。

（3）被让与的债权须具有可让与性。

（4）须通知债务人。

3. 债权让与的效力。

（1）债权让与的内部效力。主要表现在：自债权让与合同成立之时，债权及其从权利移转于受让人，受让人即成为新的债权人。债权的从权利也一并移转，但该权利专属于债权人自身的除外。

（2）债权让与的外部效力。这是指债权让与对债务人的效力。主要表现为：①只有在向债务人为债权让与的通知时，债权让与才能对债务人发生效力。债务人应向受让人履行债务；②债务人接到债权转让通知时，债务人对让与人的抗辩，可以向受让人主张；③债务人可主张以其债权与让与的债权抵销。

（三）债务承担

1. 债务承担的概念。债务承担，是指在不改变债的内容的前提下，债权人、债务人通过与第三人订立转让债务的协议将债务全部或者部分转让给第三人承担的法律制度。

债务承担包括免责的债务承担和并存的债务承担。免责的债务承担，是指由第三人即承担人代替债务人承担其全部债务，原债务人脱离债的关系，承担人成为新债务人。并存的债务承担，是指第三人加入债的关系与债务人共同承担债务，原债务人并不脱离债的关系，而仍为债务人。狭义的债务承担仅指免责的债务承担。

2. 债务承担的要件。

（1）存在有效的债务，这是债务承担的前提。

（2）所移转的债务具有可移转性。

（3）债务承担须经债权人同意。

3. 债务承担的效力。

（1）免责的债务承担产生效力后，原债务人脱离债务关系，第三人取代原债务人的地位成为新债务人。并存的债务承担产生效力后，第三人加入债，与原债务人共同承担债务。

（2）新债务人取得原债务人基于债权、债务关系所产生的抗辩权。

（3）从债务一并移转于承担人承担。

（四）债的概括承受

1. 债的概括承受的概念。债的概括承受，是指债的一方主体将其债权、债务一并转移给第三人。

2. 合同承受。合同承受，是指合同当事人一方将其在合同中的权利、义务全部转移于第三人，第三人承受其在合同中的地位，享受权利和负担义务。合同承受既可因当事人间的协议发生，也可因法律的直接规定发生。根据我国《民法典》第555条规定，当事人一方将其合同中的权利义务一并转移于第三人的，须经对方同意，否则不能发生转移的效力。

3. 企业合并、分立。我国《民法典》第67条第1款规定："法人合并的，其权利和义务由合并后的法人享有和承担。"第2款规定："法人分立的，其权利和义务由分立后的法人享有连带债权，承担连带债务，但是债权人和债务人另有约定的除外。"

八、债的消灭

（一）债的消灭概述

债的消灭，又称债的终止，是指债的关系在客观上已不复存在，债权、债务归于消灭。债消灭后，原债对双方当事人不再具有约束力。

（二）债的消灭的原因

1. 清偿。清偿，是指债务人按照法律规定或合同约定履行了债务的行为。清偿是债消灭的最常见的原因。

2. 抵销。抵销，是指两人互负债务时，各以其债权充当债务之清偿，而使其债务与对方的债务在对等额内互相抵销的法律制度。它是债务清偿的替代方法。抵销必须具备以下要件才能生效：①双方当事人互负债务，互享债权；②须双方的债务均届清偿期；③须双方的债务均为可抵销的债务。

3. 提存。提存，是指在一定条件下，债务人或其他清偿人将无法给付的标的物提交给有关机关保存，从而消灭债权、债务关系的一种法律制度。

（1）根据我国《民法典》第570～571条的规定，债务人将标的物提存，须具备如下条件：①须有可以提存的合法原因。提存的合法原因主要有：债权人无正当理由拒绝受领；债权人下落不明；债权人丧失民事行为能力但未确定监护人；债权人死亡未确定继承人、遗产管理人。②须经法定程序。提存的主要程序是：一是由提存人提出申请，申请书中应载明提存的原因、提存的标的物、标的物的受领人等（不知受领人的，应说明不知受领人的理由）。二是经提存机关同意。提存机关受理提存申请后应予以审查，以决定是否同意提存。提存机关同意提存的，指定提存人将提存物交有关的保管人保管。三是由提存机关制作提存证书并交给提存人。提存证书具有与受领证书相同的法律效力。③提存的主体与客体适当。提存的主体为提存人与提存机关。一般情形下，提存人即为债务人，但提存人不以债务人为限。凡债务的清偿人均可为提存人。提存机关是法律规定的有权接受提存物并代为保管的机关。国外的提存机关多设在法院。在我国，按照《提存公证规则》的规定，提存机关为债务履行地的公证部门。提存的客体也就是提存人交付提存机关保管的物。提存标的物原则上是债务人应给付的标的物。提存物应为适于提存的物。特定物或种类物均可提存，实践中，主要是金钱、物品或有价证券等。易腐易烂物品、家禽或者提存费用过高的物等不适于提存的，债务人依法可以拍卖或者变卖标的物，提存所得的价款。

（2）提存的效力：①自提存之日起，债务人的债务消灭，债权人的债权得以清偿；②在提存成立后，提存机关有保管提存物的义务；③债权人有请求提存机关交付提存物的权利。债权人领取提存物的权利应于法律规定的期限内行使。债权人超过法律规定或者提存机关公告的领取时间而不领取提存物的，其权利即行丧失。我国《民法典》第574条第2款规定，债权人领取提存物的权利，自提存之日起5年内不行使而消灭，提存物扣除提存费用后归国家所有。

4. 免除。免除，是指债权人以债的消灭为目的而抛弃债权的意思表示。

免除的效力：免除发生债的关系绝对消灭的法律效力。具体而言：①债务全部免除的，债的关系全部消灭；②债务部分免除的，仅免除部分消灭；③免除的效力不得损害第三人的合法权益；④主债务因免除而消灭的，从债务也随之消灭。

5. 混同。混同，是指债权和债务同归于一人，而使债的关系消灭的事实。

法律上的混同，有广义和狭义之分。广义的混同，包括权利与权利的混同；义务与义务的混同；权利与义务的混同。这里所说的混同仅为狭义上的混同，即权利与义务的混同。混同以债权与债务归于一人而成立，与人的意志无关，因而属于事件。发生混同的原因可分为两种：①概括承受，即债的关系的一方当事人概括地承受他人的债权、债务。例如，企业合并。概括承受是发生混同的最主要原因。②特定承受，指因债权让与或债务承担而承受权利、义务，即债权人承受债务人对自己的债务，或者债务人受让债权人对自己的债权。此时，因债权、债务主体混同，债的关系归于消灭。

实务学习项目　一般债的法律实务

一、案例中的债权关系认定

案例：借款合同纠纷案

2014 年 3 月 10 日，刘某因经营需要向原告曹某借款 2000 万元，双方于当天签订《借款合同》一份，约定借款期限自 2014 年 3 月 10 日至 2014 年 6 月 27 日。合同签订后，原告依约向第三人支付了上述借款，但是截至目前，刘某对该笔款项已经无力偿还。据原告曹某了解，2014 年 3 月 17 日，刘某与被告严某签订《借款合同》，双方约定被告严某向刘某借款 1600 万元，借款期限为 3 个月，自 2014 年 3 月 17 日至 2014 年 6 月 16 日，约定借款利率为年息 20%，违约金为借款总额的 20%，被告某公司、被告何某提供连带责任担保。2014 年 10 月 22 日，经刘某和被告严某结算，被告严某尚欠刘某本金 1570 万元，被告严某以其所持有的被告某公司的 48% 的股份设立质押，对该笔债务进行担保。

任务：

1. 请分析上述当事人之间存在的债权、债务关系。

解题思路：本案涉及第三人刘某与原告曹某之间的借款纠纷、第三人刘某与被告严某之间的借款纠纷、被告严某与原告曹某之间的代位履行纠纷、被告某公司及被告何某与原告曹某之间的担保履行纠纷等。答题时，需要从民事法律关系的三要素及引起的法律事实进行分析。

2. 本案既有人的担保，又有物的担保，根据我国《民法典》第 392 条的规定，原告应当如何主张权利？

解题思路：我国《民法典》第 392 条规定，被担保的债权既有物的担保又有人的担保的，债务人不履行到期债务或者发生当事人约定的实现担保物权的情形的，债权人应当按照约定实现债权；没有约定或者约定不明确，债务人自己提供物的担保的，债权人应当先就该物的担保实现债权；第三人提供物的担保的，债权人可以就物的担保实现债权，也可以要求保证人承担保证责任。提供担保的第三人承担担保责任后，有权向债务人追偿。据此，原告曹某可主张被告严某以其所持有的被告某公司的 48% 的股份代位清偿被告严某尚欠刘某的本金 1570 万元及利息和违约金，不足部分由保证人何某承担保证责任。

二、解答常见债的履行问题

案例：样品买卖合同履行纠纷案

海南××珍珠生物技术股份有限公司（以下简称生物公司）为了给正在建造的××珍珠技术园行政研究楼（以下简称行政楼）添置办公家具，与海南××实业有限公司（以下简称实业公司）签订合同书，约定：实业公司为生物公司行政楼所需的家具以××装饰公司（以下简称装饰公司）提供的效果图为样板，提供成品、运输、安装等。之后，实业公司安装完毕，双方进行验收，生物公司未提出异议，并在《办公家具清单》上签名确认。之后，生物公司向实业公司支付了部分货款，剩余货款未支付。

实业公司以生物公司未按时支付货款，应承担违约责任为由，提起诉讼，请求法院判令生物公司支付剩余工程款，并向其支付违约金。

任务：

1. 分析样品买卖合同中买方迟延支付货款时应否承担违约责任？

解题思路：出卖人与买受人基于真实意思表示签订家具样品买卖合同，该合同是否对买卖双方具有法律约束力？买受人未履行货款支付义务的，应否承担违约责任？本案中，生物公司与实业公司签订家具样品买卖合同，实业公司安装家具后，生物公司进行了验收并确认，并向实业公司支付了部分货款，这说明生物公司已经认同了家具验收效力，此后未将剩余货款完全支付。因生物公司与实业公司基于真实意思表示签订样品买卖合同，双方均受该合同约束，应按照合同约定履行义务。实业公司安装了家具，生物公司验收合格后未按时支付货款，其行为已构成违约，应承担迟延支付货款的违约责任。

2. 比较我国《民法典》第 119 条与第 465 条的规定。

解题思路：该两条都是关于合同约束力的问题，但强调的语气和范围有所不同。

学习小结

1. 债的概念的要点：①债的法律关系的主体都是特定的自然人、法人、非法人组织，双方的法律地位平等；②债是一种民事法律关系，由债权和债务两个方面构成，并以债权人和债务人的特定行为为内容。

2. 债的财产属性，既区别于物权，又区别于人身权。

3. 处理债务纠纷案件的依据：①找出案件当事人双方债务纠纷争议的焦点及其所依据的法律事实；②找出解决争议的法律适用。

课后作业

一、知识作业

（一）名词解释

1. 债的履行　2. 不当得利　3. 定金

（二）单项选择题

1. 我国《民法典》合同编规定，定金的数额由当事人约定，但不得超过主合同标的额的（　　）。

A. 10%　　　　　　　　　　　　B. 20%

C. 30%　　　　　　　　　　　　D. 40%

2. 拒不履行的构成要件（　　）。

A. 须有合法债务存在

B. 须债务人有拒绝履行的意思表示，这种意思表示，可以明示，也可默示

C. 须债务人有故意或重大过失

D. 履行须为可能

E. 拒不履行须为违法

（三）问答题

什么是情势变更原则？情势变更原则的适用，须具备哪些条件？

二、实训作业

案例：代位权纠纷案

张某向李某借款 50 万元，王某作为张某的保证人，与李某签订了保证合同，约定如果张某到期不还债，则由王某承担连带还款责任。债务到期后，张某未及时还款，王某也不知去向。此时李某得知张某对刘某享有一笔 100 万元的到期货款，于是李某提起代位权诉讼，要求代张某行使其对刘某的债权，张某不允，主张由王某承担连带还款责任。问题：李某的请求能否得到法院的支持？

1. 实训任务：分析代位权行使的条件。

2. 实训步骤：选出 5 名同学分别扮演 4 个当事人和法官进行情景模拟和角色扮演，4 名当事人角色扮演者分别分析自己在案件中的地位，法官扮演者分析法院是否支持张某的诉求，以及如果不支持，法官的理由。

3. 评价标准：不支持张某的诉求。李某可提起代位权诉讼，要求代张某行使其对刘某的债权，符合代位权行使的条件。

三、网络作业

1. 扫码学习音频资料：附随义务的履行。

2. 扫码学习音频资料：代位权制度的意义。

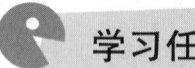 **学习任务二** 债的主要种类及其法律实务

理论学习项目 债的主要种类

一、合同之债

（一）合同的概念及特征

合同又称契约，是民事主体之间设立、变更、终止民事法律关系的协议。其特征主要表现为：

1. 合同是一种民事法律行为。我国《民法典》未专门规定合同的成立要件，而是将民事法律行为的成立要件作为合同的成立要件。

2. 合同是双方当事人意思表示一致的民事法律行为。

3. 合同以设立、变更、终止民事权利、义务关系为目的。

4. 合同关系是平等的社会关系。

（二）合同的分类

1. 有名合同和无名合同。这是根据法律有无为其规定专门的名称为标准所作的划分。在法律上规定了专门名称的合同是有名合同，如买卖合同、租赁合同、承揽合同等；在法律上没有规定专门名称的合同是无名合同。

2. 要式合同和不要式合同。这是按照合同成立是否需要特定形式为标准所作的划分。要式合同是指具备了特定形式才能成立的合同，不要式合同是当事人随意采用任何形式均可成立的合同。凡是需要具备书面形式或者除具备书面形式还要办理特定手续（如公证、登记等）的合同是要式合同，其他的合同是不要式合同。

3. 诺成性合同和实践性合同。这是以合同生效是否需要交付标的物为标准所作的划分。诺成性合同是当事人意思表示一致即可生效的合同，绝大多数的合同都是诺成合同；实践性合同是当事人意思表示一致不能生效，交付标的物后才能生效的合同。赠与合同、借用合同、自然人之间的借贷合同是常见的实践合同。

4. 双务合同和单务合同。这是以合同双方当事人是否均负义务为标准所作的划分。双务合同是指双方当事人均负有义务的合同，单务合同是指仅有一方当事人负有义务的合同。由于合同双方当事人的权利和义务是对等的，双务合同意味着双方当事人均享有权利，单务合同意味着只有一方当事人享有权利。可见，双务合同是普遍存在的。赠与合同、借用合同、自然人之间的借贷合同是常见的单务合同。

5. 有偿合同和无偿合同。这是以当事人承担义务后能否得到相应的补偿为标准所作的划分。这种划分与双务合同和单务合同的划分基本上是重合的。只有自然人之间的借贷合同，有息的为有偿合同，无息的为无偿合同。

6. 主合同和从合同。这是以合同能否独立存在为标准所作的划分。凡是能够独立存在的合同是主合同；不能独立存在，依附于主合同的存在而存在的合同是从合同。例如，借款合同是主合同，抵押合同是从合同。

7. 为订约人利益的合同和为第三人利益的合同。这是以当事人是否是为了自己的利益为标准所作的划分。当事人为自己的利益订立的合同是为订约人利益的合同，当事人为他人的利益订立的合同是为第三人利益的合同。例如，人寿保险合同的投保人必须在合同中指定受益人，即是为第三人利益的合同。

（三）合同的订立

1. 要约。

（1）要约的概念。要约是一方向他方发出的希望订立合同的意思表示，是订约提议。订约提议按其内容可分为要约邀请（又称要约引诱）和要约。因为要约一经受约人承诺，合同即成立，所以要约中必须具备合同成立的必备条款。否则，受约人即使接受也无法承诺，更不可能成立合同。据此，要约是包含了合同成立必备条款的订约提议，要约邀请是未包含合同成立必备条款的订约提议。

（2）要约的构成要件。依据我国《民法典》第472条的规定，要约须符合以下要件：①要约人与受要约人一般均应是特定的。在特殊情况下，对不特定的人作出而又无碍要约所达目的时要约也可成立。如悬赏广告就是以广告方式对不特定人的要约，相对人以完成一定行为作出承诺，合同便订立。②要约必须以缔结合同为目的。这是要约的核心意思所在。如果作出意思表示的当事人只是向他人进行宣传，希望别人在了解情况后能向自己作出订立合同的表示，这种意思表示也不具有要约的特征，而只是一种要约邀请。要约邀请又称要约引诱，它是希望他人向自己发出要约的意思表示，其目的不是订立合同，只是当事人订立合同的预备行为。我国《民法典》第473条规定：拍卖公告、招标广告、招股说明书、债权募集办法、基金招募说明书、商业广告和宣传、寄送的价目表等为要约邀请。但商业广告和宣传的内容符合要约条件的，构成要约。例如商品带有标价陈列、自动售货机的设置等。③要约的内容必须具体、确定。依据我国的《民法典》的规定，参照《联合国国际货物销售合同公约》和《国际商事合同通则》的规定，合同的必备条款是：标的、数量和价款。值得说明的是，在国际贸易中，这三个条款是必不可少的；但在国内贸易中，有时价格条款不是必备条款，这是因为国内贸易的价款往往可以参照市场价或政府指导价。由此，就不难理解我国《民法典》第473条将商品价目表、拍卖公告、招标公告、招股说明书、商业广告规定为要约邀请。

（3）要约的生效。要约生效的时间是要约到达受要约人的时间，要约生效的地点是要约到达受要约人的地点。要约的效力只及于要约人本人，要约对于受要约人没有约束力。即使要约规定有答复期，答复期届满也不能视为受要约人默认。这是因为要约仅是要约人一方的意思表示，如果能够约束受要约人，实际上是一方的意志强加给另一方，这根本上违反了我国《民法典》的基本原则。

（4）要约的撤回。要约人发出要约后，可以撤回要约。为避免受要约人已经作出承诺或已为承诺作准备而使要约的撤回给受要约人造成损害，我国《民法典》第475条规定要约的撤回通知应当先于要约到达或者与要约同时到达。

（5）要约的撤销。要约的撤销是要约人在受要约人收到要约后作出承诺前，要约人撤销要约。此时，受要约人完全可能为承诺作了必要的准备，因此给受要约人造成损害的，要约人应负赔偿责任。在特定情形下，要约人不可撤销要约：①要约人确定了承诺期限或者以其他形式明示要约不可撤销；②受要约人有理由认为要约是不可撤销的，并已为履行合同作了准备工作。

（6）要约的失效。要约失效是指要约生效后，因出现以下法定情形丧失其效力：①拒绝要约的通知到达要约人；②要约人依法撤销要约；③承诺期限届满，受要约人未作出承诺；④受要约人对要约的内容作出实质性变更。

2. 承诺。

（1）承诺的概念。承诺是受要约人完全同意要约内容的意思表示。

（2）承诺的构成要件：①承诺是受要约人向要约人发出的意思表示。承诺的效力是成立合同，所以应当由受要约人向要约人表达其同意要约的内容；②承诺应当以明示的方法作出；③承诺应当在承诺期限内作出。要约规定有承诺期限的，承诺应当在要约规定的期限内作出，超过期限的关于同意要约内容的答复不具有承诺的效力，而是新要约；④承诺对要约内容未作实质性变更的同意。我国《民法典》不要求承诺是对要约内容的完全同意，如果受要约人对要约内容作了非实质性变更，不影响承诺的效力。受要约人对我国《民法典》第470条规定的合同主要内容中的任何一项内容作变更的均为实质性变更，对我国《民法典》第470条以外的内容作变更的为非实质性变更。

（3）承诺的生效。承诺生效的时间是承诺到达受要约人的时间，承诺生效的地点是承诺到达受要约人的地点。承诺生效的时间和地点即合同成立的时间和地点。当然，承诺应当在承诺期限内作出才能发生承诺的效力。我国《民法典》第481条规定，承诺应当在要约确定的期限内到达要约人。要约没有确定承诺期限的，承诺应当依照下列规定到达：①要约以对话方式作出的，应当即时作出承诺；②要约以非对话方式作出的，承诺应当在合理期限内到达。

（4）承诺的撤回。承诺的撤回是受要约人作出承诺后，要约人收到承诺前，受要约人阻止承诺生效的行为。根据我国《民法典》第485条规定，承诺可以撤回。撤回承诺的通知应当在承诺通知到达要约人之前或者与承诺通知同时到达要约人。

（四）合同的内容和形式

1. 合同的内容。合同的内容由当事人约定，一般应包括以下条款：①当事人的姓名或者名称和住所；②标的；③数量；④质量；⑤价款或者报酬；⑥履行期限、地点和方式；⑦违约责任；⑧解决争议的方法。

将上述条款全部包含的合同是一个比较完备的合同，在实践中，当事人可以就上述的某些条款不作约定，这并不影响合同的效力（详见有关要约的内容）。

2. 合同的形式。合同可以采用书面形式、口头形式和其他形式。书面形式是指合同书、信件和数据电文（包括电报、电传、传真、电子数据交换和电子邮件）等可以有形地表现所载内容的形式。

（五）合同履行中的抗辩权

抗辩权是指在对方当事人主张权利时，以一定的法定事由或约定事由与之对抗，阻止对方当事人权利实现的权利。抗辩权的行使以对方当事人权利的存在和有效为前提，抗辩权行使的目的是使对方的权利归于消灭或使对方的权利延期实现，从而减少履行风险。据此，将抗辩权分为消灭抗辩权和延期抗辩权。我国《民法典》规定的合同履行抗辩权的性质是延期抗辩权。

1. 同时履行抗辩权。同时履行抗辩权是合同当事人互负债务，且双方为同时履行，任何一方在对方要求其先履行时，均可依同时履行的事由予以抗辩。我国《民法典》第525条规定："当事人互负债务，没有先后履行顺序的，应当同时履行。一方在对方履行之前有权拒绝其履行请求。一方在对方履行债务不符合约定时，有权拒绝其相应的履行请求。"

2. 先履行抗辩权。先履行抗辩权是合同当事人互负债务，且有先后顺序，先履行一方未履行而要求后履行一方履行时，后履行一方可以对方应当先履行为事由抗辩。我国《民法典》第526条规定："当事人互负债务，有先后履行顺序，应当先履行债务一方未履行的，后履行一方有权拒绝其履行请求。先履行一方履行债务不符合约定的，后履行一方有权拒绝其相应的履行请求。"

3. 不安抗辩权。不安抗辩权是指应当先履行债务的当事人在对方符合法定情形不履行义务或有不履行义务的可能时，有权以其不安为抗辩事由中止履行。行使不安抗辩权的当事人实际上先不履行合同，但其先不履行合同系法律赋予其的权利，不视为违约。因此，行使不安抗辩权的前提是必须符合我国《民法典》第527条的规定，即对方当事人符合下列法定情形之一：①经营状况严重恶化；②转移财产、抽逃资金，以逃避债务；③丧失商业信誉；④有丧失或可能丧失履行债务能力的其他情形。

（六）合同的变更与解除

1. 合同的变更。合同变更有广义与狭义之分，广义的合同变更，包括合同内容的变更与合同主体的变更。前者是指当事人不变，合同的权利、义务予以改变的现象。后者是指合同关系保持同一性，仅改换债权人或债务人的现象。关于合同主体的变更参见债的移转，这里仅讨论合同内容的变更。

（1）合同变更的条件：①原已存在合同关系；②合同内容发生变化，包括：标的变更；标的物数量的增减；标的物品质的改变；价款或酬金的增减；履行期限的变更；履行地点的改变；履行方式的改变；所附条件的增添或除去；单纯债权变为选择债权；担保的设定或消失；违约金的变更；利息的变化；③合同的变更须依当事人协议或依法律直接规定及裁判，有时依形成权人的意思表示；④须遵守法律要求的方式。当事人协议变更合同，有时需要采用书面形式，有时则无此要求。法律、行政法规规定变更合同应当办理批准、登记等手续的，依照其规定。

（2）合同变更的效力。合同的变更原则上对将来发生效力，未变更的权利、义务继续有效，已经履行的债务不因合同的变更而失去法律依据。合同的变更不影响当事人要求赔偿损失的权利。

2. 合同的解除。合同解除是指在合同生效后，由于法定事由或当事人约定的条件成就，通过一方当事人的行为或双方当事人合意，消灭合同的权利、义务的行为。

（1）法定解除。法定解除又称单方解除，是指有法律直接规定的解除事由的合同解除。根据我国《民法典》第563条第1款的规定，法定解除有以下情形：①因不可抗力不能实现合同目的；②在履行期限届满之前，当事人一方明确表示或以自己的行为表明不履行主要债务；③当事人一方迟延履行主要债务，经催告后在合理期限内仍未履行；④当事人一方迟延履行债务或者有其他违约行为致使不能实现合同目的；⑤法律规定的其他情形，即我国《民法典》之外的其他法律规定的当事人有权解除合同的情形。

（2）约定解除。约定解除又称协议解除，是指在合同生效后，未履行或未完全履行合同义务之前，双方当事人协议消灭合同权利、义务。当事人可以在订立合同时约定解除合同的条件，也可以在合同履行过程中协议解除合同，还可以在合同发生纠纷后协商解除。允许当事人约定解除合同是合同自由原则的必然要求。

（3）合同解除的法律后果：①终止合同的权利、义务；②已经履行的部分恢复原状；③赔偿责任产生。合同解除后，不得因此免除当事人的赔偿责任。合同解除的赔偿责任应当是过错责任，过错方应当赔偿因解除合同给对方造成的损失。赔偿的范围，根据实际赔偿原则，应当赔偿对方的全部实际损失，包括订立合同的必要费用、因债务不履行遭受的损失和因返还财产、恢复原状和采取补救措施所支出的费用等。

（七）违约责任

合同责任分为违约责任和其他合同责任两种，违约责任是违反有效合同的责任，其他合同责任是除违约责任以外的依照合同法律规范的规定产生的法律责任。在我国《民法典》上，其他合同责任主要有缔约过失责任、违反先契约义务的责任、违反后契约义务的责任、行使不安抗辩权不当的责任等。其他合同责任一般都是损害赔偿责任，我国《民法典》合同编规定，除依当事人约定处理外，应当根据民法上关于损害赔偿的规定处理。

1. 违约责任的概念。违约责任是违反合同的民事责任，它是指合同当事人不履行合同义务或者履行合同义务不符合约定所应承担的民事责任。其性质是补偿性的民事责任。

2. 违约责任的归责原则。归责原则是确定当事人的行为是否应当承担民事责任的依据和标准。我国《民法典》将违约责任规定为以严格责任（无过错责任）为原则，以过错责任为例外。立法上，将违约责任由过错责任转变为严格责任具有深远的意义，主要表现为：①严格责任是现代合同法的发展趋势，是合同自由原则和诚实信用原则的要求。我国《民法典》将违约责任规定为严格责任，表明我国的合同立法已达到世界领先水平，同时又与有关国际公约接轨；②有利于促使当事人认真履行合同；③减轻当事人在民事诉讼中的举证负担，提高人民法院的办案效率，降低办案成本；④考虑了当事人之间的利益平衡。

3. 违约责任的免责事由。

（1）法定免责事由。不可抗力是违约责任的法定免责事由，不可抗力通常是指自然灾害，国家法律法规的颁布、修改、废除以及战争、社会动乱等也是不可抗力。我国《民法典》第 590 条第 1 款规定："当事人一方因不可抗力不能履行合同的，根据不可抗力的影响，部分或者全部免除责任，但是法律另有规定的除外。因不可抗力不能履行合同的，应当及时通知对方，以减轻可能给对方造成的损失，并应当在合理期限内提供证明。"

（2）约定免责事由。关于合同当事人能否在合同中约定免责事由，我国《民法典》均未作规定。我们认为，根据合同自由原则，当事人关于免责事由的约定意思表示真实且不违反法律规定的，其约定有效。

4. 违约责任承担的方式。

（1）继续履行。继续履行是合同一方当事人违约时，受害方不愿终止合同，也不愿以金钱赔偿的方式代替履行，要求违约方必须履行合同约定义务的违约责任承担方式。违约方是否承担继续履行的违约责任由人民法院或仲裁机构的生效裁判确定，所以继续履行又称强制实际执行。

继续履行的适用条件包括：①合同当事人有违约行为；②合同当事人实际履行仍有意义；③受害方要求继续履行；④违约方有履行能力。

（2）采取补救措施。违约责任从广义上说都是对违约的补救，这里的补救措施是狭义的补救，是指对当事人履行合同义务缺陷的补救。我国《民法典》第 582 条规定："履行不符合约定的，应当按照当事人的约定承担违约责任。对违约责任没有约定或者约定不明确，依照本法第 510 条的规定仍不能确定的，受损害方根据标的的性质以及损失的大小，可以合理选择请求对方承担修理、重作、更换、退货、减少价款或者报酬等违约责任。"

（3）赔偿损失。赔偿损失是违约方不履行合同义务或者不完全履行合同义务而应承担的以支付金钱的方式弥补受害方损失的违约责任。赔偿损失是最基本的违约责任承担形式，其性质是补偿性的责任，同时允许当事人事先约定赔偿损失的方式和损失计算方法。

除此之外，违约责任承担方式还有支付违约金等。违约金是依据合同约定，当事人一方违反合同时应当向对方支付的一定数额的金钱或财物。

二、无因管理之债

（一）无因管理的概念

无因管理是指没有法定或约定的义务，为避免他人利益受到损失而自愿进行管理或提供服务的行为。在这一事实中，自愿管理他人事务的人称为管理人，事务被他人管理的人称为受益人。如台风来临前为出门在外的邻居加固房顶等。根据我国《民法典》第 979 条第 1 款的规定，无因管理发生后，管理人有权请求受益人偿还因管理事务而支出的必要费用，受益人也负有偿还该项费用的义务，而在当事人之间发生的债权债务关系，称为无因管理之债。

（二）无因管理的构成要件

1. 管理他人事务。他人事务是指与生活有关的各种事项，既可以是纯财产利益上的事项，也可以是与财产利益无关的事项。但这种事务必须是能够产生债权债务关系的合法事项。

2. 必须有为他人谋利益的意思。有为他人谋利益的意思是指管理人确实有为他人谋取某种利益或避免损失的动机，这是构成无因管理的主观条件。

3. 没有法定或约定义务。无因管理之"无因"就是指没有法定或约定的义务。如果管理人负有管理义务而主观上误认为没有义务，其管理事务的行为不构成无因管理；管理人本没有管理义务而主观上误认为自己有义务的，其管理事务的行为构成无因管理。

（三）无因管理之债的效力

无因管理一经成立，管理人与受益人之间就会产生债的关系。

1. 管理人的义务。

（1）适当管理义务。管理人在管理事务的过程中不得违背受益人明示或可以推知的管理意思，同时管理人应当使用从客观上有利于本人的方法进行事务管理。

（2）通知义务。在管理开始时，除确实无法通知受益人以外，管理人应当及时将管理的事实通知受益人，并等候受益人的指示。

（3）报告与交付义务。管理人在管理事务的过程中及管理行为结束时，应当将管理事务的进行状态和结束事实及时报告给受益人。管理人因管理事务所取得的财物及孳息应计算清楚并交付受益人。

2. 管理人的权利。在无因管理成立后，管理人不得向受益人要求支付报酬，但有权要求受益人偿付因管理事务而支出的必要费用。这一权利就是管理人的求偿请求权。具体内容包括：

（1）请求偿还管理人管理事务所支出的必要费用。

（2）请求清偿管理人为受益人负担的必要债务。

（3）管理人因管理事务而遭受损失时，可以向受益人请求损害赔偿。

三、不当得利之债

（一）不当得利的概念

不当得利，是指没有法律根据取得不当利益而使他人财产受损的行为。在这一事实中，取得利益的人称为受益人，受有损失的人称为受害人。不当得利在日常生活中时有发生，如在银行 ATM 机取款时机器故障多吐钞等。根据我国《民法典》第 985 条的规定，在不当得利中，得利人获得的利益没有法律根据，受损失的人有向得利人请求返还利益的权利，而在当事人之间发生的债权债务关系，称为不当得利之债。

（二）不当得利的构成要件

1. 一方获得财产利益。一方获得财产利益是指因一定的事实而使得受益人的财产增加。包括两种情形：①积极的增加，是指受益人的财产因为得利而直接增多；②消极的增加，是指受益人的财产本该减少而没有减少。

2. 他方受有损失。这里的损失是指受害人的财产减少。财产的减少包括两种情形：①积极损失，即财产的直接减少；②消极损失，也就是财产应当增加却没有增加。

3. 一方获得财产利益与他方受有损失之间具有因果关系，即受害人的损失是由受益人的获益行为造成的。

4. 受益人获取利益没有法律根据。不当得利之"不当"即没有法律根据，具体是指受益人获取利益没有法律上的依据，既不是基于法律的直接规定，也不是基于当事人的民事法律行为。

（三）不当得利之债的效力

不当得利作为债的发生根据之一，在受益人与受害人之间发生不当得利返还的债权债务关系。根据我国《民法典》第 985 条的规定，不当得利之债的基本内容就是受损失的人有权请求得利人将所受利益返还。

1. 善意受益人的返还义务。善意受益人是指在受益时不知其受益无法律上的原因的受益人。善意受益人的返还义务以原物为主，当原物不存在时，如消费、消耗、出卖、被盗、遗失等不能返还时，受益人只在现存利益范围内偿还价额。

2. 恶意受益人的返还义务。恶意受益人是指明知无法律的原因而取得利益并致他人受损的受益人。受益人在受领时不知晓其受益没有法律上的原因，之后知道的，自知道之日起，为恶意受益人。恶意受益人应当返还其当初所获取的一切利益以及该利益所产生的孳息。若恶意获取的利益不存在，不论其不存在的原因如何，受益人都不得主张免除偿还义务，而应当如数偿还。

四、单方法律行为所生之债

（一）单方法律行为的概念和特征

单方法律行为，又称一方行为、单独行为，是指基于当事人一方的意思表示即可成立的民事法律行为。这种法律行为的特点是，仅凭一方的意思表示而不需要对方或其他任何人的同意，便能发生行为人预期的法律后果。

（二）单方法律行为的类型

1. 须向特定人进行的单方民事法律行为，如行使法定解除权解除合同的行为、效力未定的合同中当事人行使追认权的行为等。进行此类单方法律行为的当事人常享有依据先前订立的合同或法律的规定产生的权利。此类单方法律行为中包含的意思表示只有到达作为接收方的特定人，才能生效。

2. 无须向特定人进行的单方民事法律行为，又称严格的单方民事法律行为，如抛弃动产所有权的行为等。此类单方民事法律行为所包含的意思表示一经作出，即可生效。

实务学习项目 常见债的法律实务

一、常见合同条款的起草与审核

案例：合同效力争议案

2016 年 8 月，刘某与张某两人合伙经营了一家店铺，同年 12 月，刘某与张某达成协议解除了合伙，刘某给付张某人民币 6 万元，店铺让刘某一个人独自经营。解除合伙后，刘某店铺经营得非常红火，张某眼红，遂经常到刘某店铺闹事。2017 年 2 月，张某与刘某再次签订合同，约定刘某给付张某人民币 5000 元，张某不得到刘某店铺干扰其正常经营。合同签订后，刘某反悔，不同意给付张某 5000 元。两人就该合同的法律效力发生纠纷。[1]

---

〔1〕 参见 https：//zhidao.baidu.com/question/132683285.html，最后访问日期：2020 年 5 月 11 日。

任务：

1. 请根据张某与刘某签订的第二个合同条款的内容及目的，分析该合同的效力。

解题思路：以合法形式掩盖非法目的。合同必须合法才能生效。合法包括内容合法和目的合法两方面。以合法形式掩盖非法目的，在本质上仍是非法，所以是无效合同。

2. 本案有两种观点：第一种观点认为，刘某与张某签订的第二份合同属于可撤销合同，刘某可以依法请求法院撤销该合同。第二种观点认为，刘某与张某签订的第二份合同属于无效合同，无效合同自始无效，因此刘某没有义务给付张某 5000 元。请说出你的观点及理由。

解题思路：刘某给付张某 5000 元的合同没有效力。因为该合同是建立在非法目的之上的合同，属于我国《民法典》里面规定的无效合同的情形。

二、常见债务纠纷的处理

案例：不当得利纠纷案

邱某与吴某在生意上具有密切的业务往来。根据银行的账户记录，吴某的账户与邱某的账户多次发生款项往来，且邱某存在拖欠吴某业务款的行为。邱某于 2011 年 12 月 13 日通过银行账户汇款 5 万元至吴某的银行账户。

此后，邱某以其于 2011 年 12 月 13 日转入吴某账户的 5 万元系误存，经催要，吴某拒不返还，吴某的行为已构成不当得利为由，提起诉讼，请求判令吴某立即返还 5 万元及利息。吴某辩称：本人与邱某确实存在生意上的业务往来，其于 2011 年 12 月 13 日转入本人账户的 5 万元系为归还此前的欠款，邱某起诉本人构成不当得利，但仅能提供汇款凭证，故请求依法驳回邱某的诉讼请求。[1]

任务：

1. 请用我国《民法典》的相关规定说明邱某起诉吴某的行为已构成不当得利的理由是否成立。

解题思路：不成立。构成不当得利的前提是不当得利无法律上或合同上的原因，主张不当得利的当事人必须举证。此案中，不当得利无法律上或合同上的原因的举证责任应由邱某承担，因邱某未能就吴某取得利益无法律上或合同上的原因予以证明，故应由邱某承担举证不利的法律后果。据此认定邱某所转账的款项系用于归还此前的欠款，吴某收款的行为具有合同上的原因，不构成不当得利。

2. 请根据我国《民法典》第 122 条和第 985 条的规定分析不当得利之债的

---

〔1〕 参见苏泽林主编：《民法总则案例释解》，法律出版社 2017 年版，第 163 页。

当事人的法律地位。

解题思路：《民法典》第 122 条的规定明确了受损失的人有权请求无法律依据取得不当利益的人返还不当利益的权利，据此，可按照特定的民事法律关系分析。

 知识拓展

 学习小结

1. 合同概念的要点：①有广义和狭义合同之分；②是平等主体的自然人、法人、非法人组织之间的协议；③是财产关系的协议，不适用于有关身份关系的协议。

2. 引起债发生的主要原因：合同、侵权行为、无因管理、不当得利等，据以产生不同类型的债权、债务关系。

3. 合同责任的方式为违约责任，这区别于侵权责任等法定责任。

4. 处理不同类型债的纠纷的依据：①找出纠纷争议的焦点并进行举证；②找出解决争议的法律规定。

课后作业

一、知识作业

（一）名词解释

1. 合同 2. 无因管理之债 3. 违约责任。

（二）选择题

1. 合同成立的时间为（   ）。

A. 承诺到达要约人时   B. 要约生效时

C. 要约到达受要约人时   D. 承诺发出后经过合理的期限

2. 我国《民法典》合同编规定的双务抗辩权包括（   ）。

A. 先诉抗辩权   B. 同时履行抗辩权

C. 债务人抗辩权   D. 顺序履行抗辩权

E. 不安抗辩权

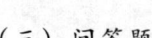

（三）问答题

什么是不当得利？不当得利的构成要件有哪些？

二、实训作业

案例：山崖救人案

何某在一景区游玩时看见一神情异样的女子站在山顶悬崖边，并起身欲向崖下跳去，何某在情急之中迅速扯住了女子的衣服，将女子救下。但何某在救人过程中，随身携带的价值 3000 元的手机被摔坏，胳膊被蹭伤；那名女子的腿部也受了伤，衣服被扯破。事后何某将女子送往医院，为其垫付各种费用 600 元，并为包扎自己的伤口花去 50 元。第二天，轻生女子的家人赶到医院，并向何某表示感谢。

1. 实训任务：分析某甲与轻生女子之间存在的民事法律关系的类型。

2. 实训步骤：编成甲、乙两个小组进行讨论，甲组代表何某一方，乙组代表女子一方。讨论的内容是：何某的手机被摔坏的损失以及包扎伤口的费用该轻生女子是否应当偿付？何某能否就自己的救助行为请求该女子给付一定的报酬？何某是否应当赔偿女子衣服被扯破的损失？

3. 评价标准：能依据事实和法律规定，对行为进行准确定性；能较好做到法、理的统一。

三、网络作业

1. 扫码观看微课视频资料：警惕天上掉下的馅饼。

2. 扫码观看微课视频资料：牛没了，怪谁？

3. 扫码学习音频资料：无因管理制度解读。

第五单元　继承权及其行使

学习目标

　　通过本单元的学习，使学生了解继承权的概念、特征，掌握继承的基本原则、继承的方式及继承权行使的一般规定，并能应用于具体案件的分析和处理。

重点提示

　　本单元的重点是理解继承的基本原则，掌握法定继承、遗嘱继承和遗赠的法律规定。

 学习任务一　　继承权概论

理论学习项目　继承权

一、继承权的概念和特征

（一）继承权的概念

继承权是自然人依法承受死者遗留的个人合法财产的权利。

继承有广义和狭义两种理解。广义上的继承，既包括财产的继承，也包括身份的继承，反映了古代继承制度的特点。狭义上的继承专指财产的继承，是指在公民死亡时，其法律规定范围内的近亲属，按照死者生前所立的有效遗嘱或者法律的规定，取得其所遗留的个人合法财产的法律制度。在继承关系中，遗留财产的死者为被继承人，依法取得遗产的人为继承人，死者所遗留的财产为遗产。

（二）继承权的特征

1. 继承权与一定的身份关系相联系。继承权是自然人享有的权利，根据我国《民法典》的规定，继承权只是近亲属之间才享有的相互继承遗产的权利，其他人不享有继承权。自人类社会产生继承制度以来，血缘关系和婚姻关系就是享有继承权的最基本前提。但随着社会的发展，扶养关系也逐渐成为取得继承权的依据。因而，继承权取得的依据应当是血缘关系、婚姻关系和扶养关系。无论是血缘关系，还是婚姻关系、扶养关系，都与特定的身份密不可分。但继承权虽以一定的身份为前提，却不以身份利益为内容，所以不是身份权。

2. 继承权是根据法律的直接规定或者合法有效的遗嘱而享有的权利。继承权有法定继承权与遗嘱继承权之分。法定继承权源自法律的直接规定，只有法律规定的法定继承人才享有法定继承权。遗嘱继承权则是经合法有效的遗嘱指定的遗嘱继承人享有的继承权。

3. 继承权的标的是遗产。继承是财产流转的一种方式，继承权是继承人继承被继承人遗产的权利。因此，没有遗产，就不发生继承，也就不能实现继承权；实现继承权，必然会发生遗产所有权的移转。主观意义上的继承权是一种财产权，它是以财产利益为内容的权利；客观意义上的继承权虽然是期待权，却仍然是对财产的期待；继承权实现的法律后果则是财产所有权的转移。因此，继承权属于财产权。

4. 继承权是继承人于被继承人死亡时方可行使的权利。继承于被继承人死亡时开始。在被继承人死亡前，继承权仅仅是一种期待权，当被继承人死亡时，继承权方得成为既得权，继承人方可行使继承权。

二、我国继承制度的基本原则

（一）保护公民合法财产继承权的原则

《民法典》第124条规定："自然人依法享有继承权。自然人合法的私有财产，可以依法继承。"

保护公民合法财产继承权包括两方面的含义：一方面，法律确认自然人的合法财产继承权，保护其不受非法侵害；另一方面，在自然人的继承权受到侵害时，有权根据法律的规定请求人民法院予以保护。

保护公民合法财产继承权的原则主要表现在：首先，确立遗产范围进行保护。自然人死亡时遗留的个人合法财产均为遗产，得由继承人依法继承。自然人死亡后相关人员、单位给予的丧葬费、死亡补偿金等，因是在死亡后发生，不属于遗产范围。其次，继承人的继承权不得被非法剥夺或限制。继承开始后，继承人根据自己的意思决定是否接受继承，除丧失继承权的法定事由之外，继承人的继承权不因任何事由而丧失。最后，继承人享有继承权回复请求权。继承权为绝对权，任何人都负有不得侵害的义务。继承权受到侵害时，继承人得行使继承权回复请求权，于法律规定的期限内通过诉讼程序请求人民法院依法给予回复。

（二）继承权平等的原则

平等原则是贯穿民法的一项基本原则。在《民法典》继承编中，平等原则的表现如下：

1. 继承权男女平等。继承权男女平等是继承权平等原则的核心和基本表现，我国《民法典》第1126条明文规定："继承权男女平等。"

继承权男女平等贯穿在我国《民法典》继承编的各项规定之中。具体表现在如下方面：在继承人的范围和法定继承顺序的确定上，男女亲等平等，适用于父系亲等的，同样适用于母系亲等；夫妻在继承上有平等的权利，有相互继承遗产的继承权；在代位继承中，男女有平等的代位继承权；在遗嘱继承中，无论男子还是女子都有权按照自己的意愿依法通过遗嘱处分自己的合法财产。继承权男女平等，是实现男女社会地位平等的具体体现，是切实保护妇女合法继承权的必然要求。

2. 养子女与亲生子女继承权平等。养子女与养父母之间基于收养关系而形成了拟制的血亲关系，因此，养子女与亲生子女的法律地位相同。依照我国《民法典》的规定，养子女与养父母之间，如同亲生子女与父母之间一样，有相互继承遗产的权利；养子女与亲生子女同为子女，有平等的继承权；在代位继承中，养子女的晚辈直系血亲与亲生子女的晚辈直系血亲一样地享有代位继承权。

3. 非婚生子女与婚生子女继承权平等。非婚生子女是指男女双方无合法的婚姻关系而出生的子女。在我国，非婚生子女与婚生子女的法律地位是平等的，非婚生子女与婚生子女有着平等的继承权。

4. 儿媳与女婿在继承权上权利平等。我国《民法典》第1129条规定："丧偶儿媳对公婆，丧偶女婿对岳父母，尽了主要赡养义务的，作为第一顺序继承人。"

5. 同一顺序的继承人继承遗产的权利平等。依照我国《民法典》第1130条第1款的规定，同一顺序继承人继承遗产的份额，一般应当均等。

（三）养老育幼原则

养老育幼，即赡养老人、抚育未成年子女以及照顾病残者，是我国社会主义家庭的重要职能之一。赡养、敬重和照顾老年人，关心、爱护和抚育未成年人，是我们中华民族长期以来形成的优良传统和美德，也是建设社会主义精神文明的要求。这一原则主要体现在以下方面：

1. 遗产的分配有利于养老育幼。按照我国《民法典》的相关规定，在遗产分配中对生活有特殊困难的缺乏劳动能力的继承人，应当予以照顾；对被继承人尽了主要扶养义务或者与被继承人共同生活的继承人，可以多分遗产；对有扶养能力和扶养条件而不尽扶养义务的继承人，应当不分或者少分遗产；对继承人以外的依靠被继承人扶养的缺乏劳动能力又没有生活来源的人或者继承人以外的对被继承人扶养较多的人，可以分给适当的遗产。

2. 在遗嘱继承和遗赠中要保护老、幼、残疾人的利益。依照《民法典》第1141条的相关规定，被继承人以遗嘱处分其财产时，应当对缺乏劳动能力又无生活来源的继承人保留必要的遗产份额，以保障他们的基本生活需要。

3. 遗产分割不能侵害胎儿的利益。依据我国《民法典》第16条规定："涉及遗产继承、接受赠与等胎儿利益保护的，胎儿视为具有民事权利能力……"因此，在遗产分割时，应当保障胎儿继承权，以保护被继承人死亡后出生的子女的利益。

4. 承认遗赠扶养协议的效力。遗赠扶养协议是公民与无法定扶养义务的自然人或者集体所有制组织签订的关于扶养、遗赠的协议，这一协议可以保障受扶养人的生养死葬。

（四）互谅互让、团结和睦原则

互谅互让、团结和睦是社会主义家庭关系和社会主义精神文明的要求，继承人应当本着互谅互让、和睦团结的精神，协商处理继承问题。我国《民法典》第1132条规定："继承人应当本着互谅互让、和睦团结的精神，协商处理继承问题。遗产分割的时间、办法和份额，由继承人协商确定；协商不成的，可以由人民调解委员会调解或者向人民法院提起诉讼。"

（五）权利和义务一致原则

权利、义务一致是我国《宪法》的一个重要原则，我国继承制度同样也以此作为重要原则之一。继承中的权利和义务相一致，是指继承关系中享有继承权与履行应尽义务相一致。

权利和义务一致原则在《民法典》第1130条中有明显体现，如"对被继承人尽了主要扶养义务或者与被继承人共同生活的继承人，分配遗产时，可以多分"。"有扶养能力和有扶养条件的继承人，不尽扶养义务的，分配遗产时，应当不分或者少分"。《民法典》第1129条规定，"丧偶儿媳对公婆，丧偶女婿对岳父母尽了主要赡养义务的，作为第一顺序继承人"。

三、法定继承

（一）法定继承及其适用范围

1. 法定继承的概念和特征。法定继承是指由法律直接规定继承人范围、继承人继承顺序以及遗产分配原则的一种继承方式。具有以下特点：

（1）法定继承中的继承人是基于一定的身份关系确定的。法定继承中的继承人是由法律直接规定的，而不是由被继承人指定的。法律规定法定继承人的依据是继承人与被继承人之间的亲属关系，亲属关系是以血缘、婚姻和扶养关系为基础的，如：夫妻间、父母子女间、祖孙之间等。因此，法定继承具有以身份关系为基础的特点。

（2）法定继承人的范围、继承顺序、应继份额以及遗产分配原则由法律明确规定。在法定继承中，不仅继承人的范围是由法律直接规定的，而且继承人的继承顺序、继承人应继承的遗产份额也是由法律直接规定的，任何人不得改变法律的规定。遗嘱继承却不同，被继承人生前可以通过订立遗嘱的方式处分遗产，不受法定继承的继承顺序、继承份额的限制。从这个意义上说，法定继承具有强行性的特点。

（3）法定继承是遗嘱继承的补充。法定继承和遗嘱继承是两种不同的继承方式。从效力上说，遗嘱继承的效力优先于法定继承。继承开始后，有遗嘱的，先适用遗嘱继承；没有遗嘱和遗赠扶养协议的情况下，才能适用法定继承。从这个意义上讲，法定继承是遗嘱继承的重要补充。

2. 法定继承的适用范围。法定继承的适用范围，是指在何种情形下适用法定继承。我国《民法典》第1123条规定："继承开始后，按照法定继承办理；有遗嘱的，按照遗嘱继承或者遗赠办理；有遗赠扶养协议的，按照协议办理。"因此，法定继承适用于以下情况：①被继承人死亡后，没有遗赠扶养协议，也没有遗嘱的；②出现了《民法典》第1154条规定的情形，如遗嘱继承人放弃继承或受遗赠人放弃受遗赠的；遗嘱继承人丧失继承权或者受遗赠人丧失受遗赠权的；遗嘱继承人、受遗赠人先于遗嘱人死亡或者终止的；遗嘱无效部分所涉及的遗产；遗嘱未处分的遗产。

（二）法定继承人的范围和顺序

1. 法定继承人的范围。法定继承人是指根据《民法典》继承编的规定直接取得继承权资格的人。法定继承人的范围是指依法享有继承权，列入继承顺序的人的范围。法律确定法定继承人范围的主要根据是其与被继承人之间的婚姻关系和血缘关系。

根据《民法典》第1127、1128、1129条的规定，法定继承人的范围包括：被继承人的配偶、子女、父母、兄弟姐妹、祖父母、外祖父母。此外，丧偶儿媳对公婆，丧偶女婿对岳父母尽了主要赡养义务的，可以作为第一顺序的法定继承人。

（1）配偶。夫妻双方互为配偶。作为继承人的配偶，是专指被继承人死亡时尚生存的与被继承人有合法夫妻关系的人。因此，以配偶身份继承财产须具有两个条件：首先，须是符合法定条件，并履行法定结婚手续的合法夫妻。未经办理结婚登记手续而非法同居或姘居的男女，当一方死亡后，另一方不得以配偶身份继承对方的遗产。其次，夫妻关系必须在一方死亡时仍然存在。夫妻一方死亡之前已经离婚的前妻或前夫，不能称作《民法典》上的配偶。在被继承人死亡以前已经去世的配偶，也因婚姻关系终止，不再属于法定继承人的范围。

（2）子女。子女是指被继承人直系血亲卑亲属中最亲近的人。作为法定继承人的子女，包括婚生子女、非婚生子女、养子女和有抚养关系的继子女。实践中，子女继承遗产的情况比较复杂，需视具体情况具体分析。

第一，关于非婚生子女的继承权。非婚生子女是指无合法婚姻关系的男女所生的子女。虽然非婚生子女父母的两性关系不合法，但对于非婚生子女来说是无辜的，他们之间的血亲关系不能改变，因此，《民法典》继承编中规定非婚生子女与婚生子女享有平等的继承权，任何人不得加以歧视、限制或剥夺。

第二，关于养子女的继承权。养子女是指被收养的子女。养子女与养父母之间虽不存在血缘关系，但具有法律承认与保护的拟制血亲关系。只要依法定程序办理收养后，他们之间的权利、义务关系与亲生父母子女相同，养子女有继承养父母遗产的权利。同时，养子女同生父母之间的权利、义务关系，因收养关系的成立而解除，养子女不能继承生父母的遗产。

司法实践中，有关养子女的继承问题需要注意以下四点：

第一点，养子女对生父母的遗产没有继承权。《民法典》第 1111 条第 2 款规定："养子女与生父母以及其他近亲属间的权利义务关系，因收养关系的成立而消除。"如果养子女对养父母尽了赡养义务，同时对生父母扶养较多，可依《民法典》第 1131 条的规定分得生父母适当的遗产，不过养子女只是作为继承人以外的人分得适当遗产，绝非法定继承人。

第二点，收养关系解除后养子女继承权的认定。《民法典》第 1117 条规定："收养关系解除后，养子女与养父母以及其他近亲属间的权利义务关系即行消除，与生父母以及其他近亲属间的权利义务关系自行恢复。但是，成年养子女与生父母以及其他近亲属间的权利义务关系是否恢复，可以协商确定。"可见，当收养关系解除时，未成年的养子女与亲生父母的权利、义务关系自行恢复，养子女享有继承生父母遗产的权利；已成年并已独立生活的养子女同其生父母权利、义务关系的恢复，必须以书面形式取得对方同意。恢复后，养子女与亲生父母共同生活，尽了赡养义务的，也享有继承权。

第三点，对养祖孙关系的处理。收养人在没有亲生子女或养子女的情况下，直接收养的养孙子女，由于两者年龄相差悬殊，辈分不同，民间习惯上称之为"养孙子女"。实际上，这是一种特殊的养子女，因此在我国的司法实践中，将这种收养关系视为养父母与养子女的关系，他们之间享有相互继承财产的权利。

第三，关于继子女的继承权。继子女是指配偶的一方与其前夫或前妻所生的子女对于另一方而言。由于继子女与继父母之间不存在血缘关系，而是姻亲关系，因此，继子女能否继承继父母的遗产，关键取决于他们之间是否存在扶养关系。如果存在扶养关系，继子女便是继父母遗产的法定继承人，享有继承权，否则无继承权。与养子女不同，继子女与有扶养关系的继父母确立权利、义务关系的同时，并不解除其与亲生父母之间的权利、义务关系。因此，继子女享有双份继承权，继承继父母遗产的同时，还可以继承亲生父母的遗产。

（3）父母。父母是指被继承人直系血亲尊亲属中最亲近的人。与法定继承人中的子女相对应，享有继承权的父母不仅指亲生父母，而且还包括养父母和有扶养关系的继父母，他们均可作为亲生子女、养子女和继子女的法定继承人。亲生父母子女之间是自然血亲关系，无论亲生父母之间婚姻状况怎样，均不影响他们对子女遗产的继承权；但是，在认定养父母、继父母法定继承权时，常遇到一些复杂的情况，为此，需要明确以下两点：

第一，关于养父母的继承权。只要确立了养父母与养子女关系，并对养子女尽了抚养教育义务而被确认为法定继承人的，他们与亲生父母处于同等的法律地位，享有对养子女遗产的继承权。这种继承权同样不受他们婚姻状况的影响，只要收养关系没有终止即可。如果养父与养母离婚，养子女归养父或养母一方抚养，另一方不尽抚养义务，这种情况应视为收养关系的终止，不尽抚养义务的一方则丧失对原养子女遗产的继承权。

第二，关于继父母的继承权。继父母是基于其对继子女尽了抚养义务而被确认为法定继承人的，他们与亲生父母、养父母处于同等的法律地位，享有对继子女遗产的继承权。但是，这种继承权可以因继父与生母或继母与生父的离婚，继子女归生父或生母一方单独抚养，另一方不继续承担抚养义务而消灭。另外，继父母还享有双重继承权，只要与继子女的抚养教育关系存在，继父母便既可以继承继子女的遗产，也可以再继承亲生子女的遗产。

（4）兄弟姐妹。兄弟姐妹是指被继承人旁系血亲中最亲近的人。作为法定继承人的兄弟姐妹，不但包括同父异母、同母异父的亲兄弟姐妹，而且还包括因收养关系而形成的养兄弟姐妹和有扶养关系的继兄弟姐妹，他们相互之间有继承遗产的权利。

但是，被收养人与其亲兄弟姐妹的权利、义务关系因收养关系成立而消灭，他们相互间没有继承权。继兄弟姐妹之间相互享有继承权，不仅要求他们与继父或继母之间已经形成了扶养关系，而且还要求他们相互之间已经形成了扶养关系。如果继兄弟姐妹与继父或继母有扶养关系，而彼此之间无扶养关系，则他们只能继承继父或继母的财产，不能相互继承财产。同时，如果继兄弟姐妹之间是法定继承人并相互继承了遗产，不影响其继承亲兄弟姐妹的遗产。

（5）祖父母、外祖父母。祖父母、外祖父母是指被继承人直系血亲尊亲中较为亲近的人。在我国，"三代同堂"的家庭为数不少，祖父母与孙子女、外祖父母与外孙子女共同生活，互相扶养、赡养，因此，我国《民法典》继承编将祖父母、外祖父母列为法定继承人，有权继承孙子女、外孙子女的遗产。

应注意，孙子女、外孙子女对祖父母、外祖父母遗产的继承权，适用代位继承，他们是代替父亲或母亲的继承地位、继承顺序和应继份额而继承祖父母或外祖父母的遗产。根据我国《民法典》的规定，孙子女、外孙子女不是第二顺序的继承人，没有自己固有的继承地位，只有出现父母早于祖父母、外祖父母死亡，且父母享有对祖父母、外祖父母遗产继承权的情况时，他们才可以代替其父母继承遗产。否则，即使没有第一顺序的继承人而轮到第二顺序的继承人继承遗产时，孙子女、外孙子女也无权继承遗产。

（6）对公婆尽了主要赡养义务的丧偶儿媳，对岳父、岳母尽了主要赡养义务的丧偶女婿。我国《民法典》第 1129 条明确规定，对公婆、岳父母尽了主要赡养义务的丧偶儿媳、丧偶女婿为法定继承人。这种规定不仅发扬了中华民族尊老、爱老、养老的优良传统，鼓励丧偶儿媳或女婿对年老的公婆或岳父母进行赡养扶助，而且还体现了权利与义务相一致的原则。

应当注意，根据最高人民法院关于适用《中华人民共和国民法典》继承编的解释（一）（以下简称《继承编解释（一）》）第 18、19 条的规定，丧偶儿媳或女婿成为法定继承人，以其对公婆或岳父母尽了主要赡养义务为前提，无论其是否再婚；对被继承人生活提供了主要经济来源，或在劳务等方面给予主要扶助的，应当认定其尽了主要赡养义务或主要扶养义务。丧偶儿媳对公婆、丧偶女婿对岳父母尽了主要赡养义务，不是一般意义上的照料、帮助，必须是在生活上经常的照料，经济上长期不断地供养，否则不能成为法定继承人。

2. 法定继承人的顺序。《民法典》第 1127 条第 1 款规定："遗产按照下列顺序继承：①第一顺序：配偶、子女、父母；②第二顺序：兄弟姐妹、祖父母、外祖父母。"《民法典》第 1129 条同时又规定："丧偶儿媳对公婆，丧偶女婿对岳父母，尽了主要赡养义务的，作为第一顺序继承人。"可见，我国法定继承有两个继承顺序。"继承开始后，由第一顺序继承人继承，第二顺序继承人不继承；没有第一顺序继承人继承的，由第二顺序继承人继承。"所以说，被继承人死亡后，并不是所有法定继承人都能够继承遗产，只有在没有第一顺序继承人，或者第一顺序继承人全部放弃或丧失继承权的情况下，第二顺序继承人才可以继承遗产。因此，法定继承顺序的规定属于强制性规范，除根据被继承人生前订立的合法有效的遗嘱加以改变外，其他任何组织和公民都无权加以变更。

（三）代位继承

代位继承，又称"间接继承"，是指被继承人的子女或被继承人的兄弟姐妹先于被继承人死亡时，由被继承人的子女的晚辈直系血亲或者被继承人兄弟姐妹的子女继承被继承人遗产的一种继承方式。其中，先于被继承人死亡的被继承人的子女或兄弟姐妹是被代位继承人，代替被代位继承人行使继承权的晚辈直系血亲或子女是代位继承人。作为法定继承中的特殊情况，代位继承制度是对法定继承制度的必要补充。

1. 代位继承的适用条件。根据《民法典》第 1128 条的规定，代位继承的适用应具备以下四个条件：①被代位继承人必须先于被继承人死亡；②被代位继承人生前必须享有继承权，如果被代位继承人生前丧失了继承权，则不发生代位继承的问题；③被代位继承人必须是被继承人的子女或兄弟姐妹，被继承人的其他继承人均不能成为被代位继承人；④代位继承人必须是被继承人的子女的直系晚辈血亲或兄弟姐妹的子女，其他人都不能成为代位继承人。

2. 代位继承应注意的问题。在代位继承中，除了明确代位继承产生的条件之外，还必须注意以下几个问题：①婚生子女、非婚生子女、养子女和有扶养关系的继子女的代位继承权平等；②丧偶儿媳、女婿作为第一顺序继承人时，不影响其子女的代位继承；③代位继承人只能取得被代位继承人应得的继承份额；④代位继承只适用于法定继承，不适用于遗嘱继承。遗嘱继承人先于被继承人死亡的，遗嘱无效；⑤代位继承人为被继承人子女的晚辈直系血亲的，不受辈分限制。被继承人的孙子女、外孙子女、曾孙子女、外曾孙子女都可以代位继承。⑥依据我国《民法典》第 1128 条第 2 款规定："被继承人的兄弟姐妹先于被继承人死亡的，由被继承人的兄弟姐妹的子女代位继承。"被继承人兄弟姐妹的子女的代为继承权是《民法典》的新增内容，扩大了代位继承的范围。

（四）转继承

转继承，又称"第二次继承""再继承""连续继承"，是指继承人在被继承人死亡之后、遗产分割前死亡，其应继承的遗产份额由他的合法继承人继承。实际接受遗产的死亡继承人的继承人称为转继承人。

代位继承与转继承有着许多相似之处，都是因继承人和被继承人死亡的法律事实而发生继承关系，都是取得已故继承人有权继承的那部分遗产。但是，它们毕竟是两种不同的继承，主要区别体现在以下四个方面：

1. 性质不同。代位继承是由代位继承人一次性的间接继承被继承人的遗产，具有替补继承的性质。而转继承是两个相连的直接继承：首先，是被转继承人直接继承被继承人的遗产；其次，是转继承人又直接取得原应由被转继承人继承的遗产，转继承具有连续继承的性质。

2. 发生的根据不同。转继承的发生是基于继承人后于被继承人死亡，并且是在分割被继承人遗产前死亡的事实；而代位继承人的发生是基于被继承人的子女或兄弟姐妹先于被继承人死亡的事实。

3. 继承人的范围不同。转继承人是死亡继承人的法定继承人，他（她）可以是死亡继承人的晚辈直系血亲，也可以是死亡继承人的其他法定继承人，而代位继承人只能是被继承人的子女的晚辈直系血亲或被继承人兄弟姐妹的子女。

4. 适用的继承方式不同。代位继承只适用于法定继承，是法定继承的特别补充。而转继承既适用于法定继承，又适用于遗嘱继承，如果遗嘱继承人在继承开始后未放弃继承权而死亡，其应继承的遗产转由其法定继承人继承。

从上述区别可以看出，被代位人和被转继承人死亡时间的不同，是代位继承和转继承的根本性区别，它决定着两者在发生的根据、继承人的范围和继承方式等方面的不同。

（五）法定应继份

法定应继份是指在法定继承中，同一顺序的继承人有两人以上，各继承人应继承的遗产份额。

我国《民法典》第 1130 条规定："同一顺序继承人继承遗产的份额，一般应当均等。对生活有特殊困难又缺乏劳动能力的继承人，分配遗产时，应当予以照顾。对被继承人尽了主要扶养义务或者与被继承人共同生活的继承人，分配遗产时，可以多分。有扶养能力和有扶养条件的继承人，不尽扶养义务的，分配遗产时，应当不分或者少分。继承人协商同意的，也可以不均等。"可见，我国《民法典》有关法定应继份的规定，是以"一般均等"为基本原则，以"特殊情况不均等"为例外。

1. 一般情况下应当均等分配遗产。一般情况，是指同一顺序的各个法定继承人之间，在经济状况、劳动能力以及对被继承人所尽扶养义务等方面，情况基本相同。在这种情况下，遗产分配应当均等。这种遗产分配原则，不仅体现了法定继承权是基于血缘关系、婚姻关系而产生的特点，在一定程度上能减少纠纷，而且使继承份额的确定简单明确，易于执行。

2. 特殊情况下不均等分配遗产。

（1）生活有特殊困难又缺乏劳动能力的继承人，分配遗产时应予以照顾。其目的是保障他们的基本生活需要。这一遗产分配原则在出现法定原因时适用，即继承人必须同时具备生活特殊困难和缺乏劳动能力两个条件。生活有特殊困难又缺乏劳动能力的人主要是指无生活来源的未成年人、老人、病残人。

（2）根据继承人尽扶养义务的情况确定遗产份额。对被继承人尽了主要扶养义务，或与被继承人共同生活的继承人的继承份额，可以多些；对有扶养能力和扶养条件而不尽扶养义务的继承人，应当不分或者少分。我国立法自始至终强调权利和义务相一致的原则，这一原则在遗产分配中的体现更是考虑继承人对被继承人所尽扶养义务的情况。

（3）法定继承人以外可以酌情分配遗产的情况。《民法典》第1131条规定："对继承人以外的依靠被继承人扶养的人，或者继承人以外的对被继承人扶养较多的人，可以分给适当的遗产。"这一规定是法律对于公民之间相互帮助行为的肯定和支持，体现了养老育幼的原则。至于可以分得遗产的人究竟可以分得多少遗产，法律没有规定具体的界限和比例，应根据具体情况确定。

四、遗嘱继承

（一）遗嘱继承的概念和特征

遗嘱继承是与法定继承相对应的一种继承方式，是指继承开始后，按照被继承人所立的合法有效的遗嘱继承被继承人遗产的继承制度。《民法典》第1133条第1款、第2款规定："自然人可以依照本法规定立遗嘱处分个人财产，并可以指定遗嘱执行人。自然人可以立遗嘱将个人财产指定由法定继承人中的一人或者数人继承。"

遗嘱继承具有如下特征：①遗嘱继承是被继承人意志的体现。法定继承是根据被继承人与继承人之间的血缘关系推定进行的一种继承方式，并不完全反映被继承人的意愿。遗嘱继承是被继承人生前对自己财产的处分，体现着被继承人的遗愿。②遗嘱继承的发生须有合法有效的遗嘱。法定继承的发生以被继承人死亡为条件，但遗嘱继承的发生除被继承人死亡的事实外，还须有被继承人立有合法有效的遗嘱，两个事实缺一不可。③遗嘱继承的效力优先于法定继承。依照《民法典》的规定，遗嘱继承人须为法定继承人，但遗嘱继承人不受法定继承顺序的限制，继承份额也不受法定继承遗产分配原则的限制。继承开始后，应按照法定继承办理；有遗嘱的，按照遗嘱继承或遗赠处理；有遗赠扶养协议的，按照协议办理。

（二）遗嘱的有效要件

遗嘱是立遗嘱人生前依照法律规定处分自己的财产以及安排与此有关的事务并于死亡后发生法律效力的单方民事法律行为。有效的遗嘱是发生遗嘱继承的前提条件之一。

1. 遗嘱的形式。遗嘱的形式，是立遗嘱人处分其财产的外在的意思表示方式。依照《民法典》的规定，遗嘱的形式有以下六种：

（1）自书遗嘱。自书遗嘱是由遗嘱人亲笔书写并签名的遗嘱。自书遗嘱不能由他人代笔，也不能打印，必须由遗嘱人亲笔书写并注明年、月、日。公民在遗书中涉及死后个人财产处分的内容，确为死者真实意思的表示，有本人签名并注明了年、月、日，又无相反证据的，可按自书遗嘱对待。

（2）代书遗嘱。代书遗嘱是遗嘱人委托他人代为书写的遗嘱。代书遗嘱时应当有两个以上见证人在场见证，由其中一人代书，注明年、月、日，并由代书人、其他见证人和遗嘱人签名。根据《民法典》第 1140 条的规定，下列人员不能作为遗嘱见证人：①无民事行为能力人、限制民事行为能力人以及其他不具有见证能力的人；②继承人、受遗赠人；③与继承人、受遗赠人有利害关系的人。

（3）打印遗嘱。打印遗嘱应当由两个以上见证人在场见证。遗嘱人和见证人应当在遗嘱每一页签名，注明年、月、日。

（4）录音录像遗嘱。录音录像遗嘱是以录音、录像记载遗嘱内容的遗嘱。录音录像遗嘱应当由两个以上的见证人在场见证，见证人的见证证明应同时录制在录音录像中。录音录像录制后，应当进行封存，并有见证人共同签名，注明年、月、日。

（5）口头遗嘱。遗嘱人在危急情况下，可以立口头遗嘱。口头遗嘱应当有两个以上见证人在场见证。危急情况解除后，遗嘱人能够用书面或者录音形式立遗嘱的，所立的口头遗嘱无效。

（6）公证遗嘱。公证遗嘱是由遗嘱人亲自申请，经公证机构办理的遗嘱。公证人员对遗嘱经审查认为合法有效的，予以公证，出具《遗嘱公证书》，公证书由公证机关和遗嘱人分别保存。

2. 遗嘱的实质要件。有效的遗嘱除了要具备《民法典》继承编第三章规定的六种形式之一外，还应具备以下实质要件：

（1）遗嘱人有遗嘱能力。遗嘱作为一种民事法律行为，立遗嘱人在立遗嘱时必须具备完全民事行为能力，无民事行为能力人或者限制民事行为能力人所立的遗嘱无效。遗嘱人是否有遗嘱能力，以遗嘱设立时为准。

（2）遗嘱须是遗嘱人的真实意思表示。意思表示真实是民事法律行为有效的条件。《民法典》第 1143 条第 2、3、4 款规定：遗嘱必须表示遗嘱人的真实意思，受欺诈、胁迫所立的遗嘱无效。伪造的遗嘱无效。遗嘱被篡改的，篡改的内容无效。

（3）遗嘱的内容不得违背社会公共利益和社会公德。遗嘱是一种民事法律行为，遗嘱的内容违背社会公共利益和社会公德的无效。

（三）遗嘱的变更、撤销和执行

1. 遗嘱的变更和撤销。遗嘱的变更是指遗嘱人在遗嘱设立后对遗嘱的内容进行修改。遗嘱的撤销是指遗嘱人在遗嘱设立后将所立的遗嘱取消。遗嘱是遗嘱人处分其个人财产的单方民事行为，只要有遗嘱人一方的意思表示就可成立。因此，遗嘱人可以随时对遗嘱进行变更或撤销。遗嘱变更或者撤销的，应以变更或者撤销后的遗嘱为准；遗嘱撤销后未设立新遗嘱的，视为被继承人未立遗嘱。

遗嘱的变更或撤销同遗嘱的设立一样，也应符合前述遗嘱的有效要件。遗嘱的变更或撤销不符合条件的，视为未变更或未撤销。关于遗嘱的变更或撤销，注意以下几种情形：①遗嘱人立有数份遗嘱，内容相抵触的，以最后的遗嘱为准。②遗嘱人生前的行为与遗嘱的意思表示相反，而使遗嘱处分的财产在继承开始前灭失、部分灭失或所有权转移、部分转移的，遗嘱视为被撤销或部分被撤销。

2. 遗嘱的执行。遗嘱的执行，指遗嘱生效后由遗嘱执行人实现遗嘱的内容。遗嘱人在遗嘱中指定了遗嘱执行人的，由被指定的遗嘱执行人执行遗嘱。遗嘱中没有指定遗嘱执行人或者被指定的执行人不能执行遗嘱的，继承人应及时推选遗产管理人。

五、遗赠和遗赠扶养协议

（一）遗赠

1. 遗赠的概念与特征。遗赠，指自然人以遗嘱的方式将其个人财产的部分或全部于其死后赠与国家、集体或者法定继承人以外的人的单方法律行为。这里的遗嘱人称为遗赠人，接受遗赠的人称为受赠人。遗赠具有以下特征：

（1）遗赠是一种单方民事行为。遗赠与遗嘱一样，都是一种单方民事行为。遗赠的成立不以受赠人的同意为前提，遗赠人在遗嘱生效前随时可以变更或撤销自己的遗嘱。

（2）遗赠是遗赠人死后发生法律效力的行为。遗赠是遗赠人对其死亡后财产的一种处分。因此，在遗赠人尚未死亡之前，遗赠不会发生法律效力。

（3）受遗赠人是法定继承人以外的人。遗赠人可以将其财产赠与国家、集体、法定继承人以外的人，但不能赠与法定继承人。

（4）遗赠只能由受遗赠人接受，而不能转让。遗赠是以特定的受赠人为受益人的，因此，受遗赠权只能由其本人享有，而不得转让。如果受遗赠人先于遗赠人死亡的，则不能发生遗赠的效力。

2. 遗赠与遗嘱继承的异同。遗赠与遗嘱继承，都是遗嘱人以遗嘱的方式处分个人财产的行为，都须具备遗嘱的有效要件才能有效，二者都是单方民事行为，都于被继承人死亡后发生法律效力。但二者在以下方面存在区别：

（1）受遗赠人与遗嘱继承人的范围不同。受遗赠人可以是自然人、法人、其他组织或国家，但必须不是立遗嘱人的法定继承人；而遗嘱继承人只能是自然人，并且必须是法定继承人。

（2）权利的行使方式不同。依照《民法典》第 1124 条的规定，继承开始后，继承人放弃继承的，应当在遗产处理前，以书面形式作出放弃继承的表示；没有表示的，视为接受继承。受遗赠人应当在知道受遗赠后 60 日内，作出接受或者放弃受遗赠的表示；到期没有表示的，视为放弃受遗赠。即受遗赠人接受遗赠的，须于法定期间内作出接受的明示的意思表示。

（3）受遗赠人与遗嘱继承人承担的义务不同。遗嘱继承人在继承遗产的同时应当清偿被继承人生前所负债务；受赠人接受遗赠一般不清偿遗赠人的债务，受赠人必须在遗赠人的债务得到清偿后，才能接受遗赠人的财产，如果遗产不足以清偿债务，受遗赠人则不能接受遗赠。

（4）受遗赠人与遗嘱继承人取得遗产的方式不同。受遗赠人不直接参加遗产的分配，而是从遗嘱执行人处取得受遗赠的财产。遗嘱继承人则可以直接参与遗产分配而取得遗产。

（二）遗赠扶养协议

1. 遗赠扶养协议的概念和特征。遗赠扶养协议是指受扶养人和扶养人之间关于扶养人承担受扶养人的生养死葬义务，受扶养人将财产遗赠给扶养人的协议。《民法典》第 1158 条规定："自然人可以与继承人以外的组织或者个人签订遗赠扶养协议。按照协议，该组织或者个人承担该自然人生养死葬的义务，享有受遗赠的权利。"遗赠扶养协议具有以下特征：

（1）遗赠扶养协议是双方法律行为。遗赠扶养协议须扶养人与受扶养人意思表示一致才能成立，本质上是一种合同行为，因此应依合同的程序订立。

（2）遗赠扶养协议是双务、有偿行为。在遗赠扶养协议中，扶养人和受扶养人双方都负有一定的义务，享有一定的权利，任何一方享受权利都须以履行相应的义务为对价，都不能无偿地取得对方的财产。

（3）遗赠扶养协议是诺成性法律行为。遗赠扶养协议自双方意思表示一致即成立并生效，不以标的物的给付为成立生效要件，因此是诺成性法律行为。

（4）遗赠扶养协议内容的实现有阶段性。扶养人的义务自遗赠扶养协议生效时起即生效，履行扶养受扶养人的义务。而关于遗赠的内容只能于受扶养人死亡后才能实现，扶养人在遗赠人生前不得提出取得遗赠财产的要求。

（5）遗赠扶养协议中的扶养人须无法定扶养义务。扶养人可以是自然人，也可以是集体所有制组织，但不能是对受扶养人有法定扶养义务的人。

2. 遗赠扶养协议的效力。

（1）遗赠扶养协议对扶养人和受扶养人的效力。扶养人和受扶养人应当按照协议的约定履行自己的义务。扶养人的义务就是在受扶养人生前扶养受扶养人，在受扶养人死后安葬受扶养人。受扶养人的义务是将其财产遗赠给扶养人。在协议的履行过程中，如果一方不履行义务，另一方可以解除协议。此外，对不尽扶养义务或者以非法手段谋取遗赠人财产的扶养人，受扶养人未解除协议的，经遗赠人的亲属或有关单位的请求，人民法院可以剥夺扶养人的受遗赠权；对不认真履行扶养义务，致使受扶养人经常处于生活缺乏照料状况的扶养人，人民法院也可以酌情对扶养人受遗赠的财产数额予以限制。

（2）遗赠扶养协议对遗嘱继承、法定继承的优先适用效力。继承开始后，有遗赠扶养协议的，应按照协议处理；没有遗赠扶养协议的，有遗嘱的，按照遗嘱继承或遗赠办理；没有遗赠扶养协议和遗嘱的，按照法定继承办理。被继承人生前与他人订有遗赠扶养协议，同时又立有遗嘱的，继承开始后，如果遗赠扶养协议与遗嘱没有抵触，遗产分别按协议和遗嘱处理；如果有抵触，按协议处理，与协议抵触的遗嘱全部或部分无效。此外，集体组织对"五保户"实行"五保"时，双方有扶养协议的，按协议处理；没有扶养协议，死者有遗嘱继承人或法定继承人要求继承的，按遗嘱继承或法定继承处理，但集体组织有权要求扣回"五保"费用。

实务学习项目 继承的法律实务

一、继承法基本原则在案例中的应用

案例：胎儿继承利益保护案[1]

2013年3月6日，李某与郭某登记结婚。2017年，郭某以自己的名义购买了建筑面积为85.08平方米的房屋，并办理了房屋产权登记。2019年1月30日，李某和郭某共同与某医院生殖遗传中心签订了《人工授精协议书》，医院对李某实施了人工授精，后李某怀孕。2019年4月，郭某因病住院，其在得知自己患了癌症后，向李某表示不要这个孩子，但李某不同意人工流产，坚持要生下孩子。5月20日，郭某在医院立下自书遗嘱，在遗嘱中声明他不要这个人工授精生下的孩子，并将85.08平方米的房屋赠与其父母。郭某于5月23日病故。李某于当年10月22日产下一子。经查，李某无业，每月领取最低生活保障金，另有不固定的打工收入。郭某的父母，居住在同一个住宅小区的另一套房屋，均有退休工资。

现因遗产分割问题，李某与郭某父母未能达成一致，李某起诉至法院。李某诉称：某住宅小区建筑面积为85.08平方米的房屋，是其与被继承人郭某的夫妻共同财产；郭某死亡时，李某已怀孕，现儿子已出生，郭某的遗产应当由李某、儿子与郭某的父母共同继承；同时请求法院在遗产继承时，考虑郭某的父母有自己的房产和退休工资，而李某无固定收入还要抚养幼子的情况，对李某和孩子给

---

[1] 资料来源：最高人民法院审判委员会2015年4月15日发布的指导案例。

予照顾。郭某的父母辩称：儿子郭某生前留下遗嘱，明确将房屋赠予二被告，故该房产不适用法定继承；郭某在遗嘱中声明他不要这个人工授精生下的孩子，而且已向李某表示过不要这个孩子，是李某自己坚持要生下孩子。因此应该由李某对孩子负责，不能将孩子列为郭某的继承人。

任务：

1. 根据现行法律，郭某的法定继承人有哪些？本案中郭某的遗嘱效力如何？

解题思路：查看《民法典》第 1127 条关于法定继承人的相关规定、《民法典》继承编第三章关于遗嘱效力的规定。

2. 根据现行法律，本案中的遗产应如何分割？体现了《民法典》的什么原则？《民法典》关于胎儿民事权利能力是如何规定的？

解题思路：查看《民法典》第 16 条的规定。

二、代书遗嘱效力的审查

案例：律师代书遗嘱案[1]

陆某和徐某系夫妻关系，二人共生育徐甲、徐丙二人。徐乙系徐丙女儿。2020 年 7 月 8 日，在某县人民医院住院部 6 床，陆某口述遗嘱，见证律师郭某记录，订立代书遗嘱一份，内容为：我有一个孙女、一个外孙女，外孙女工作了好多年。之前我考虑过将我的房子给外孙女，但现在考虑到孙女还在念书，希望她安安心心念书，以后安安心心工作。我过世后将我的房子给孙女徐乙。我的房子在某苑 6 幢 2 单元 202 室。该遗嘱由倪某、郭某作为见证人盖章确认，记载见证律师仅对陆某口述遗嘱内容的真实性进行证明。马某系陆某住院期间的主任医师，立遗嘱当天，马某在遗嘱上记载："患者陆某为我科住院患者，目前神志清楚。"2020 年 7 月 9 日，浙江某律师事务所和见证律师倪某、郭某共同出具律师见证书一份，对遗嘱内容系陆某真实意思表示及陆某签字、按印具有真实性予以确认。2020 年 7 月 23 日，陆某因肝癌死亡。

任务：

1. 本案中的代书遗嘱效力如何？

解题思路：查看《民法典》第 1135 条关于代书遗嘱的相关规定。

2. 在处理涉及遗嘱的案件中，对自书遗嘱、代书遗嘱应注意审查哪些方面？

解题思路：查看《民法典》第 1135 条的相关规定。

---

〔1〕 资料来源：浙江省某市中级人民法院。

三、解答和分析典型继承案例

案例：继兄弟姐妹间遗产纠纷[1]

苏某与前夫生育两个子女，徐甲和徐乙。刘某与前妻生育两个子女，刘甲和刘乙。苏某和刘某于 1984 年 5 月 30 日登记结婚，婚后未生育子女，并共同购买了位于城区中山北街 229 号 5-102 室房屋一套。苏某和刘某结婚时，徐甲和徐乙、刘甲和刘乙均已独立生活。2018 年 3 月 16 日苏某去世，2019 年 2 月刘某去世。

苏某和刘某去世后，徐甲和徐乙多次与刘甲协商遗产继承事宜，但刘甲一直拒绝。2019 年 1 月 26 日徐甲和徐乙起诉刘甲，请求判令对位于城区中山北街 229 号 5-102 室房产（价值 20 万元）按份继承分割，诉讼费用由被告刘甲承担。因有其他继承人未参加诉讼，故法院依法通知刘乙作为原告参加诉讼，刘乙诉称愿意参与继承，请求依法分割应该继承的份额。

被告刘甲认为，被继承人刘某生前立有遗嘱将城区中山北街 229 号 5-102 室房屋属于刘某的一半房产指定由被告继承，并对该遗嘱进行了公证，其他人对刘某该部分遗产不享有继承权。自己年近 70 岁，无经济来源，生活困难，妻子常年卧病在床。即便如此，依然竭尽所能照顾被继承人刘某及继母苏某的生活，依法可以多分遗产。被继承人苏某与刘某婚后，原告徐甲和徐乙在有能力照看其母亲苏某的情况下，与苏某处于断绝关系的状态，对苏某几乎不管不问，对此小区门卫和邻居可以证明，故分配遗产时徐甲、徐乙应当不分或者少分。

任务：

本案的继承人有哪些？各继承人之间的份额如何确定？

解题思路：查看《民法典》第 1127 条关于继承人的相关规定；《民法典》第 1123 条、第 1153 条关于遗产分配的相关规定。

---

[1] 资料来源：宁夏回族自治区银川市某区人民法院。

学习小结

1. 继承权是一项重要的民事权利，是继承人依法享有的、能够无偿取得被继承人遗产的权利。继承的基本原则有：保护公民合法财产继承权原则，继承权平等原则，养老育幼原则，互谅互让、和睦团结原则，权利和义务一致原则。

2. 法定继承，是根据法律直接规定的继承人的范围、继承人继承的顺序、继承人继承遗产的份额及遗产分配原则继承被继承人遗产的一种继承方式。我国《民法典》规定的法定继承人的范围是：配偶、子女、父母、兄弟姐妹、祖父母、外祖父母、对公婆或者岳父母尽了主要赡养义务的丧偶儿媳或者女婿。先于被继承人死亡的被继承人的子女的晚辈直系血亲或被继承人兄弟姐妹的子女，适用代位继承；继承人在被继承人死亡后、遗产分割之前死亡的，适用转继承，应由该继承人继承的遗产份额，由他的法定继承人继承。

3. 遗嘱是遗嘱人生前按照法律规定的方式处分自己的财产或者其他事务，并于遗嘱人死后发生效力的单方法律行为。遗嘱的形式有自书遗嘱、代书遗嘱、打印遗嘱、录音录像遗嘱、口头遗嘱、公证遗嘱。遗嘱人在立遗嘱时应具有完全民事行为能力；遗嘱所处分的财产应为遗嘱人个人的合法财产；遗嘱必须是遗嘱人的真实意思表示；遗嘱的内容必须合法。遗嘱人可以依法变更、撤销遗嘱。遗赠是遗嘱人以遗嘱的方式将其个人财产的部分或全部于其死后赠给法定继承人以外的人的单方要式法律行为。遗赠扶养协议是指受扶养人和扶养人之间关于扶养人承担受扶养人的生养死葬义务，受扶养人将财产遗赠给扶养人的协议。

4. 在处理涉及继承实务的案件时，首先确认被继承人是否留有有效的遗嘱，没有遗嘱或遗嘱无效或部分无效时，注意查看被继承人的法定继承人有哪些，尤其在涉及养子女（父母）、继子女（父母）等情况时。按法定继承分配遗产时，注意把握"一般情况下均等，特殊情况下不均等"的原则。

课后作业

一、知识作业

（一）选择题

1. 甲有子女二人甲子与甲女。甲女生有儿子乙、丙。甲女于 2018 年死亡。2020 年甲死亡，有遗产 30 万元，正确的分配方法应为（   ）。

A. 甲子继承 15 万元，乙、丙共同继承 15 万元

B. 甲子、乙、丙各继承 10 万元

C. 甲子继承 30 万元，乙、丙无权继承

D. 乙、丙各继承 15 万元，甲子无权继承

2. 钱某与胡某婚后生有子女甲和乙，后钱某与胡某离婚，甲、乙归胡某抚养。胡某与吴某结婚，当时甲已参加工作而乙尚未成年，乙跟随胡某与吴某居住，后胡某与吴某生下一女丙，吴某与前妻生有一子丁。钱某和吴某先后去世，下列哪些说法是正确的？（　　　　）

A. 胡某、甲、乙可以继承钱某的遗产　　　B. 甲和乙可以继承吴某的遗产

C. 胡某和丙可以继承吴某的遗产　　　　D. 乙和丁可以继承吴某的遗产

（二）问答题

1. 论述法定继承人之间继承份额的确定。

2. 论述遗嘱的有效要件。

二、实训作业

案例：遗产继承纠纷案

李某有一子两女，其中儿子李甲于 2008 年去世，当时李甲有一幼女李小甲。2012 年李某患病期间，亲笔写下遗嘱：其位于某小区的住房一套和存款 10 万元由两个女儿继承。李某去世后，两个女儿分割了李某的住房和存款。后李某的儿媳王某提出，她和李小甲也有权继承李某的遗产，李某的遗嘱无效，要求重新分割遗产。

1. 实训任务：划分 4 人小组，2 人为王某陈述事实及理由，2 人为李某的两个女儿提出答辩意见。

2. 实训目标：能够根据所学知识分析法定继承及遗嘱继承的相关问题。

3. 评价标准：根据《民法典》的相关规定作答，提交书面材料，阐明主要观点，并结合案例提供的具体情况进行适当分析、解释和说明，注意分析过程的充分性、逻辑性和完整性。

 学习任务二　　继承程序

理论学习项目　继承

一、继承的开始

（一）继承开始的时间

继承的开始是指继承法律关系的发生。继承从被继承人死亡时开始，因此被继承人的死亡就是继承法律关系发生的民事法律事实。

《民法典》第 1121 条第 1 款规定："继承从被继承人死亡时开始。"被继承

人的死亡包括生理死亡和宣告死亡。对于生理死亡，继承开始的时间可以根据具体情况，分别以医院的死亡证明和户籍登记册中记载的死亡时间为准，如果死亡证明和户籍登记册中记载的时间不一致的，应当以死亡证明为准。对于宣告死亡，则以判决宣告公民死亡之日为继承开始的时间。另外，互有继承权的继承人在同一事件中死亡，是一个直接影响继承人利益的问题，因此，《民法典》第1121条第2款规定："相互有继承关系的数人在同一事件中死亡，难以确定死亡时间的，推定没有其他继承人的人先死亡。都有其他继承人的，辈份不同的，推定长辈先死亡；辈份相同的，推定同时死亡，相互不发生继承。"

继承开始的时间是确定继承资格和遗产范围的依据，也是遗产的所有权转移给继承人的时间，也是继承权回复请求权和最长诉讼时效的起算时间。

（二）继承开始的地点

继承开始的地点，是继承人参与继承法律关系，行使继承权，接受遗产的地点。

继承开始的地点一般为被继承人生前的最后住所地。被继承人生前的最后住所地与主要遗产所在地不一致的，以主要遗产所在地为继承的地点。遗产为不动产的，以不动产所在地为继承的地点。

（三）继承开始的通知

依照《民法典》第1150条的规定，继承开始后，知道被继承人死亡的继承人应当及时通知其他继承人和遗嘱执行人。继承人中无人知道被继承人死亡或者知道被继承人死亡而不能通知的，由被继承人生前所在单位或者住所地的居民委员会、村民委员会负责通知。

负有通知义务的继承人或单位应当及时发出通知，若故意隐瞒继承开始的事实而不通知，造成继承人损失的，应当承担责任。

二、遗产的界定

（一）遗产的概念和特征

根据《民法典》第1122条第1款的规定，遗产是自然人死亡时遗留的个人合法财产。遗产具有以下法律特征：

1. 遗产只能是公民死亡时遗留的财产，具有时间上的特定性。因此，被继承人死亡的时间是划定遗产的特定时间界限。

2. 遗产内容具有财产性。遗产只能是被继承人死亡时遗留的财产，被继承人生前所享有的人身权利、义务，不能列入遗产。

3. 遗产具有包括性。作为遗产，既包括财产权利，也包括财产义务。

4. 遗产范围上的限定性和合法性。就限定性来讲，遗产只限于自然人死亡时遗留下的个人合法财产，并且依照《民法典》继承编的规定能够转移给他人的财产。被继承人生前所占有的但不享有所有权的财产，不列入遗产范围。就合法性来讲，遗产只能是被继承人的合法财产。被继承人非法取得的财产，不属于被继承人个人所有的财产，都不列入遗产范围。

（二）遗产的范围

1. 遗产包括的财产。遗产包括以下财产：①公民的收入。包括劳动收入及其他合法收入。②公民的房屋、储蓄和生活用品。③公民的林木、牲畜和家禽。公民的林木，指依法归公民个人所有的树木、竹林、果园等。公民承包经营的归集体所有的果园不在此列。④公民的文物、图书资料。⑤法律允许公民所有的生产资料。⑥公民的著作权、专利权中的财产权利。⑦公民的其他合法财产。

2. 遗产中不能包括的权利、义务。

（1）与被继承人人身密不可分的人身权利。自然人的人身权与公民的人身不可分离，不得转让，只能为特定的人所享有。例如，自然人的荣誉权。

（2）与人身有关的和专属性的债权、债务。例如，指定了受益人的人身保险合同中的保险公司给付的保险金；被继承人死亡后其亲属应得的抚恤金。

（3）国有资源的使用权。被继承人生前依法取得和享有的国有资源使用权，如采矿权、养殖权，不能转让和继承。

（4）承包经营权。自然人因承包合同对国家所有和集体所有的土地、草原、荒地等的承包经营权，不能作为遗产。

三、继承权的享有、接受、放弃、丧失

（一）继承权的享有

继承权是自然人享有的重要民事权利，是指继承人依据法律规定或者遗嘱承受死者遗留的个人合法财产的权利。继承权有客观意义上的继承权和主观意义上的继承权之分。

客观意义上的继承权，是指自然人依照法律的规定或者遗嘱的指定享有的继承被继承人遗产的资格。在被继承人死亡前，继承人所享有的继承权只是一种期待权，是继承人将来可参与遗产继承的可能性，是法律赋予继承人取得被继承人遗产的资格。赋予这种资格的前提是继承人与被继承人之间存在一定的身份关系。

主观意义上的继承权，是指继承人在继承法律关系中实际享有的权利，是一种既得权，是客观意义上的继承权在继承开始后转化而来的。当被继承人死亡并留有遗产时，继承人具有参与继承的权利，继承人才能参与继承法律关系而享有继承既得权。

(二) 继承权的接受和放弃

继承权的接受是指继承人在继承开始后，遗产处理前，作出接受遗产的意思表示。继承权的放弃，是指继承开始后，遗产分割前，继承人自愿作出不接受遗产的意思表示。《民法典》第 1124 条第 1 款规定："继承开始后，继承人放弃继承的，应当在遗产处理前，以书面形式作出放弃继承的表示；没有表示的，视为接受继承。"由此可以看出，继承权的放弃应满足以下条件：

1. 继承人须在继承开始后，遗产分割前作出放弃的意思表示。继承开始前，继承人享有的是客观意义上的继承权，即期待权，期待权仅是一种资格，不得放弃。

2. 继承人必须有明示放弃的意思表示。即必须以书面形式作出放弃继承的表示。在诉讼中，继承人向人民法院以口头方式表示放弃继承的，要制作笔录，由放弃继承的人签名。

3. 继承人放弃继承权的意思表示，不得附带条件或期限。放弃继承，是对个人所应继承遗产的全部放弃，不得附有条件或期限。

4. 继承人放弃继承权会损害第三人的利益的，继承人不得放弃继承权。继承人因放弃继承权，致其不能履行法定义务的，放弃继承权的行为无效。

应当注意的是，继承权放弃后，一般不得反悔。遗产处理前或在诉讼进行中，继承人对放弃继承反悔的，由人民法院根据其提出的具体理由，决定是否承认。遗产处理后，继承人对放弃继承反悔的，不予承认。继承人放弃继承权的，其放弃的应继份额应当按照法定继承处理。

(三) 继承权的丧失

继承权丧失又称继承权的剥夺，是指依照法律的规定在发生法定事由时取消继承人继承被继承人遗产的资格。

根据《民法典》第 1125 条的规定，继承人有下列行为之一的，丧失继承权：

1. 故意杀害被继承人的。故意杀害被继承人，是一种严重的犯罪行为，当然应取消其继承权。这里强调主观上的故意，只要继承人有杀害被继承人的意图，无论是既遂还是未遂，是直接杀害还是间接杀害，都构成故意杀害被继承人。但因实施正当防卫而杀害被继承人的，因其行为不具有违法性，继承人不丧失继承权。过失伤害被继承人的，因不具备主观上的故意，不丧失继承权。

2. 为争夺遗产而杀害其他继承人的。这里对丧失继承权的继承人的目的作出了相应地限制，即继承人必须是为了争夺遗产而杀害其他继承人。出于其他的目的杀害其他继承人的，虽会受刑事责任的追究，却不会因此而丧失继承权。其他继承人是指《民法典》继承编规定的法定继承人范围之内的人，无论其顺序如何。至于继承人的杀害行为是既遂还是未遂，在所不问。

3. 遗弃被继承人的，或者虐待被继承人情节严重的。遗弃被继承人，是指继承人对没有劳动能力又没有生活来源的被继承人拒不履行扶养义务。虐待被继承人，是指继承人在被继承人生前对其以各种手段进行身体或精神上的摧残或折磨。根据《民法典》的相关规定，遗弃被继承人，即丧失继承权；虐待被继承人必须是情节严重的才丧失继承权。情节是否严重，可从实施虐待行为的时间、手段、后果和社会影响等方面认定。继承人遗弃被继承人，或者虐待被继承人情节严重的，如果确有悔改表现，而且被遗弃人、被虐待人生前又表示宽恕的，可不确认其丧失继承权。

4. 伪造、篡改、隐匿或者销毁遗嘱，情节严重的。伪造遗嘱，是指继承人以被继承人的名义制作假遗嘱。篡改遗嘱，是指继承人改变被继承人所立的遗嘱的内容。销毁遗嘱，是指继承人将被继承人所立的遗嘱完全破坏、毁灭。伪造、篡改、销毁被继承人的遗嘱，情节严重的才丧失继承权。情节严重主要是指伪造、篡改、销毁遗嘱后，侵害了缺乏劳动能力又无生活来源的继承人的利益，并造成其生活困难。继承人伪造、篡改、销毁遗嘱，实质是对被继承人行使所有权行为的干预，侵害了有权取得遗产的继承人的合法权益。

5. 以欺诈、胁迫手段迫使或者妨碍被继承人设立、变更或者撤回遗嘱，情节严重。

（四）继承权的恢复

继承人有前所述第 3 项至第 5 项行为，确有悔改表现，被继承人表示宽恕或者事后在遗嘱中将其列为继承人的，该继承人不丧失继承权。

四、遗产的管理、分配和债务清偿

（一）遗产的保管

在继承开始后，遗产分割前，由于还没有确定遗产的最终归属，所以应当对遗产进行保管，以免受到不应有的损害。《民法典》第 1151 条规定："存有遗产的人，应当妥善保管遗产，任何组织或者个人不得侵吞或者争抢。"人民法院对故意隐匿、侵吞或者争抢遗产的继承人，可以酌情减少其应继承的遗产。人民法院在审理继承案件时，如果知道有继承人而无法通知的，分割遗产时，要保留其应继承的遗产，并确定该遗产的保管人或保管单位。由法律规定可以看出，负有保管义务的人首先是存有遗产的人。存有遗产的人是遗产的法定保管人，他可能是继承人，也可能不是继承人。遗产保管人有妥善保管遗产的义务。在数人共同继承时，任何一个继承人未经其他继承人的同意，不得对遗产的某项财产进行处分，否则即构成对他人权利的侵害。

（二）遗产的管理

继承开始后，遗嘱执行人为遗产管理人，没有遗嘱执行人的，继承人应当及时推选遗产管理人。继承人未推选的，由继承人共同担任遗产管理人，没有继承人或者继承人均放弃继承的，又被继承人生前住所地的民政部门或者村民委员会担任遗产管理人。

根据《民法典》第 1148 条和 1149 条的规定，遗产管理人应当依法履行职责，因故意或重大过失造成继承人、受遗赠人、债权人损害的，应当承担民事责任。同时，遗产管理人可以依照法律规定或按照约定获得报酬。

（三）遗产的分配

遗产的分配，是指共同继承人之间，按照各继承人应继承的份额分配遗产的行为。在继承开始后的任何时间，继承人都有权要求分配遗产。

1. 遗产分割的原则。

（1）遗产分割自由原则。继承人可随时行使权利。共同继承人可以随时要求分割遗产，如遭遇其他继承人阻碍，请求分割遗产的继承人可通过诉讼程序分割遗产。

（2）互谅互让、协商分割原则。《民法典》第 1132 条规定："继承人应当本着互谅互让、和睦团结的精神，协商处理继承问题。遗产分割的时间、办法和份额，由继承人协商确定；协商不成的，可以由人民调解委员会调解或者向人民法院提起诉讼。"

（3）物尽其用的原则。《民法典》第 1156 条第 1 款规定："遗产分割应当有利于生产和生活需要，不损害遗产的效用。"

2. 遗产分割的方式。关于遗产分割的方式，若遗嘱中已经指定，则应按遗嘱中指定的方式分割；遗嘱中未指定的，由继承人具体协商；继承人协商不成的，可以通过调解或者诉讼解决。

《民法典》第 1156 条第 2 款规定："不宜分割的遗产，可以采取折价、适当补偿或者共有等方法处理。"由此可知，对遗产进行分割主要有四种方式：实物分割、变价分割、补偿分割、保留共有。

（四）被继承人的债务清偿

1. 被继承人债务的范围。被继承人的债务是指被继承人死亡时遗留的应当由被继承人清偿的财产义务。被继承人的债务主要包括以下债务：①被继承人依照税收相关法律规定应缴纳的税款；②被继承人因合同之债发生的未履行的给付财物的债务；③被继承人因不当得利而承担的返还不当得利的债务；④被继承人因无因管理之债而负担的偿还管理人必要费用的债务；⑤被继承人因侵权行为而承担的损害赔偿的债务；⑥其他应当由被继承人承担的债务。

2. 被继承人遗产债务的清偿原则。继承人表示接受继承，就应当清偿遗产债务。如果继承人放弃了继承，则对遗产债务没有清偿责任。《民法典》第 1161

条第 2 款规定："继承人放弃继承的，对被继承人依法应当缴纳的税款和债务可以不负清偿责任。"继承人在清偿债务时应遵循以下原则：

（1）限定继承原则。《民法典》第 1161 条第 1 款规定："继承人以所得遗产实际价值为限清偿被继承人依法应当缴纳的税款和债务。超过遗产实际价值部分，继承人自愿偿还的不在此限。"

（2）保留必留份额的原则。《民法典》第 1141 条规定："遗嘱应当为缺乏劳动能力又没有生活来源的继承人保留必要的遗产份额。"然后再按《民法典》第 1161 条。

（3）清偿债务优先于执行遗赠原则。执行遗赠必须于清偿债务后进行，只有在清偿被继承人的债务后，还有剩余遗产时，遗赠才能得到执行。如果遗产不足以清偿债务，则不能执行遗赠。

（4）继承人连带清偿责任原则。继承遗产的共同继承人对被继承人债务的清偿应负连带责任。也就是说，被继承人的债权人可请求全体继承人或其中的一人或数人清偿债务。

3. 遗产清偿的时间和方式。清偿被继承人的债务一般应于分割前进行，也就是说，继承人应当在清偿了被继承人的债务后，再进行遗产分割。如果遗产已被分割而未清偿的，应依照如下规则进行处理：遗产已被分割而未清偿债务时，如有法定继承又有遗嘱继承和遗赠的，首先由法定继承人用其所得遗产清偿债务；不足清偿时，剩余的债务由遗嘱继承人和受遗赠人按比例用所得遗产偿还；如果只有遗嘱继承和遗赠的，由遗嘱继承人和受遗赠人按比例用所得遗产偿还。

五、无人继承又无人受遗赠的遗产处理

（一）无人继承又无人受遗赠的遗产的概念和范围

1. 无人继承又无人受遗赠的遗产的概念。无人继承又无人受遗赠的遗产，指的是没有继承人或受遗赠人承受的遗产。一般来讲，被继承人死亡后，被继承人遗留的财产归继承人或受遗赠人所有。但也有没有继承人或受遗赠人的情况，此时就需要确定遗产的归属。

2. 无人继承又无人受遗赠的遗产的范围。

（1）被继承人没有法定继承人，也没有遗嘱继承人和受遗赠人的遗产。

（2）法定继承人、遗嘱继承人全部放弃继承，受遗赠人全部放弃受遗赠的遗产。

（3）法定继承人、遗嘱继承人全部丧失继承权，受遗赠人全部丧失受遗赠权的遗产。

（二）无人继承又无人受遗赠的遗产的归属

《民法典》第 1160 条规定："无人继承又无人受遗赠的遗产，归国家所有，

用于公益事业；死者生前是集体所有制组织成员的，归所在集体所有制组织所有。"依照此规定，国家或集体组织可以取得遗产的所有权。但同时，国家或集体组织应当在取得遗产的实际价值内清偿被继承人生前所欠下的债务，剩余的遗产可归国家或集体组织所有。

按《民法典》第 1130 条规定可以分给遗产的人提出取得遗产的要求，人民法院应视情况适当分给遗产。这里所指的"可以分给遗产的人"指的是继承人以外的依靠被继承人抚养的缺乏劳动能力又没有生活来源的人，或者继承人以外的对被继承人扶养较多的人。

实务学习项目 遗产分配实务

一、典型案例中遗产的认定

案例：析产纠纷[1]

庞某、韩某系夫妻，生育一子二女，庞甲系二人之子。庞甲与王某于 2000 年登记结婚，婚后生育一女庞乙。2014 年 4 月 5 日，庞甲下班途中发生交通事故身亡。庞甲、王某和庞乙均属于兴庆市某区某村村民，因原住房被拆迁，2011 年 11 月 24 日，古路街道办事处与庞甲签订了一份《康居安置房屋合同》，庞甲、王某和庞乙被安置到阳光丽景 B 区 7-2-602 室，该房屋目前由王某和庞乙居住，市值 40 万元。庞甲于 2013 年购买了牌号为兴 AQR035 号的哈弗汽车一辆，目前市值 7 万元。庞甲去世后，兴庆市医疗保险事务管理中心支付一次性工亡补助金 539 100 元，该款现由庞甲生前所在单位保管。庞甲生前先后向朋友王甲、马某借款共计 8900 元，个人消费贷款本息 174 958.35 元未偿还；因庞甲发生重大交通事故，救治期间王某向郭某借款 100 000 元。因遗产继承问题产生纠纷，庞某、韩某向法院提起诉讼，请求继承庞甲名下遗产及一次性工亡补助金共计 489 550 元。

任务：

1. 根据《民法典》的有关规定，本案中庞甲的遗产有哪些？债务有哪些？

解题思路：查看《民法典》第 1122 条、第 1124 条关于遗产的规定；《民法典》第 1161 条关于债务的规定。

2. 根据《民法典》的有关规定，在界定被继承人的遗产时应注意哪些问题？

解答思路：查看《民法典》第六编第四章。

---

〔1〕 资料来源：宁夏回族自治区银川市某区人民法院。

二、典型案例解析

案例：遗产分割纠纷[1]

高某、辛某系高甲和高乙的父母。2005 年 6 月 6 日因辛某家中雇保姆，辛某将现金存单 14 张，存款金额 11 万元和房产证 1 套、金项链 1 条、金戒指 1 个交给儿子高甲保管。特立条为证。2008 年 6 月 19 日，高某去世，留有户名为高某的住房 1 套。2010 年 8 月 6 日，辛某立遗嘱一份，遗嘱中表明"高甲一共为我保管现金存单金额 19 万元、房产证 1 本、金耳环 1 副、金项链 1 条、金坠子 1 个、金戒指 1 个，另加工资折和金（津）贴折子。根据老伴生前遗愿和我的意见，我和老伴的遗产高甲、高乙各一半。因存的钱都是高甲以他的名字转存在他的名下，所以这份材料由我的兄弟辛丙保管，其媳妇武某监督分配"。2012 年 8 月 29 日辛某去世，高乙及其丈夫陆某从江苏前来奔丧，武某将遗嘱原件及复印件交给了高乙和高甲。高乙与高甲就遗产分配进行了协商，但未达成协议。不久后高乙因病去世。2013 年 2 月 3 日，陆某及其女儿陆甲提起诉讼，要求按遗嘱对 19 万元存款和价值 20 万元的房产各按 50% 比例予以继承，放弃对金首饰的继承，户名为高某的住房可以由高甲居住，住宅楼作价后高甲支付陆某及女儿的继承份额。

高甲辩称遗嘱中所述的 19 万元已全部用于赡养其父母，且已超支，19 万元已不存在：高某丧葬费、辛某丧葬费、父母墓地等花费 10 万元；保姆费 5 万元；其妻子照顾母亲辛某十年应得劳动补偿 5000 元。

任务：

1. 辛某的遗嘱是否有效？被继承人高某、辛某的债务如何认定？

解答思路：《民法典》第 1124 条、查看《民法典》第 1161 条关于债务的规定。

2. 本案中遗产应当如何分割？

解题思路：查看《民法典》第 1125、1161 条。

---

[1]　资料来源：甘肃省某市中级人民法院。

学习小结

1. 继承从被继承人死亡时开始。遗产是公民死亡时遗留的个人合法财产，其范围是：合法收入；房屋、储蓄和生活用品；林木、牲畜和家禽；文物、图书资料；法律允许公民拥有的生产资料；知识产权中的财产权利；其他合法财产。

2. 继承开始后遗产处理前，继承人可以放弃继承。继承人有下列行为之一的，丧失继承权：故意杀害被继承人的；为争夺遗产而杀害其他继承人的；遗弃被继承人的，或者虐待被继承人情节严重的；伪造、篡改或者销毁遗嘱，情节严重的；以欺诈、胁迫手段迫使或者妨碍被继承人设立、变更或者撤回遗嘱，情节严重。

3. 继承人在表示接受继承被继承人遗产时，不仅享有继承被继承人财产的权利，同时也要承担清偿被继承人的债务的义务。对于无人继承又无人受遗赠的遗产，应当收归国有或集体所有制组织所有。

4. 处理遗产纠纷时，首先，应明确遗产的范围，尤其应注意分割夫妻共同财产，明晰个人债务和夫妻共同债务；其次，确定继承人和受赠人，有遗赠抚养协议的按照遗赠抚养协议处理，没有遗赠抚养协议但有遗嘱的，按照遗嘱处理，没有遗嘱的，按照法定继承处理；最后，根据相关法律规定进行遗产的分割。

课后作业

一、知识作业

（一）选择题

1. 罗某死亡后，遗产已经分割，其中甲按罗某遗嘱继承了 4 万元现款，乙按罗某的遗赠分得钢琴 1 架（价值 2 万元），丙按法定继承得到商品房 1 套（价值 8 万元）。经查，罗某生前尚欠丁债务 3 万元，丁的债权应该怎样清偿？（   ）

A. 甲、乙、丙按其继承的价值额比例偿还

B. 乙还 2 万元，甲还 1 万元

C. 甲还 2 万元，乙还 1 万元

D. 丙还 3 万元

2. 张某生前共有四个儿女甲、乙、丙、丁，在下列情况中，（   ）丧失了继承权？

A. 甲过失致张某死亡

B. 乙为争夺遗产而杀害甲

C. 丙遗弃张某

D. 丁虐待张某但情节轻微

（二）问答题

1. 处理遗产纠纷应注意的问题有哪些？

2. 继承人如何接受或放弃继承？

二、实训作业

案例：遗产继承案

唐某，男，妻子早逝，父母也已不在。他有两子一女，长子唐甲，次子唐乙，女儿唐丁。唐甲与妻子梁某、儿子唐小甲、儿媳朱某一起生活。唐乙与妻子姚某、女儿唐小乙（1992 年生）一起生活。唐丁早年丧夫，膝下无子女，此后一直未嫁。2012 年，唐某立下遗嘱，5 万元存款由女儿唐丁继承。

2020 年 3 月 18 日上午，唐某与长子唐甲、长媳梁某、次子唐乙、女儿唐丁、孙子唐小甲在外出旅游时，不幸遭遇车祸，唐乙当场遇难，其余 5 人均在送往医院途中死亡，但难以确定死亡先后顺序。当时，唐乙正与妻子打离婚官司，法院尚未判决。唐小甲的妻子朱某已有 9 个月的身孕，并于 4 月 14 日生下一个女儿。

唐某等人死亡后，朱某、姚某、唐小乙都要求继承遗产，在遗产分配问题上争执不下，便向区人民法院提起诉讼。

1. 实训任务：分析唐某的继承人有哪些？遗产该如何进行分配？

2. 实训步骤：①确定唐某的继承人。②确定唐某遗嘱是否生效、其遗产按何种方式继承。

3. 评价标准：①法律事实是否清楚。②法律依据是否准确。

三、网络作业

1. 扫码观看微课视频资料：你的遗嘱有效吗？

2. 扫码学习音频资料：立遗嘱的那些事儿。

第六单元　侵权责任及其应用

学习目标

　　通过本单元的学习，使学生了解侵权行为及侵权责任的概念及特征，掌握侵权责任的归责原则及一般构成要件、侵权损害赔偿及侵权免责事由、特殊侵权责任的种类及其构成要件，并能够应用于分析实务案件。

重点提示

　　本单元的重点是侵权责任的归责原则的种类和适用条件、一般侵权责任的构成要件、侵权行为的责任承担方式和免责事由、侵权损害赔偿的规则及计算方法、特殊侵权责任的种类，并通过本部分的学习能够判断民事案件是否为侵权纠纷案件及责任的确定。

 **学习任务一**　侵权责任的基本理论及其应用

理论学习项目　侵权责任的基本理论

一、侵权责任概述

（一）侵权行为的含义

　　侵权行为是指行为人由于过错侵害他人的人身和财产并造成损害依法应承担民事责任的行为以及依照法律的特别规定应承担民事责任的其他损害行为。侵权行为是侵权责任中最为重要的概念，其特点表现为：

　　1. 侵权行为是违法行为。侵权行为是一种违反法律规定的行为，违反的法律是国家关于保护民事权利的保护性法律规范，以及禁止侵害民事权利的禁止性法律规范。其违法的方式是违反法律规定的义务，这些义务都是法定的强行性义务，既包括了作为义务也包括了不作为义务。因此，侵权行为必定是具有违法性的行为。

2. 侵权行为主要侵害的是财产权和人身权等绝对权利。并不是任何民事权利受到侵害都是由《民法典》侵权责任编来保护，侵权责任编的保护对象一般限于绝对权，主要是物权、人身权和知识产权等绝对权，而合同债权主要是受《民法典》合同编的保护，这就区分了侵权责任编和合同编的调整范围。

3. 侵权行为是有过错的行为。侵权行为是行为人基于过错而实施的行为，只有在法律有特别规定的情况下，才不要求侵权行为的构成须具备主观过错的要件。我国《民法典》第1165条第1款规定的过错责任原则是侵权责任编的一般条款，普遍适用于各种侵权案件。

4. 侵权行为是应当以损害赔偿为主要责任方式的行为。侵权行为以损害赔偿为基本法律后果。侵权行为造成损害的，必然引起损害赔偿法律关系，行为人承担的主要法律后果就是损害赔偿。按照我国法律的规定，侵权行为的法律后果还应包括恢复原状、返还财产、停止侵害、消除影响、恢复名誉和赔礼道歉等责任方式，但这些民事责任形式都不能代替损害赔偿在侵权责任中的作用。

（二）侵权责任的含义和责任竞合

1. 侵权责任的含义。民事责任是民事主体实施了违约行为等违法行为，依照民法所应当承担的一种法律责任。侵权的民事责任简称侵权责任，是指行为人实施了侵害他人财产权利、人身权利的行为而依法应当承担的民事法律责任。

侵权责任具有以下特征：

（1）侵权责任是民事主体违反了法定义务而应承担的法律后果。民事义务有法定义务和约定义务，法定义务是通过法律的强制性规范、禁止性规范设定的义务，这种义务对于每个自然人、法人具有普遍的适用性，违反此义务，即构成侵权责任。而约定义务则是特定当事人之间设定的某种义务，违反约定义务，构成违约责任。

（2）承担侵权责任的形式较多，主要是财产责任，但不限于财产责任。侵权责任主要表现为是用加害人的财产来赔偿受害人遭受的损失，使受害人遭受的损失得以恢复，所以侵权责任多为财产责任。但在有些对人格权和身份权侵害的情况下，也可能同时适用非财产责任，例如恢复名誉、赔礼道歉等。

（3）侵权责任是以国家强制力来保障其实现的一种法律责任。加害人实施了侵权行为，应当承担侵权责任而不承担的，受害人可以请求人民法院强制其承担相应的侵权责任。

2. 侵权责任竞合。同一民事违法行为同时符合数种民事权利保护的规定，就构成民事责任竞合。民法上的民事责任竞合，就是请求权竞合，这是因为民法是以权利为中心，而它的外部表现形态就是请求权，侵权责任竞合就是这一请求权与依其他民事规范产生的请求权是由同一法律事实产生的。民事责任竞合的特点：一是都由违反民事义务的行为引起的；二是民事责任竞合的产生是由一个违反民事义务的行为造成的；三是在一个行为产生数个责任之间救济目的相同，救济内容有所区别。

其竞合的形态，主要有以下几种：

（1）侵权民事责任与违约民事责任竞合。这是指行为人实施的某一行为，同时构成侵权行为与违约行为，从而在受害人身上既产生侵权损害赔偿请求权，又产生违约损害赔偿请求权，两个请求权救济的内容是一致的，权利人只能行使一个请求权。

（2）侵权责任与不当得利责任。这是指一个行为，既产生侵权损害赔偿请求权，又产生返还不当得利请求权。例如：物业管理公司未经业委会同意，擅自在业主大楼的楼顶上树立广告牌，那么物业管理公司的行为侵害了全体业主的权利，其所获得的利益也构成了不当得利。

二、侵权责任的归责原则和构成要件

（一）侵权责任的归责原则

归责，即确定责任的归属，指在行为人因其行为和物件致他人损害的事实发生以后，应依据何种根据使其负责。它不意味着责任的成立，而只是为责任的成立寻找根据，要成立责任还须看加害行为人的行为是否符合侵权责任的构成要件。

侵权责任的归责原则，是指确定侵权行为人承担民事责任的基本原则。它是在损害事实已经发生的情况下，确定侵权行为人对自己的行为所造成的损害是否需要承担民事赔偿责任的原则。根据《民法典》侵权责任编的规定，我国侵权责任的具体归责原则有三个：

1. 过错责任原则。这是我国民法中基本的归责原则。过错责任原则是指在一般侵权行为中，行为人主观上有过错才承担民事责任，没有过错就不承担民事责任。该原则是以过错作为价值判断标准，判断行为人对其造成的损害应否承担赔偿责任。《民法典》第1165条第1款规定："行为人因过错侵害他人民事权益造成损害的，应当承担侵权责任。"这就是我国法律对于过错责任原则的规定，即只有一般侵权行为才实行过错责任原则，特殊侵权行为不实行过错责任原则。在实行过错责任原则的一般侵权行为中，应当依照《民事诉讼法》的规定，遵循"谁主张，谁举证"的要求。也就是说，受害人在请求行为人承担民事责任时，应当提供证据来证明行为人实施侵权行为时主观上有过错。如果受害人提不出证据来证明行为人实施侵权行为时主观上有过错，行为人就可以不承担民事责任。

2. 过错推定原则。这是过错责任原则的一种特殊表现形式，是指在法律规定的某些特殊场合，可以从损害事实直接推定加害人有过错，并据此确定其赔偿责任的归责原则。《民法典》第 1165 条第 2 款规定："根据法律规定推定行为人有过错，其不能证明自己没有过错的，应当承担侵权责任。"过错推定的基本方法是法律推定侵权人有过错，从而实现举证责任倒置，即由侵权人一方证明自己没有过错。如果侵权人一方不证明或者不能证明自己不存在过错，则认定其有过错并结合其他构成要件承担相应的侵权责任，如果侵权人一方能够证明自己没有过错则不承担民事责任。按照我国《民法典》的规定，过错推定原则主要适用于责任主体的某些特殊规定（如监护人责任、无意识致人损害责任、雇主责任、违反安全保障义务的责任、无民事行为能力人在教育机构受到损害的责任）、机动车造成非机动车驾驶人或者行人人身损害的责任、医疗伦理损害责任、违反管理规定未对动物采取安全措施造成损害以及动物园的动物造成损害的责任、物件损害责任等。其他侵权责任都不适用过错推定原则。

3. 无过错责任原则。这是指无论侵权人有无过错，法律规定应当承担民事责任的，侵权人应当对其行为所造成的损害承担民事责任。《民法典》第 1166 条规定："行为人造成他人民事权益损害，不论行为人有无过错，法律规定应当承担侵权责任的，依照其规定。"也就是说，只要法律有特别规定，不论行为人主观上有没有过错，只要行为人的行为或者行为人所管理的人、物与受害人受到的损害结果之间存在因果关系，行为人就应当承担民事责任。无过错责任原则的举证责任是由被告承担，实行举证责任倒置，受害人即原告应当证明违法行为、损害事实和因果关系。在受害人证明上述责任构成以后，加害人如果主张免责，应当承担举证责任，所要证明的不是自己无过错，而是受害人的故意或者重大过失是致害的原因，这也是无过错责任原则与推定过错原则的一个重要区别。行为人如能证明损害是由受害人的故意或者重大过失所引起的，即免除赔偿责任。举证不足或者举证不能，被告即应承担侵权责任。按照我国《民法典》的规定，无过错责任原则主要适用于产品责任、高度危险责任、环境污染责任、动物损害责任中的部分责任等。适用无过错责任原则的责任形态，通常都是替代责任。

适用无过错责任原则的意义在于加重行为人的责任，使受害人的损害赔偿请求权更容易实现，受到损害的权利及时得到救济。

（二）侵权责任的一般构成要件

侵权责任的一般构成要件，是指行为人的行为构成一般侵权行为并依法应当承担侵权责任所必须具备的条件。侵权责任适用的是过错责任原则情况下的责任。根据《民法典》的规定以及民法学界多数人的主张，侵权责任的一般构成要件应为以下四个：

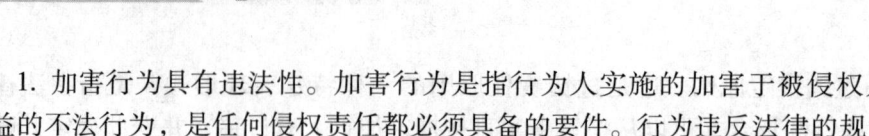

1. 加害行为具有违法性。加害行为是指行为人实施的加害于被侵权人民事权益的不法行为，是任何侵权责任都必须具备的要件。行为违反法律的规定，给他人的合法权益造成损害的，这个行为才可能是侵权行为，行为人才应承担侵权责任；如果行为是合法行为，例如正当防卫行为、紧急避险行为，即使给他人造成损害，也不是侵权行为，行为人也就不应承担侵权责任。

加害的违法行为依其方式可分为作为与不作为，作为的违法行为是侵权行为的主要行为方式，不作为的违法行为的构成前提是行为人负有特定的作为义务，这种特定的作为义务不是一般道德义务，而是法律所要求的具体义务。特定的法定作为义务的来源为以下三种：一是来自法律的直接规定。如《民法典》规定，父母有管教未成年子女的义务，亲属之间有扶养义务等。二是来自业务上或职务上的要求。如游泳馆救护员有抢救落水者的作为义务，消防队员有灭火的义务等。三是来自行为人先前的行为，若行为人先前的行为给他人带来某种危险，对此行为人必须承担避免危险的作为义务。如某成年人带领一未成年人进山打柴，该成年人带未成年人进山的行为，就使其产生了保护该未成年人安全的义务，在遇到危险时若该成年人不予救助，则为不作为的侵权行为。

2. 损害事实必须客观存在。损害事实是指行为人的行为侵犯他人的人身权、财产权而使他人利益减少或丧失的客观事实。损害事实是由两个要素构成的：一是权利被侵害，二是权利被侵害而造成的利益受到损害的客观结果。一个人的行为在客观上给他人的合法权益造成了某种损害，这个行为才可能是侵权行为，行为人才可能承担侵权责任；如果一个行为没有给他人的合法权益造成任何损害，那么这个行为就不可能是侵权行为，行为人依法也就用不着承担侵权责任。

按照不同的标准，可以对损害进行不同的分类：

（1）按照损害后果的不同，可以把损害分为财产损害和非财产损害。财产损害又叫物质损害，是指行为给他人造成的经济上的损失。这种损失可以用金钱来计算和衡量。例如，把别人价值 2000 元的彩电摔坏，那么别人就遭受了 2000 元的财产损失。财产损害并非是侵害财产权益时才会发生，侵害人身权益时也能发生财产损害。例如，被限制人身自由而失去的劳动收入。非财产损害又叫无形损害，是指无法通过财产加以量化的人身或精神利益的减少。例如，侵犯他人的姓名权、肖像权、名誉权、荣誉权而给他人造成的精神上的创伤与痛苦。当然，非财产损害并不限于人身权益，侵害财产权益也会引发非财产损害。例如，侵害具有人格象征意义的特定纪念物品导致永久性损毁灭失。

（2）按照损害的财产状态，又可以把财产损害分为直接损失和间接损失。直接损失是指侵权行为造成了现有财产的减少或丧失。例如，财产被直接毁损、灭失。间接损失是指在正常情况下受害人本来会取得的收入，现在因为侵权行为而没有取得这种收入。例如，一辆中巴车正常营运每月可以收入几千元，因为被别的车辆撞坏而没有营运所损失的收入。

3. 违法行为与损害事实之间具有必然的因果关系。如果一种现象在一定条件下必然引起另一种现象的发生，那么前一种现象叫原因，后一种现象叫结果，这种原因和结果之间的关系就叫因果关系。侵权行为因果关系是指他人的加害行为或者物的内在危险之实现与损害之间的内在联系。行为确实造成了某种损害，某种损害确实是这个行为造成的，行为人才承担侵权责任。

无论是根据实体法的要求还是根据《民事诉讼法》"谁主张，谁举证"的原则，在一般情况下，证明侵权行为因果关系的责任应由原告方承担，即原告为证明的主体。当然，为了保护被侵权人的利益，在某些特定情况下，法律可以直接规定由被告承担证明因果关系不存在的责任。

4. 行为人主观上有过错。对于一般侵权行为，行为人主观上有过错才承担侵权责任，否则不承担侵权责任。过错责任原则是侵权责任的主要归责原则，多数侵权责任的构成以侵权人一方的过错为要件。过错是指行为人对自己的行为以及行为造成的损害后果所持的心理态度，包括故意和过失两种。

故意是指行为人明知行为必然或可能导致权益侵害的结果，却希望或放任侵害结果发生的主观心理状态。过失是指行为人应当预见自己的行为可能产生侵害他人权益的后果，并能避免侵害后果产生，但因疏忽大意而没能预见，或者虽然预见但轻信能够避免的主观状态。由于刑法部分专章介绍了过错的概念和分类，因此民法部分就不重复介绍了。要注意的是，在刑法中，区分故意和过失意义重大，例如，故意杀人罪与过失致人死亡罪所应当承担的刑事责任轻重差别很大。但是在民法中，区分故意和过失意义不大，一般不作区分。例如，故意把别人电视机摔坏和过失摔坏引起的民事责任完全相同，都是赔偿损失，都是损失多少赔偿多少。因为民事责任的承担完全是根据损害事实决定的。但是，在法律有特别规定和共同过错、过失及第三人过错的情况下，过错程度的轻重对于决定民事责任具有决定作用。

以上四个条件必须同时具备，行为人的行为才构成一般侵权行为，行为人才应当承担侵权责任。

三、侵权责任的承担和免责事由

（一）侵权责任的形态

侵权责任形态，是指不同的当事人在侵权法律关系中按照相应责任承担的基本规则来承担责任的表现形式。

1. 自己责任和替代责任。自己责任是指侵权行为人对由于自己的过错所实施的行为造成他人人身和财产的损害后果由自己承担的责任形态。按照《民法典》侵权责任编的规定，行为人因过错侵害他人民事权益的，应承担民事责任。由此可见，基于一般侵权行为的自己责任适用过错责任原则，由受害人一方负过错的证明责任。

替代责任是指责任人为他人的行为和本人行为之外的自己管领下的物件所致损害负有的侵权赔偿责任。它的前提是责任人与致害人并非一人，与致害物无直接联系，但由于他们之间有特定关系，比如责任人与致害人有雇佣、监护、代理等身份关系以及与致害物之间表现为所有、占有、管理等财产关系，所以，无论致害的是人还是物，权利人请求权的指向都是未直接致害而与致害人或致害物具有特定的间接联系的责任人。在替代责任中，实行举证责任倒置，由被告负证明某些事实的举证责任。

2. 单方责任与双方责任。单方责任就是一方当事人承担责任的侵权责任形态。这种侵权责任形态分为两种：一是加害方的单方责任，即承担责任的只有加害人一方，受害人一方不承担责任，这是最常见的侵权责任形态；二是受害方的单方责任，即损害的产生完全是因受害人的故意和过失引起的，加害人没有过错，也无法定应由加害人承担责任的特殊情形，应由受害人自己承担全部责任的侵权责任形态。

双方责任是指在侵权法律关系中的双方当事人都有责任，责任在双方当事人之间进行分担的侵权责任形态。这种侵权责任形态分为两种：一是过失相抵。过失相抵的基础是与有过失，在侵权法上，与有过失是一种重要的侵权行为形态，它的法律后果是过失相抵。我国《民法典》第 1173 条规定："被侵权人对同一损害的发生或者扩大有过错的，可以减轻侵权人的责任。"即对于侵权行为所造成的损害结果的发生或扩大，受害人也有过错的，由受害人根据其过错程度的轻重及其行为的原因力的大小来承担相应的责任。二是公平分担。是指加害人和受害人都没有过错，在损害事实已经发生的情况下，根据法律的规定，由当事人公平地分担损失的侵权责任形态。我国《民法典》第 1186 条规定："受害人和行为人对损害的发生都没有过错的，依照法律的规定由双方分担损失。"公平分担应当限制在双方当事人均无过错，并且不属于过错推定原则和无过错原则调整的那部分侵权损害赔偿法律关系。

3. 单独责任和共同责任。单独责任就是指单独一个人作为侵权人实施侵权行为，并由其承担侵权责任的责任形态。即人数为一人的侵权行为人所应承担的侵权责任。

共同责任是指两个或两个以上的侵权人共同实施的侵权行为的责任形态。它是在侵权人为多数的时候，侵权责任在数个侵权人之间进行分配的责任方式。共

同责任的形态可分为：

（1）连带责任。连带责任是指受害人有权向共同侵权人或共同危险行为人中的任何一个人或数个人主张全部侵权损失赔偿，连带责任中的一人或数人全部赔偿了被侵权人损失的，则免除其他侵权人向被侵权人应负的赔偿责任。共同侵权行为和共同危险行为发生以后，首先必须确定整体责任，之后再在共同行为人内部确定各自的责任份额，在一个人或数个连带责任人清偿了全部赔偿数额后，支付了赔偿费用的连带责任人按照确定的责任份额有权向其他连带责任人追偿。

（2）按份责任。按份责任是指无过错联系的数人实施的侵权行为由于客观上的联系，造成了一个共同的损害结果，每个人按照自己的过错程度、原因力或基于公平原则，按份额承担各自责任的侵权责任形态。《民法典》第 1171 条规定："2 人以上分别实施侵权行为造成同一损害，每个人的侵权行为都足以造成全部损害的，行为人承担连带责任。"即按份责任人之间不存在一种共同的对外效力或对内效力，被侵权人只能请求每个责任人就其责任份额承担责任，而不能请求责任人承担超出其份额的责任。

（3）不真正连带责任。不真正连带责任是指多数侵权人对一个被侵权人实施加害行为，或者不同的行为人基于不同的行为而致使被侵权人的权利受到损害，各个行为人产生同一内容的侵权责任，均负全部赔偿责任，并因行为人之一的履行而使全体责任人的责任归于消灭的侵权责任形态。即各个侵权行为人对于所造成的损害都应当承担责任，而且每一个人承担的责任都是全部责任，在一个人承担了全部责任后，对外其他责任人的责任消灭。按照我国《民法典》规定，如果受害人选择的侵权责任人是最终责任人，则该责任人承担了侵权责任就不能再进行追偿。如果选择的责任人并不是最终责任人，则承担了中间责任的责任人就可以向最终责任人追偿。例如，在产品侵权责任中，生产者和销售者之间的责任就是不真正连带责任。这就充分地保护了债权人权利的实现。

（4）补充责任。补充责任是指两个或两个以上的行为人基于不同原因违反法定义务，对一个被侵权人实施了侵权行为，或者不同的行为人基于不同的行为而致使被侵权人的权利受到同一损害，各个行为人产生了数个侵权责任，被侵权人享有的数个请求权有顺序的区别，应首先行使顺序在先的请求权，该请求权不能实现或者不能完全实现时，再行使其他请求权的侵权责任形态。即被侵权人应当首先向直接责任人请求赔偿，如果直接责任人有能力全部赔偿，则应当全部赔偿，如果直接责任人不能赔偿、赔偿不足或者下落不明无法行使第一顺序的赔偿请求权时，可以向补充责任人请求赔偿，补充责任人应当承担第二顺序的赔偿责任，但其也仅仅承担与其过错程度和行为的原因力"相应"的部分，并不承担超出相应部分之外的赔偿责任。我国《民法典》明确规定了此种责任形态。比如，第 1198 条第 2 款规定："因第三人的行为造成他人损害的，由第三人承担侵权责任；经营者、管理者或者组织者未尽到安全保障义务的，承担相应的补充责任。经营者、管理者或者组织者承担补充责任后，可以向第三人追偿。"

（二）侵权责任的主要承担方式

侵权责任承担方式，是指侵权行为人依法应当对被侵权人一方承担的财产或人身方面的不利法律后果。我国《民法典》第 179 条和第 1167 条的规定，承担侵权责任的主要方式有以下八种：

1. 停止侵害。这是指受害人可依法请求法院责令侵权人停止正在进行的侵权行为。它是以侵权行为正在进行或仍在延续中为适用条件，其主要作用在于能够及时制止侵害行为，防止扩大侵害后果。

2. 排除妨碍。这是指侵权人实施的行为使受害人无法行使或不能正常行使自己的财产权、人身权，受害人可以要求侵权人排除妨碍其权利实施的障碍。例如，在楼梯口堆放物品，妨碍他人通行的，可要求侵权人将物品搬走，若行为人不作为，受害人可请求人民法院责令其排除妨碍。排除妨碍的适用，一般不考虑侵权行为持续时间的长短，不受诉讼时效的影响，也不考虑行为人是否存在过错。

3. 消除危险。这是指行为人的行为和其管领下的物件对他人的人身和财产安全造成威胁，或存在侵害他人人身或财产的可能，他人有权直接要求或请求法院责令行为人采取有效措施以消除该危险。适用此种责任承担方式必须是危险存在，确有可能造成损害的后果，但损害尚未发生，没有实际妨碍他人的民事权利。这对于有效地防止损害的发生，保障权利人的合法权益，具有重要意义。

4. 返还财产。这是指财产所有人、合法占有人和使用人要求非法占有其财产的侵权人返还原物的一种责任承担方式。无法律和合同的根据而占有他人的财产，侵害了财产所有人或占有人的权利，权利人有权要求非法占有人返还原物，但必须以事实上存在财产返还的可能为前提。如果被非法侵占的财产已经无法返还，则权利人只能考虑采取其他的救济方式。

5. 恢复原状。这是指将财产的状况恢复到权利被侵害前的原有状态。适用恢复原状的责任承担形式，要具备两个条件：一是有恢复的可能，即在客观上可以将受损的财产恢复到原来的状态；二是有恢复的必要，即存在经济上的合理性，如果恢复原状花费巨大，则可以考虑适用其他的救济方式。

6. 赔偿损失。这是指侵权人的行为给受害人造成人身或财产损害时，依法应当用自己的财产赔偿受害人所受到的损失。这是侵权责任中最重要的一种方式，既适用于有形的财产损失，也适用于精神损害的赔偿。该项责任形式以违法行为造成实际损害为适用前提，其目的主要在于补偿受害人财产或精神上的损失，因此责任人的赔偿范围须与受害人的损失范围相当。损害赔偿是《侵权责任法》救济损害的最基本方式，本教材将在后文专门进行阐释。

7. 赔礼道歉。侵权人的行为侵害受害人的人身权，使得受害人精神上痛苦时，受害人有权要求侵权人当面承认错误或公开认错并表示歉意。由于很多侵权行为都可能对他人造成精神伤害，所以，赔礼道歉具有广泛的适用范围。如果侵权人拒不执行赔礼道歉的民事责任承担方式的，法院可以按照判决确定的方式进行，费用由侵权人承担。这与一般道义上的赔礼道歉有所不同，它依靠国家强制力保障实施，反映了国家、社会对侵权人的强烈谴责。

8. 消除影响、恢复名誉。这是指公民或法人的人格权受到不法侵害时，请求侵权人或诉请人民法院强制侵权人在影响所及的范围内，消除受害人因其侵权行为所遭受的不良影响或将受害人名誉恢复至未受侵害时的状态的责任承担形式。消除影响、恢复名誉是侵害自然人、法人的精神性人格权所承担的责任方式，是一种新型的侵权责任承担形式，是随着近代民法从重财产权轻人身权，向现代民法财产权和人格权并重的发展趋势而出现的。

（三）侵权损害赔偿

侵权损害赔偿，是指侵权责任人因侵权人的侵权行为造成他人人身、财产或精神损害，依法承担的以支付一定金钱的方式对被侵权人的损害予以救济的侵权责任。我国《民法典》将其分为人身损害赔偿、财产损害赔偿和精神损害赔偿三个基本类型。在适用范围与原则上，依照现行法律和司法解释的规定，对于侵权人的实际损失，采用完全赔偿的原则；对于被侵权人的间接财产损失，采用合理赔偿原则；对于精神损害赔偿，采用法定项目与法官自由裁量相结合的原则；对于人身损害赔偿尤其是死亡赔偿与残疾赔偿，采用法定主义的赔偿原则。

1. 财产损害赔偿。财产损害赔偿是指侵害财产权所产生的赔偿责任。其赔偿的范围只能以财产损失多少为依据，坚持全部赔偿的客观标准，损失多少就赔偿多少，这样才能体现财产损害赔偿的补偿性质。在贯彻全部赔偿原则时，必须实事求是、公平合理，对于不合理的损失不应予以赔偿。《民法典》第 1184 条规定："侵害他人财产的，财产损失按照损失发生时的市场价格或者其他合理方式计算。"这体现的就是赔偿合理损失。因为市场价格是平等竞争的结果，具有公平属性，但对于个别需要适用预期利益规则的情形，或者新产品等无即时市价的财产损失的赔偿，也可按其他方式进行计算。

侵权行为人如果侵害被侵权人一方的人身权益产生的财产损失，我们称为附带财产损失。《民法典》第 1179 条对人身损害案件中的医疗费、护理费、误工费、丧葬费等费用作出了明确规定，这些归依于人身损害赔偿制度的范围，而留下的附带财产损失由《民法典》第 1182 条进行规定："侵害他人人身权益造成财产损失的，按照被侵权人因此受到的损失或者侵权人因此获得的利益赔偿；被侵权人因此受到的损失以及侵权人因此获得的利益难以确定，被侵权人和侵权人就赔偿数额协商不一致，向人民法院提起诉讼的，由人民法院根据实际情况确定赔偿数额。"即被侵权人为了调查取证需要支付的费用、为了诉讼需要支付的律师服务费以及被侵权人可得的稿费（版税）收入减少等都属于本条规定的附带财产损失。

2. 人身损害赔偿。人身损害赔偿是指民事主体的生命、健康、身体权受到不法侵害，造成致伤、致残、致死的后果以及其他损害时，要求侵权人以财产赔偿等方法进行救济和保护的法律制度。按照《民法典》第 1179 条和第 1180 条的规定以及最高人民法院《关于审理人身损害赔偿案件适用法律若干问题的解释》的规定，造成人身损害的赔偿范围和标准如下：

（1）医疗费与康复费的赔偿。医疗费包括医药费和治疗费，是根据医疗机构出具的医药费、住院费等收款凭证，结合病历和诊断证明等相关证据确定。赔偿数额按照一审法庭辩论终结前实际发生的数额确定。至于器官功能恢复训练所必要的康复费、适当的整容费以及其他的后续治疗费，赔偿权利人可以待实际发生后另行起诉。

（2）护理费赔偿。护理费是根据护理人员的收入状况、人数和护理期限来确定的。护理人员有收入的，参照误工费的规定计算；护理人员没有收入的，参照当地护工从事同等级别护理的劳务报酬标准计算；护理人数原则上为一人；护理期限应计算至被侵权人恢复生活自理能力时止。被侵权人因残疾不能恢复生活自理能力的，可以根据其年龄、健康状况等因素确定合理护理期限，但最长不超过 20 年。

（3）交通费赔偿。交通费是指被侵权人及其必要的陪护人员因就医或者转院治疗所实际发生的用于交通的费用，包括近亲属奔丧等支出的交通费。交通费的赔偿请求，应当以正式票据为凭，有关凭证应当与就医地点、时间、人数、次数相符合。

（4）误工费赔偿。误工费应当按照被侵权人的误工时间和收入状况确定。误工时间根据被侵权人接受治疗的医疗机构出具的证明确定；被侵权人因伤致残持续误工的，误工时间可以计算至定残日前一天；被侵权人有固定收入的，误工费应当按照实际减少的收入计算，包括工资、奖金、津贴、课酬、合法的兼职工作收入等；被侵权人没有固定收入的，按照其最近 3 年的平均收入计算；被侵权人不能举证证明其最近 3 年的平均收入状况的，可以参照受诉法院所在地相同或者相近行业上一年度职工的平均工资计算。

（5）住院伙食补助费和营养费赔偿。住院伙食补助费可以参照当地国家机关一般工作人员的出差伙食补助标准予以确定；被侵权人到外地治疗期间因客观原因不能住院，被侵权人与其陪护人员实际发生的住宿费和伙食费中的合理部分，也应给予赔偿。营养费根据被侵权人的伤残情况参照医疗机构的意见确定。

（6）残疾赔偿金。残疾赔偿金根据受害人丧失劳动能力的程度或者伤残等级，按照受诉法院所在地上一年度城镇居民人均可支配收入或者农村居民人均纯收入标准，自定残之日起按 20 年计算。但 60 周岁以上的，年龄每增加 1 岁减少 1 年，75 周岁以上的，按 5 年计算；如果受害人因伤致残但实际收入没有减少，或者伤残等级较轻但造成职业妨害严重影响其劳动就业的，可以对残疾赔偿金作适当调整。残疾辅助器具费按照普通适用器具的合理费用标准计算，伤情有特殊需要的，可以参照辅助器具配制机构的意见确定相应的合理费用标准；辅助器具的更换周期和赔偿期限参照配制机构的意见确定。

（7）死亡赔偿金和丧葬费的赔偿。死亡赔偿金按照受诉法院所在地上一年度城镇居民人均可支配收入或者农村居民人均纯收入标准，按 20 年计算。但 60 周岁以上的，年龄每增加 1 岁减少 1 年，75 周岁以上的，按 5 年计算。丧葬费的确定是按照受诉法院所在地上一年度职工月平均工资标准，以 6 个月总额计算。要注意的是，《民法典》第 1181 条第 2 款规定，被侵权人死亡的，支付被侵权人医疗费、丧葬费等合理费用的人有权请求侵权人赔偿费用，但是侵权人已经支付该费用的除外。这里支付的丧葬费、医疗费等合理费用实际上是为无因管理所支付的费用，用侵权的损害赔偿请求权代替或吸收无因管理费用支付请求权，有利于程序法上案件的合并审理。

《民法典》第 1187 条规定："损害发生后，当事人可以协商赔偿费用的支付方式。协商不一致的，赔偿费用应当一次性支付；一次性支付确有困难的，可以分期支付，但是被侵权人有权请求提供相应的担保。"这说明在人身损害赔偿中，赔偿费用既可以一次性赔偿，也可以进行定期性赔偿。对于"同命不同价"的问题，为了便于解决纠纷，使受害人及时有效地获得赔偿，《民法典》第 1180 条作出了明确的规定："因同一侵权行为造成多人死亡的，可以以相同数额确定死亡赔偿金。"

3. 精神损害赔偿。精神损害赔偿，是指以金钱赔偿方式救济被侵权人一方精神损害的一种侵权责任承担方式。在侵权行为导致被侵权人死亡或者伤残的案件中，被侵权人或者其近亲属除了有权请求残疾赔偿金或死亡赔偿金外，还可以向人民法院请求赔偿精神损害抚慰金。《民法典》第 1183 条第 1 款规定："侵害自然人人身权益造成严重精神损害的，被侵权人有权请求精神损害赔偿。"本条把精神损害赔偿的适用范围限定为人身权益受到损害，排除了财产权益受到损害时精神损害赔偿的适用。因而，主张精神损害赔偿的主体应局限于自然人。但

《民法典》第 1183 条第 2 款规定："因故意或者重大过失侵害自然人具有人身意义的特定物造成严重精神损害的，被侵权人有权请求精神损害赔偿。"另外，造成他人精神损害必须达到"严重"的程度，被侵权人方可请求精神损害赔偿。至于何为"严重"，应结合精神损害自身特性和司法解释进行理解。

精神损害赔偿的目的是通过金钱赔偿，对被侵权人及其近亲属的精神痛苦予以抚慰。损害本身的无形性和个体差异决定了很难以一个统一的标准直接确定精神损害赔偿的具体数额。对此，《最高人民法院关于确定民事侵权精神损害赔偿责任若干问题的解释》第 5 条规定，精神损害的赔偿数额根据以下因素确定：①侵权人的过错程度，但是法律另有规定的除外；②侵权行为的目的、方式、场合等具体情节；③侵权行为所造成的后果；④侵权人的获利情况；⑤侵权人承担责任的经济能力；⑥受理诉讼法院所在地的平均生活水平。

4. 惩罚性赔偿。《民法典》第 1207 条规定："明知产品存在缺陷仍然生产、销售，或者没有依据前条规定采取有效补救措施，造成他人死亡或者健康严重损害的，被侵权人有权请求相应的惩罚性赔偿。"但法律没有对惩罚性赔偿的幅度作出规定，这有赖于将来司法解释作出具体规定。

（四）侵权责任的免责事由

侵权责任的免责事由，是指侵权人一方针对被侵权人一方的指控和请求，提出其不承担或者减轻其侵权责任的抗辩事由。我国《民法典》仅仅规定了部分免责事由，并没有规定全部的免责事由。据此，可以将免责事由分为法定和非法定两种：

1. 法定免责事由。

（1）与有过失。这是指当受害人对损害的发生或者损害结果的扩大具有过错时，依法减轻赔偿义务人的损害责任。《民法典》第 1173 条规定："被侵权人对同一损害的发生或者扩大有过错的，可以减轻侵权人的责任。"由此可以看出，与有过失规则主要是在过错责任中适用，其适用效果为"可以减轻侵权人的责任"，而不是免除侵权人的责任。减轻责任之大小，取决于双方比较过错的结果或者比较行为的原因力之结果。

（2）受害人故意。这是指受害人追求结果的发生或者明知损害结果会发生，而以自己的行为放任损害结果的发生。《民法典》第 1174 条规定："损害是因受害人故意造成的，行为人不承担责任。"即受害人的行为是损害发生的唯一原因，而加害人本身不存在过错的情形，从而应使加害人免责。当然，如果是侵权行为人引诱、诱惑受害人故意从事某种行为造成对受害人自己的损害，则应当认为损害是由加害人的故意而非受害人的故意造成的。

（3）第三人过错。这是指除受害人和加害人之外的第三人，对受害人损害的发生和扩大所具有的主观过错。《民法典》第 1175 条规定："损害是因第三人造成的，第三人应当承担侵权责任。"即当第三人的过错是损害发生的唯一原因时，被告免责，由第三人承担责任。所以，第三人过错只能是第三人自己的过错，与当事人没有过错联系，如果第三人与被告之间基于共同的意思联络而致原告损害，第三人将作为共同侵权行为人而对受害人负连带责任。

（4）不可抗力。这是指不能预见、不能避免且不能克服的客观情况。是独立于人的行为之外，并且不受当事人的意志所支配的现象。《民法典》第 180 条第 1 款规定："因不可抗力不能履行民事义务的，不承担民事责任。法律另有规定的，依照其规定。"即当不可抗力是造成损害发生的唯一原因时，才能免除当事人的责任。如果当事人对损害的发生和扩大也有过错，则不能完全免责，当事人应按照其过错程度承担相应的责任。当然，在法律另有规定的情况下，应当优先适用特别规定。例如，我国《邮政法》第 48 条规定，保价的给据邮件的损失即使是因不可抗力造成的，邮政企业也不得免除赔偿责任。

（5）正当防卫。这是指当公共利益、他人或本人的人身或其他利益遭受不法侵害时，行为人所采取的防卫措施。《民法典》第 181 条规定："因正当防卫造成损害的，不承担民事责任。正当防卫超过必要的限度，造成不应有的损害的，正当防卫人应当承担适当的民事责任。"正当防卫在本质上是以一种合法行为制止不法行为，从而保护行为人自己或第三人的合法权益。对于因此造成的损害，防卫人不负赔偿责任。但是正当防卫超过必要限度的，就属于防卫过当。防卫过当造成损害的，一般应当根据防卫过当造成的损害后果和案件的具体情况减轻防卫人的民事责任。

（6）紧急避险。这是指为了使本人或者他人的合法权益或者社会公共利益免受正在发生的危险，在不得已的情况下而采取的造成他人少量损失的紧急措施。《民法典》第 182 条规定："因紧急避险造成损害的，由引起险情发生的人承担民事责任。危险由自然原因引起的，紧急避险人不承担民事责任，可以给予适当补偿。紧急避险采取措施不当或者超过必要的限度，造成不应有的损害的，紧急避险人应当承担适当的民事责任。"紧急避险是一种合法行为，是在两种合法利益不可能同时都得到保护的情况下，不得已而采用牺牲其中较轻利益保全较重大利益的行为。需要注意的是，如果危险是由自然原因引起的，没有引起险情的发生，一般情况下，紧急避险人不承担民事责任，但在特殊情况下，避险人也可以承担适当的民事责任。按照《民法典》第 1186 条关于公平分担责任负担的规定，即在当事人双方都没有过错的情况下，依照法律的规定由双方分担损失。如果既没有第三者的过错，也没有实施紧急避险的行为人本身的过错，而遭受损害的人与受益人又不是同一人的，则受益人应当适当补偿受害人的损失。

（7）自助行为。这是指权利人为保护自己的权利，在情势紧迫而又不能及时请求国家机关予以救助的情况下，对义务人的财产予以扣押或对其人身自由予以拘束的一种符合法律和社会公德要求的强制性措施。《民法典》第 1177 条规定："合法权益受到侵害，情况紧迫且不能及时获得国家机关保护，不立即采取措施将使其合法权益受到难以弥补的损害的，受害人可以在保护自己合法权益的必要范围内采取扣留侵权人的财物等合理措施；但是，应当立即请求有关国家机关处理。受害人采取的措施不当造成他人损害的，应当承担侵权责任。"作为免责事由的自助行为应当同时具备以下要件：①必须为保护自己的合法权利；②必须情势紧急，来不及请求国家机关的援助；③自助行为所采取的方法必须适当；④不得超过必要限度。当然，行为人在实施自助行为之后，必须立即向有关机关申请援助，请求处理。如果其采取的自助行为不被有关国家机关事后认可，则必须立即停止侵害并对受害人负赔偿责任。

（8）自甘冒险。这是指原告事先知道或应当知道自己将可能因为被告的行为而承受一定的风险，则当危险现实化后，不能就此风险演化的损害主张赔偿。《民法典》第 1176 条第 1 款规定："自愿参加具有一定风险的文体活动，因其他参加者的行为受到损害的，受害人不得请求其他参加者承担侵权责任；但是，其他参加者对损害的发生有故意或者重大过失的除外。"自甘冒险作为免责事由应当具备的要件包括：①所从事的行为具有不确定的危险；②冒险行为人对于危险和可能的损害有预见或认知；③行为人默示同意；④不违反成文法规定。自甘冒险主要发生在体育比赛中的意外伤害场合。例如，足球运动员在场上被踢伤，绝大部分情况下，只要踢人者并非明显恶意，哪怕踢人者是故意犯规，也应当适用自甘冒险规则，减轻或者免除踢人者的责任。

2. 非法定免责事由。以下几种事由虽然《民法典》没有将其作为免责事由加以规定，但在学理通说和司法实践中都予以承认其为承担责任的抗辩事由。主要包括：

（1）职务授权行为。这是指依照法律的授权或者法律的规定，在必要时因行使职权而损害他人的财产和人身的行为。职务授权行为作为一种正当的抗辩事由，是指在公法领域，行为人履行法定职责，虽然给他人造成某种损害，但由于其行为的正义合法性，而不承担赔偿责任。当然，如果造成的损害可以避免或者减少，这种行为就不构成或者不完全构成免责事由。

（2）意外事件。这是指当事人不能预见的偶然发生的事故。意外事件不是因为当事人的故意和过失而发生，而是偶然发生的事故，是外在于当事人的意志和行为的事件，它表明当事人没过错，因而应使当事人免责。所以意外事件是对过错责任的限制，不能成为无过错责任的免责事由。值得注意的是，虽然意外事件与不可抗力都具有不可预见性，但二者的根本区别在于：意外事件并非人力所不可抗拒，只要行为人预见到了，是可以避免和克服的；而不可抗力为人力所不可抗拒，即使行为人预见到了，在当时的条件下也是无法避免和克服的。

实务学习项目　侵权责任基本理论的应用

一、侵权责任的认定

案例：租车期间乘客互殴致死案[1]

某日 23 时许，张某租用王某驾驶的小轿车从甲地到乙地，到达乙地后，张某去办事，并让王某等他。在等张某期间，王某又搭乘了另一乘客李某，李某坐在副驾驶位置。张某办完事返回车上，让李某坐后排，李某不同意，张某于是坐上后排。返途中两人一直为座位争吵，王某劝阻无果。车行至某地段，张某让王某停车，张某与李某下车打斗。打斗中，张某用刀朝李某左大腿刺了一刀。在此过程中，王某先是坐在车内，未进行劝阻，后在张某返回车中要求开走时将车钥匙拔走，站到离打斗场较远处。次日 0 时 28 分，王某分别拨打了 120 和 110 电话。李某在救护车到来后死亡，死亡原因：系左大腿刺创致左股动脉断裂，因急性失血性休克死亡。张某随即到公安机关投案，后被判有期徒刑 14 年。据查，王某驾驶的小轿车登记在某运业有限公司，使用性质为出租客运。该车的实际车主是黄某，王某为黄某聘用的该车驾驶员。

任务：

1. 根据民法理论，分析本案中的侵权行为。

解题思路：根据侵权行为的构成要件来分析。

2. 如果你是李某的近亲属，会要求哪些主体承担何种民事责任？理由是什么？

解题思路：根据合同责任和侵权责任竞合的理论，选择其一依法确定责任方式。

二、特殊侵权责任的免责

案例：屋顶坠落伤人案

某日中午，廖某在 A 市一快餐店吃午饭时，被店铺坠落的屋顶砸伤。廖某被

---

〔1〕　案件来源：德阳市旌阳区人民法院。

立马送往本地医院住院治疗，花去各项费用 2 万余元。经查明，陈某是发生事故快餐店的房主，快餐店系吴某租赁陈某房屋并从事经营。原告廖某本来同时起诉陈某和吴某为本案被告，在开庭前吴某死亡，原告放弃起诉吴某的法定继承人。被告陈某出具了该快餐店所在的 A 市 B 街道防汛防旱防风指挥所证明一份，证明发生事故当天本地区正受台风"伊布都"摧袭。

任务：

1. 请根据侵权责任的归责原则，分析本案属于一般侵权责任还是特殊侵权责任？

解题思路：本题考查学生对侵权责任归责原则的应用。可根据《民法典》第 1165 条和第 1166 条的规定来确定本案中侵权行为应适用的归责原则；根据《民法典》第 1253 条的规定来确定本案当事人的责任。

2. 被告陈某的证据可否使其免除或减轻责任？

解题思路：分析街道防汛防旱防风指挥所出具的证明所指的台风是否属于不可抗力；再根据《民法典》第 180 条分析其适用。

1. 侵权责任的归责原则。

（1）过错责任原则——侵权责任中最基本的归责原则。该原则适用于一般侵权行为，举证责任方式是："谁主张，谁举证"。过错决定侵权人应否承担责任，责任范围取决于损害的大小。

（2）过错推定责任原则——适用于特殊侵权行为，在法律有特别规定时可以从损害事实直接推定加害人有过错。举证责任倒置，行为人要想免除其责任，则需要证明自己主观上无过错。

（3）无过错责任原则——适用于特殊侵权行为，无论侵权人有无过错，只要在法律规定的情形下，侵权人应当对其行为所造成的损害承担民事责任。适用"举证责任倒置"规则，但被告需要证明不是自己无过错，而是受害人故意或重大过失致使损害发生，因而可以免除致害人的侵权责任。

2. 侵权责任一般构成要件：行为人承担一般侵权责任的必要条件。它解决的是自己加害行为造成损失的责任，适用的是过错责任原则。

3. 侵权损害赔偿：财产损失赔偿、人身损害赔偿与精神损害赔偿构成了我国损失赔偿制度。侵权责任中的财产损失赔偿指直接侵害财产权益造成的财产损失与侵害人人身权益附带造成的财产损失，并确定了财产损失赔偿的基本计算方法；人身损害赔偿解决的是人身损害案件中各种相关财产损失的赔偿问题和计算问题；精神损害赔偿确定的是精神损害赔偿的适用范围、请求权人和影响精神损害赔偿数额的因素。

4. 免责事由：解决的是侵权人在特定条件下减轻或不承担侵权责任的问题。

5. 判断民事案件是否为侵权纠纷案件及责任的确定：首先，是要厘清案件中的各种法律关系；其次，是明确法律是否对该案件的情形有特殊规定；最后，是从侵权责任的 4 个构成要件来分析该案件的侵权类型和责任。

课后作业

一、知识作业

（一）选择题

1. 甲于 2007 年 2 月死亡。乙因与甲素来不和，遂到处散布甲系赌博欠下巨额高利贷无法偿还而自杀身亡的谣言，在社会上造成了较恶劣的影响。甲之子欲向法院起诉，要求追究乙的侵权责任。下列哪一选项是正确的？（　　）

A. 甲已经死亡，不再具有民事主体资格，因而乙的行为不构成侵权

B. 乙的行为侵害了甲的名誉，依法应当承担侵权责任

C. 只有甲的配偶有权代表甲对乙提起诉讼

D. 只有甲的子女有权代表甲对乙提起诉讼

2. 市民甲为了救助落水群众，未经邻居乙的同意就使用了乙家的小船。洪水退后，乙要求甲支付小船的使用费，甲不同意，乙遂强行将甲家的电视机搬走，并言明不给钱就不还电视。关于本案，下列说法正确的有哪些？（　　　）

A. 甲的行为侵犯了乙的财产权

B. 甲的行为属于紧急避险

C. 乙的行为属于自助行为

D. 乙的行为侵犯了甲的财产权

（二）问答题

1. 如何理解民事赔偿责任优先的规则？

2. 列举出我国《民法典》中规定的连带责任。

3. 如何理解侵权责任的免责事由？非法定的免责事由应当如何适用？

二、实训作业

案例1：电梯伤人案

某日上午 8 时许，某公司下属分公司一家超市开始营业后，原告张某等三十多名顾客在乘坐扶梯进入地下超市时，扶梯在下行过程中突然加速，乘客出现恐慌，发生拥挤，致使原告在内的多名乘客摔倒。乘客随扶梯运行至出口时，扶梯又停止运行，导致原告等多名乘客受伤。原告等随即被送往市第一人民医院救治。后经鉴定，原告因本次损伤构成九级伤残。后查明，本次事故除了设备自身存在问题，公司下属分公司的超市也没有严格遵守电梯安全管理制度，未有效做好客流高峰期乘客的疏导工作，致使短时间内乘客无序拥挤进入自动扶梯。

1. 实训任务：分析侵权人对受害人应承担什么损害赔偿责任？

2. 实训目标：运用侵权构成要件来分析确定案例中的侵权责任。

3. 解题思路：运用侵权责任的一般构成要件、归责原则和人身损害赔偿范围和标准进行分析。

案例2：绕路致死案

某日，村民钱某在其承包的果园干活后，在返家途中不慎从山坡上滑下，摔在某县水利局组织的、由某县水利工程队正在施工的东水西调工程某段的沟渠边，后经抢救无效死亡。经查，某县水利工程队施工断路，没有在断路处搭建走道，致使钱某被迫绕道回家，不慎从山坡滑下，摔伤致死。

1. 实训任务：分析本案哪些人对损害结果的发生有过错？应如何认定各方当事人的责任？

2. 实训步骤：①由指导老师讲解案例，提出实训要求。②安排学生进行小组讨论。③组织安排学生就案例争议焦点进行案例辩论。④以小组为单位，填写实训报告单。

3. 考核标准：①实训报告书写规范。②案例分析正确。③基本理论运用得当。④语言表述清晰。⑤实训报告完成认真且及时。

三、网络作业

扫码观看微课视频资料：同命同价的死亡赔偿金。

学习任务二　侵权责任的特殊形态及其应用

理论学习项目　侵权责任中的特殊形态

一、数人侵权责任

数人侵权责任，就是数个侵权人对同一被侵权人承担的侵权责任。数人的共同侵权责任，具有三个法律特征：一是承担侵权责任的主体为二人或者二人以上；二是数人对同一损害后果承担侵权责任；三是数人承担共同侵权责任的方式，即数个责任主体与被侵权人一方的请求权之间的联系具有多样性。我国《民法典》第 1168~1172 条依次规定了 5 种数人侵权责任。这 5 种数人侵权责任的差异在于，尽管数个侵权行为都造成了被侵权人的民事权益损害，但每种数人侵权责任的因果关系结构有所不同。对于数人侵权责任的研究，其实就是对侵权行为多因现象中侵权损害赔偿责任分担的研究。

（一）典型数人侵权责任

1. 共同侵权责任。共同侵权责任就是指数人共同不法侵害他人的权益而承担的连带责任。《民法典》第 1168 条规定："二人以上共同实施侵权行为，造成他人损害的，应当承担连带责任。"即构成共同侵权行为要满足两个要件：一是行为人是数人，并且数人的行为都具备了侵权责任成立的构成要件；二是共同侵权行为的行为人在主观上都具有共同过错，数个共同行为人之间须有共同致人损害的故意或过失，基于此而使数个行为人的行为连结为共同侵权。一旦成立共同侵权行为，被侵权人有权请求部分或者全部行为人承担全部责任。

2. 教唆、帮助侵权责任。教唆、帮助侵权行为是指行为人基于过错对他人实施教唆或帮助，致使被教唆人或被帮助人对第三人实施直接侵权行为，最终造成损害并应当承担相应法律责任的行为。教唆行为是指以劝说、利诱、授意等方法，将自己侵害他人合法权益的意图灌输给本来没有侵权意图或侵权意图不坚决的人，使其决意实施自己所劝说、授意的侵权行为。帮助行为是指对实行行为人予以帮助，以便他人易于实施侵权行为，如提供侵权工具等。它们的共同特点是，教唆行为人和帮助行为人都不是直接参与实施具体的侵害行为，只是由于他们与实施行为人之间的主观共同过错，使他们的行为形成了共同的、不可分割的整体。二者的法律后果就是教唆人、帮助人与行为实施人承担连带责任，因为没有他们的教唆行为、帮助行为，实施行为人就不会实施行为。

（1）教唆、帮助完全民事行为能力人实施侵权行为。《民法典》第 1169 条第 1 款规定：“教唆、帮助他人实施侵权行为的，应当与行为人承担连带责任。”此处的“他人”指的是完全民事行为能力人。教唆、帮助完全民事行为能力人实施教唆、帮助行为的法律后果是，教唆人、帮助人与行为人承担连带责任。受害人可以请求教唆人、帮助人或者行为人中的一人或者数人赔偿全部损失。需要注意的是，如果被教唆人、被帮助人实施侵权行为与教唆行为、帮助行为没有任何联系，而是行为人另外实施的，那么，该行为所造成的损害不应要求教唆人、帮助人承担侵权责任。

（2）教唆、帮助无民事行为能力人或者限制民事行为能力人实施侵权行为。《民法典》第 1169 条第 2 款规定：“教唆、帮助无民事行为能力人、限制民事行为能力人实施侵权行为的，应当承担侵权责任；该无民事行为能力人、限制民事行为能力人的监护人未尽到监护职责的，应当承担相应的责任。”即教唆人、帮助人明知被教唆人、被帮助人为无民事行为能力人或限制民事行为能力人时，仍然实施教唆、帮助行为的，应当承担侵权责任。即使教唆人、帮助人主观上不知道被教唆人、被帮助人为无民事行为能力人或限制民事行为能力人的，也应适用本款规定来承担侵权责任。如果监护人未尽到教育和照顾被监护人的职责，疏于履行监护责任的，应当对被监护人给他人造成的损害承担侵权责任，但仅仅承担“相应”的责任，即次要责任，主要责任还是应当由教唆人或帮助人来承担。值得注意的是，无民事行为能力人或限制民事行为能力人造成他人损害，如果监护人尽到监护职责了，按照我国《民法典》的规定，可以减轻监护人的侵权责任，但不能免除。

（二）共同危险责任

共同危险行为，是指二人或者二人以上共同实施侵害他人民事权益的危险行为，对所造成的损害后果不能判明谁是侵权人的情况。《民法典》第 1170 条规定：“二人以上实施危及他人人身、财产安全的行为，其中一人或者数人的行为造成他人损害，能够确定具体侵权人的，由侵权人承担责任；不能确定具体侵权人的，行为人承担连带责任。”即虽然实施危及他人人身、财产行为的人是二人以上，但真正导致受害人损害后果发生的只是其中一个人或者几个人的行为。为了保护受害人的合法权益，降低受害人的举证难度，避免其因不能指认真正侵权人而无法行使请求权，规定所有实施危险行为的人承担连带责任。换言之，只有在确定具体侵权人的情形下，其他行为人才可以免除责任。例如，三人约好同时向人群扔鞭炮，其中一个鞭炮爆炸致人受伤，按照共同危险责任的归责原则，无法确定具体侵权人的，三个行为人应承担连带赔偿责任。

（三）分别侵权责任

分别侵权行为，是指数个行为人分别实施侵权行为，既没有共同故意，也没有共同过失，只是由于各自行为在客观上的联系，造成同一个损害结果的多数人侵权行为。《民法典》从原因力是否充分的角度，区分了两种分别侵权行为及其后果：

1. 承担连带责任的分别侵权行为。《民法典》第 1171 条规定："二人以上分别实施侵权行为造成同一损害，每个人的侵权行为都足以造成全部损害的，行为人承担连带责任。"一般而言，数个行为人分别实施侵权行为的，每人承担按份责任。但在每个人的侵权行为足以造成全部损害的情形下，要求受害人根据每个侵权行为所造成的损害后果分别向各个行为人请求赔偿，不利于保护受害人的利益。本条规定由数个行为人承担连带责任，受害人可以要求任一行为人承担全部责任，有助于受害人获得足额赔偿。例如，前一肇事司机将行人撞成致命伤后逃逸，后一肇事司机将被侵权人轧死，两个肇事司机的行为都足以造成被侵权人死亡的后果，根据我国《民法典》侵权责任编的规定，一旦出现损害后果，两个肇事司机必须对造成的损害承担连带责任。

2. 承担按份责任的分别侵权行为。《民法典》第 1172 条规定："二人以上分别实施侵权行为造成同一损害，能够确定责任大小的，各自承担相应的责任；难以确定责任大小的，平均承担责任。"本条的规定即传统民法上所称的"无意思联络共同侵权行为"。即数个侵权行为结合造成了同一损害，但可以根据各个侵权行为人的过错程度、各个侵权行为与损害后果的因果关系的紧密程度、公平原则等因素来确定责任份额。如果难以确定责任大小的，推定所有行为人的责任相同，各个行为人平均承担赔偿责任。

承担按份责任的分别侵权行为和承担连带责任的分别侵权行为都需要二人以上分别实施侵权行为，都造成了同一损害后果。不同的是，承担连带责任的分别侵权行为的构成要件更加严格，要求"每个人的侵权行为都足以造成全部损害"。

二、特殊主体的侵权责任

（一）监护人责任

监护人责任，是指监护人对其所监护的被监护人造成他人损害所承担的侵权责任。《民法典》第 1188 条第 1 款规定："无民事行为能力人、限制民事行为能力人造成他人损害的，由监护人承担侵权责任。监护人尽到监护职责的，可以减轻其侵权责任。"根据此款规定，我们可以看出监护人责任的两个特征：一是监护人责任属于典型的替代责任，是对他人造成损害的行为承担责任，即存在着行为主体与责任主体的分离：实际造成损害的是被监护的无民事行为能力人或者限制民事行为能力人，承担责任的主体则是监护人。二是我国监护人责任的归责原则是过错推定原则，并以公平分担责任作补充。即首先从加害行为人致人损害的事实中，推定监护人有疏于监管的过失，监护人认为自己无过错的，实行举证责任倒置，监护人可以举证证明自己无过错。如果证明监护人确已尽监护责任，本应免除监护人的侵权责任，但为了平衡当事人之间的利益关系，则适用公平分担责任进行调整，可以"减轻"监护人的侵权责任，而不是免除，以合理确定赔偿责任的归属。

《民法典》第 1188 条第 2 款规定："有财产的无民事行为能力人、限制民事行为能力人造成他人损害的，从本人财产中支付赔偿费用；不足部分，由监护人赔偿。"本款确定了监护人的补充责任，即发生损害先从致人损害的被监护人的财产中支付赔偿费用，其不足部分全部由监护人承担。这里所谓的"有财产"，并非指被监护人有少量的零用钱或价值不大的生活用品，而是指被监护人拥有价值较大的动产或不动产。如果被监护人的财产足以支付赔偿费用，监护人实际上不承担责任。这种补充责任是"缺多少补多少"的完全补充责任，不同于"相应的补充责任"，这样的规定加重了监护人的责任。

（二）无意识侵权责任

无意识侵权责任，是指完全民事行为能力人对于因过错引起暂时心智丧失，或者因醉酒或滥用麻醉、精神药品暂时丧失心智，造成他人损害，所应当承担的特殊侵权责任。《民法典》第 1190 条规定："完全民事行为能力人对自己的行为暂时没有意识或者失去控制造成他人损害有过错的，应当承担侵权责任；没有过错的，根据行为人的经济状况对受害人适当补偿。完全民事行为能力人因醉酒、滥用麻醉药品或者精神药品对自己的行为暂时没有意识或者失去控制造成他人损害的，应当承担侵权责任。"根据此条规定，对于无意识侵权责任，首先，侵权人承担的是过错责任，完全民事行为能力人由于自己的过错暂时心智丧失，造成他人损害的，应当为自己的过错所造成的损害负责。因醉酒、滥用麻醉药品或者精神药品对自己的行为没有意识或者失去控制的，同样是侵权人的过错所为，应当由自己承担侵权责任。其次，完全民事行为能力人对自己暂时心智丧失没有过错的，应当依照公平分担责任归责，根据行为人的经济状况对受害人予以适当补偿。

（三）用人者责任

用人者责任，是指用人者（用人单位、个人劳务使用人）对被使用人（工作人员、个人劳务提供人）在从事职务活动时致人损害的行为承担赔偿责任。用人者是替代责任，即行为人与责任人相脱离，在造成损害的过程中，直接行为人是用人单位的工作人员，承担侵权责任的不是行为人，而是对他们有支配关系的用人者。《民法典》将用人者责任分为以下三种类型：

1. 用人单位责任。《民法典》第 1191 条第 1 款规定："用人单位的工作人员因执行工作任务造成他人损害的，由用人单位承担侵权责任……"即用人单位作为赔偿义务人，直接对被侵权人承担责任，而不是由直接行为人承担责任。用人者责任适用的是无过错责任原则，只要是工作人员在执行工作任务中致被侵权人损害的，用人单位应无条件承担赔偿责任。当然，用人单位在承担了赔偿责任之后，对于有过错的直接行为人，可以依法追偿。

2. 劳务派遣责任。《民法典》第 1191 条第 2 款规定："劳务派遣期间，被派遣的工作人员因执行工作任务造成他人损害的，由接受劳务派遣的用工单位承担侵权责任；劳务派遣单位有过错的，承担相应的责任。"据此，劳务派遣责任的承担又分为两种：一是接受派遣用工单位的责任。由于工作人员是在用工单位的指挥、监督下，直接为用工单位进行劳动，所以在劳务派遣责任中不由劳务派遣单位承担责任，而是由用工单位承担责任。如果工作人员在执行派遣劳务的工作过程中致人损害负有过错的，则用工单位在承担了赔偿责任之后，有权向有过错的工作人员追偿。二是劳务派遣单位的责任。被派遣的工作人员因执行工作任务造成他人损害，派遣单位也有过错的，比如对被派遣的工作人员资格审查不严等，由于派遣单位与被派遣的工作人员之间有劳动关系，劳务派遣单位应当承担相应的责任。

3. 个人劳务责任。《民法典》第 1192 条第 1 款规定："个人之间形成劳务关系，提供劳务一方因劳务造成他人损害的，由接受劳务一方承担侵权责任。接受劳务一方承担侵权责任后，可以向有故意或者重大过失的提供劳务一方追偿……"在这里，接受劳务一方承担的也是替代责任，可以比照用人单位代工作人员承担的责任加以确定。《民法典》第 1192 条第 1 款规定："……提供劳务一方因劳务受到损害的，根据双方各自的过错承担相应的责任。"这一规定与前面的规定有实质性不同，因为个人劳务关系不属于依法应当参加工伤保险统筹的情形，没有保险机制分散风险，所以，提供劳务方因劳务受到损害后，不宜采用无过错责任原则，要求劳务接受方无条件承担赔偿责任，而是应当区分情况，根据双方的过错分别承担责任，以平衡双方当事人的利益。

（四）网络侵权责任

网络侵权，是指发生在网络上的各种侵害他人民事权益的行为。网络侵权行为的客体往往都是被侵权人非物质形态的权益，如名誉权、隐私权等人格权以及著作权等知识产权，这样导致侵权后果基本上是被侵权人的精神损害，其损害结果难以计算。我国《民法典》充分考虑到网络侵权的特点，确定了网络侵权行为法律调控的基本原则和具体规则。

1. 网络用户或网络服务提供者独立承担侵权责任的情形。《民法典》第 1194 条规定："网络用户、网络服务提供者利用网络侵害他人民事权益的，应当承担侵权责任。法律另有规定的，依照其规定。"这是网络侵权责任承担的原则性规定，即网络用户和网络服务提供者都有可能利用网络实施侵害他人权益的行为，对此，其均应对自己的侵权行为负责，依法独立承担民事责任。

2. 网络用户与网络服务提供者共同承担侵权责任的情形。

（1）依"通知+反通知规则"承担的责任。《民法典》第 1195 条第 1、2 款规定："网络用户利用网络服务实施侵权行为的，权利人有权通知网络服务提供者采取删除、屏蔽、断开链接等必要措施。通知应当包括构成侵权的初步证据及权利人的真实身份信息。网络服务提供者接到通知后，应当及时将该通知转送相关网络用户，并根据构成侵权的初步证据和服务类型采取必要措施；未及时采取必要措施的，对损害的扩大部分与该网络用户承担连带责任。"即对于通知之前被侵权人的损害部分，由实施直接侵权行为的网络用户单独承担责任，网络服务提供者无须对此承担任何责任；对于通知之后的损害，也就是条文中的"扩大部分损失"，网络服务提供者如果未采取必要的措施防止侵权信息的继续扩散，则应当对于因未采取必要措施而给被侵权人造成的扩大部分的损失承担连带责任。我国《信息网络传播权保护条例》要求通知采取书面形式，而且对通知的内容作了具体要求，不符合该要求的通知将不被视为有效通知。

（2）依"知道规则"承担的责任。《民法典》第 1197 条规定："网络服务提供者知道或者应当知道网络用户利用其网络服务侵害他人民事权益，未采取必要措施的，与该网络用户承担连带责任。"即网络服务提供者知道网络用户利用网络实施侵权行为，却不采取必要措施的，可以认定为构成帮助侵权，应当对全部损害与网络用户承担连带责任。如果网络服务提供者只是疏于管理，没有意识到这种侵权行为的存在，只应对应知而未知侵权行为之时起的侵害与网络用户共同承担侵权责任，之前的损害应由网络用户单独承担责任。

（五）违反安全保障义务的侵权责任

安全保障义务是指依照法律规定或约定的公共场所的管理人或者群众性活动的组织者，对于进入该等公共场所的消费者、活动参与者所承担的保障其人身安全、财产安全的义务。其安全保障义务的内容主要包括三个方面：一是因设备、设施而产生的安全保障义务。经营场所的管理人或者群众性活动的组织者应当保障其经营、活动场所使用的建筑物及配套服务设备、设施的安全性，使之符合国家强制标准或相应的行业标准或法律许可的基本安全标准。二是因服务行为而产生的安全保障义务。经营场所的管理人或者群众性活动的组织者提供的服务内容和过程应当是安全的，应当采取各种有效措施，防止经营、活动过程中可能出现的不安全因素对他人人身或财产利益的损害。三是因外部不安全因素而产生的安全保障义务。经营场所的管理人或者群众性活动的组织者除应当向消费者或活动参与人提供人身、财产安全保障以外，还负有主动防范外来危险发生的义务。

1. 安全保障义务人对自己过失的责任。《民法典》第 1198 条第 1 款规定："宾馆、商场、银行、车站、机场、体育场馆、娱乐场所等经营场所、公共场所的经营者、管理者或者群众性活动的组织者，未尽到安全保障义务，造成他人损害的，应当承担侵权责任。"即损害结果是由于安全保障义务人未能合理防范或者制止危险造成的，没有任何第三人行为的介入。在此情形下，安全保障义务人因为未尽到安全保障义务而对自己的过失承担直接、全部的赔偿责任。

2. 安全保障义务人对第三人致害的责任。《民法典》第 1198 条第 2 款规定："因第三人的行为造成他人损害的，由第三人承担侵权责任；经营者、管理者或者组织者未尽到安全保障义务的，承担相应的补充责任。经营者、管理者或者组织者承担补充责任后，可以向第三人追偿。"在第三人实施侵权行为时，该第三人的过错行为是损害结果发生的直接原因，安全保障义务人往往只是不作为，但正因为其不作为，所以要承担补充责任。即因第三人侵权导致损害结果发生的，由实施侵权行为的第三人承担责任，安全保障义务人有过错的，应当在其能够防止或制止损害的范围内承担相应的补充赔偿责任。

（六）教育机构的侵权责任

教育机构的侵权责任是指幼儿园、学校或其他教育机构对无民事行为能力人或者限制民事行为能力人在教育机构学习、生活期间受到的人身损害承担的侵权责任。在这里，幼儿园是指对 3 周岁以上学龄前幼儿实施保育和教育的机构；学校是指国家或社会力量举办的各类中小学、中职学校、高等学校；其他教育机构，是指各类学前班、少年宫、辅导班、培训班等各类教育服务的提供者。教育机构的侵权责任有两种情况：

1. 教育机构对自己过错的责任。《民法典》第 1199 条的规定："无民事行为能力人在幼儿园、学校或者其他教育机构学习、生活期间受到人身损害的，幼儿园、学校或者其他教育机构应当承担侵权责任；但是，能够证明尽到教育、管理职责的，不承担侵权责任。"该条确立了教育机构对无民事行为能力人的过错推定责任，教育机构只有在证明其尽到了教育、管理职责时，才可以免责。之所以实行举证责任倒置，一是因为无民事行为能力人在法律上被认为没有任何的辨识能力，完全缺乏自我保护能力和危险防范的意识，在发生损害之后没有举证证明的能力；二是因为校园事故的发生，学校方更有能力控制与防范风险，举证责任倒置有利于加强其责任心，使其尽更大的注意义务消除危险。

《民法典》第 1200 条规定："限制民事行为能力人在学校或者其他教育机构学习、生活期间受到人身损害，学校或者其他教育机构未尽到教育、管理职责的，应当承担侵权责任。"该条确定了教育机构对限制民事行为能力人的过错责任。被侵权人证明教育机构存在未尽到教育、管理职责的，教育机构才承担责任。限制民事行为能力人的心智已经渐趋成熟，对事物已经有一定的认识与判断能力，能够在一定程度上辨识与控制自己行为的后果，在举证上并不处于弱势地位，一般过错责任更能平衡双方的利益。

2. 教育机构对第三人致害的责任。《民法典》第 1201 条规定："无民事行为能力人或者限制民事行为能力人在幼儿园、学校或者其他教育机构学习、生活期间，受到幼儿园、学校或者其他教育机构以外的第三人人身损害的，由第三人承担侵权责任；幼儿园、学校或者其他教育机构未尽到管理职责的，承担相应的补充责任。幼儿园、学校或者其他教育机构承担补充责任后，可以向第三人追偿。"即出现了本条规定的侵害行为，首先由第三人承担责任，在无法找到第三人或者第三人没有能力全部承担责任时，才由教育机构承担责任，如果第三人已经承担了全部责任，则教育机构不再承担责任。另外，对于第三人没有承担的责任，教育机构不是全部承担下来，而是在其未尽到管理职责的范围内承担，可以根据教育机构未尽管理职责的程度来确定其应当承担责任的份额。

三、其他特殊形态的侵权责任

（一）产品责任

产品责任，是指因产品存在缺陷造成他人财产、人身损害的，产品生产者、销售者等所应承担的侵权责任。《产品质量法》第 46 条对产品缺陷作了界定："本法所称缺陷，是指产品存在危及人身、他人财产安全的不合理的危险；产品有保障人体健康和人身、财产安全的国家标准、行业标准的，是指不符合该标准。"按照《民法典》侵权责任编的规定，产品责任的归责原则主要表现在以下几个方面：

1. 生产者的无过错责任。《民法典》第 1202 条规定："因产品存在缺陷造成他人损害的，生产者应当承担侵权责任。"即对于生产者，无论是面对消费者的直接责任承担，还是面对销售者的最终责任承担，无论主观上是否有过错，只要是产品存在缺陷致人损害的，其都要承担责任。

2. 生产者与销售者之间的不真正连带责任。《民法典》第 1203 条规定："因产品存在缺陷造成他人损害的，被侵权人可以向产品的生产者请求赔偿，也可以向产品的销售者请求赔偿。产品缺陷由生产者造成的，销售者赔偿后，有权向生产者追偿。因销售者的过错使产品存在缺陷的，生产者赔偿后，有权向销售者追偿。"即只要是缺陷产品引起的损害，被侵权人可以向生产者和销售者中的任何一方提出赔偿请求，先行垫付赔偿费用的一方可以向对方行使追偿权。这种先行垫付的行为使得被侵权人得到赔偿，此时的生产者和销售者对于被侵权人的关系

就是不真正连带责任。但需要注意的是，先行垫付赔偿费用的一方只有在另一方符合承担产品侵权责任条件的情形下，才可以向对方行使追偿权。

3. 对第三人的追偿。《民法典》第 1204 条规定："因运输者、仓储者等第三人的过错使产品存在缺陷，造成他人损害的，产品的生产者、销售者赔偿后，有权向第三人追偿。"即如果产品缺陷是由于运输者、仓储者及中间供货人的过错所致，生产者或销售者在对消费者承担了直接责任后，可以向这些有过错的人进行追偿，他们对这种最终责任承担所适用的归责原则是过错责任原则。当然，在具体诉讼中，可以另案处理，也可以将他们列为第三人一并处理。

《民法典》未对生产者的免责情形作规定，《产品质量法》第 41 条规定的生产者不承担产品责任的情形主要有三个方面：一是未将产品投入流通；二是产品投入流通时，引起损害的缺陷尚不存在；三是将产品投入流通时的科学技术尚不能发现缺陷的存在。针对第三种情形，《民法典》充分考虑到了这个问题，在第 1206 条中规定："产品投入流通后发现存在缺陷的，生产者、销售者应当及时采取停止销售、警示、召回等补救措施；未及时采取补救措施或者补救措施不力造成损害扩大的，对扩大的损害也应当承担侵权责任。依据前款规定采取召回措施的，生产者、销售者应当负担被侵权人因此支出的必要费用。"即要求生产者、销售者对投入流通后的产品应当跟踪服务，发现产品使用过程中存在缺陷的，应当及时采取警示、召回等补救措施。

（二）机动车交通事故责任

机动车交通事故责任，是指机动车辆在道路上因过错或者意外造成人身伤亡或者财产损失而应当承担的损害赔偿责任。

1. 机动车交通事故责任的原则性规定。《民法典》第 1208 条规定："机动车发生交通事故造成损害的，依照道路交通安全法律和本法的有关规定承担赔偿责任。"本条指向的《道路交通安全法》第 76 条所规定的责任包括：

（1）保险公司在第三者责任强制保险责任范围内承担无过错责任。即一旦发生交通事故导致他人人身或财产损失，保险公司就应当在参保的机动车交通事故责任强制保险责任限额范围内予以赔偿。

（2）道路交通事故社会救助基金对于被侵权人抢救费用的先行垫付适用无过错责任。即在肇事者无赔偿能力、没有投保交通事故责任强制保险或在无法找到肇事者的情况下，被侵权人的损失很可能得不到赔偿，只能通过道路交通事故社会救助基金进行救济。

（3）机动车之间的交通事故责任适用过错责任。即哪方有过错哪方承担责任，双方都有过错时过错相抵，按照双方的过错比例分担责任。

（4）机动车与非机动车驾驶人、行人之间的交通事故适用无过错责任。即机动车与非机动车驾驶人、行人发生交通事故时，由机动车一方承担责任。当然，如果是由被侵权人故意碰撞机动车导致损害发生的，机动车可以免责；如果对于损害的发生被侵权人也存在过失的情况下，可以减轻机动车肇事者的责任。

2. 机动车交通事故责任的特殊规定。《民法典》第 1209~1212 条、第 1214~1215 条对机动车交通事故作了如下的特殊规定：

（1）因租赁、借用等情形机动车所有人、管理人与使用人不是同一人时，发生交通事故造成损害，属于该机动车一方责任的，由机动车使用人承担赔偿责任；机动车所有人、管理人对损害的发生有过错的，承担相应的赔偿责任。所有人的过错主要包括给租赁方、借用方提供车辆不适驾或者未对实际使用人的驾驶资格进行合理审查。

（2）当事人之间已经以买卖或者其他方式转让并交付机动车但未办理所有权转移登记，发生交通事故造成损害，属于该机动车一方责任的，由受让人承担赔偿责任。机动车物权变更采用的是登记对抗主义，未进行登记仅因缺乏公示而发生不得对抗善意第三人的效力，并不影响所有权的转移。所以，机动车一经合法交付，所有权就发生了转移。此时受让人就应当承担责任，责任承担并不受是否办理转移登记的影响。

（3）以挂靠形式从事道路运输经营活动的机动车，发生交通事故造成损害，属于该机动车一方责任的，由挂靠人和被挂靠人承担连带责任。

（4）未经允许驾驶他人机动车，发生交通事故造成损害的，属于该机动车一方责任的，由机动车使用人承担赔偿责任；机动车所有人、管理人对损害的发生有过错的，承担相应的赔偿责任。

（5）以买卖或者其他方式转让拼装或者已达到报废标准的机动车，发生交通事故造成损害的，由转让人和受让人承担连带责任。由于拼装或已经达到报废标准的机动车，法律严格禁止其上路通行，因此本规定是一种绝对责任，只要受害人能够证明肇事机动车拼装或者已经达到报废标准即可要求转让人和受让人承担连带责任，没有任何减免责任的情形。

（6）盗窃、抢劫或者抢夺的机动车发生交通事故造成损害的，由盗窃人、抢劫人或者抢夺人承担赔偿责任。保险公司在机动车强制保险责任限额范围内垫付抢救费用的，有权向交通事故责任人追偿。机动车被盗窃或者抢劫后，所有人丧失了对机动车的支配，控制机动车的盗窃者或者抢劫者应当承担危险责任。当然，在机动车被盗或者被抢后，车主应当及时报警、报失，以便警方能够及时控制局面，减少可能造成的损失。否则，车主就是有过错的，应当承担相应的补充责任。并且，如果车主没有及时报警、报失，车辆状态也缺乏公示性，在具体案件中很难举证机动车被盗或者被抢以免责。

（三）医疗损害责任

医疗损害责任，是指医疗机构及医务人员在医疗过程中因过失，或者在法律规定的情况下无论有无过失，造成患者人身损害或者其他损害，应当承担以损害赔偿为主要方式的侵权责任。按照《民法典》的规定，医疗损害责任的承担主要有以下几种情形：

1. 医疗损害的过错责任。《民法典》第 1218 条规定："患者在诊疗活动中受到损害，医疗机构或者其医务人员有过错的，由医疗机构承担赔偿责任。"这里的"过错"主要是指医疗机构及其医务人员未尽说明、告知义务，未尽到与当时的医疗水平相适应的诊疗义务，未尽保密义务等。在证明责任上，实行一般的举证责任规则，即"谁主张、谁举证"。

2. 医疗损害的过错推定责任。根据《民法典》第 1222 条的规定，医疗机构有违反法律、行政法规、规章以及其他有关诊疗规范的规定，隐匿或者拒绝提供与纠纷有关的病历资料及遗失、伪造、篡改或者违法销毁病历资料等情形之一的，即可推定医疗机构有过错。

3. 医疗损害的无过错责任。根据《民法典》第 1223 条的规定，因药品、消毒产品、医疗器械的缺陷，或者输入不合格的血液造成患者损害的，患者可以向药品上市许可持有人、生产者、血液提供机构请求赔偿，也可以向医疗机构请求赔偿。患者向医疗机构请求赔偿的，医疗机构赔偿后，有权向负有责任的药品上市许可持有人、生产者、血液提供机构追偿。

4. 医疗损害责任的免责。《民法典》所规定的不承担责任和减轻责任同样也适用于医疗侵权损害赔偿领域。另外，在出现了患者或者近亲属不配合医疗机构进行符合诊疗规范的诊疗、医务人员在抢救生命垂危的患者等紧急情况下已经尽到合理诊疗义务或者限于当时医疗水平难以诊疗等情形之一的，医疗机构也不承担赔偿责任。

（四）环境污染责任

环境污染责任，是指污染者违反法律规定的义务，以作为或者不作为方式污染环境，造成损害的，应当承担损害赔偿的法律责任。根据《民法典》的规定，因污染环境造成损害的，污染者应当承担侵权责任。即无论污染者主观上是否有过错，只要造成环境污染，排污者就应承担侵权责任，承担的是无过错责任。如果有两个以上污染者污染环境，污染者承担责任的大小根据污染物的种类、排放量等因素确定。即全体污染者承担的是按份责任，如果不能明确各自的责任份额，就平均承担赔偿责任。如因第三人的过错污染环境造成损害的，被侵权人可以向污染者请求赔偿，也可以向第三人请求赔偿，污染者赔偿后，有权向第三人追偿。即环境污染责任中第三人过错承担的是不真正连带责任，环境污染的受害人可以向第三者和污染者中任何一方主张权利，并不适用《民法典》第1175条关于"损害是因第三人造成的，第三人应当承担侵权责任"的一般性规定。

（五）高度危险责任

高度危险责任，是指因从事高度危险作业致人损害或者保有高度危险物品致人损害而承担的侵权责任。高度危险责任实行的是无过错责任，《民法典》第七编第八章专章规定了高度危险责任，该责任主要有以下几种类型：一是民用核设施事故责任。民用核设施发生事故造成他人损害的，民用核设施的经营者应当承担侵权责任，但能够证明损害是因战争等情形或者受害人故意造成的，不承担责任。二是民用航空器损害责任。民用航空器造成他人损害的，民用航空器的经营者应当承担侵权责任，但能够证明损害是因受害人故意造成的，不承担责任。三是高度危险物损害责任。占有或者使用易燃、易爆、剧毒、放射性等高度危险物造成他人损害的，占有人或者使用人应当承担侵权责任，但能够证明损害是因受害人故意或者不可抗力造成的，不承担责任。所有人遗失、抛弃高度危险物造成他人损害的，由所有人承担侵权责任；所有人将高度危险物交由他人管理的，由管理人承担侵权责任；所有人有过错的，与管理人承担连带责任。如果非法占有高度危险物造成他人损害的，由非法占有人承担侵权责任；所有人、管理人不能证明对防止他人非法占有尽到高度注意义务的，与非法占有人承担连带责任。四是高度危险作业损害责任。从事高空、高压、地下挖掘活动或者使用高速轨道运输工具造成他人损害的，经营者应当承担侵权责任，但能够证明损害是因受害人故意或者不可抗力造成的，不承担责任。被侵权人对损害的发生有过失的，可以减轻经营者的责任。五是遗失、抛弃高度危险物致害责任。遗失、抛弃高度危险物造成他人损害的，由所有人承担侵权责任。所有人将高度危险物交由他人管理的，由管理人承担侵权责任；所有人有过错的，与管理人承担连带责任。六是非法占有高度危险物致害责任。非法占有高度危险物造成他人损害的，由非法占有人承担侵权责任。所有人、管理人不能证明对防止非法占有尽到高度注意义务的，与非法占有人承担连带责任。七是高度危险场所安全保障责任。未经许可进入高度危险活动区域或者高度危险物存放区域受到损害，管理人能够证明已经采取足够安全措施并尽到充分警示义务的，可以减轻或者不承担责任。

《民法典》第1244条规定了高度危险责任是限额赔偿而不是完全赔偿，属于《侵权责任法》完全赔偿原则的例外，但法律层面并没有赔偿数额的限制，只有不少行政法规分别对核事故、铁路交通事故、航空事故和海上运输事故规定了赔偿数额，应当依照其规定进行赔偿。

（六）饲养动物损害责任

饲养动物损害责任，是指饲养的动物造成他人人身或财产权益损害时，动物

的饲养人或者管理人依法承担的侵权责任。我国《民法典》规定的饲养动物致人损害的民事责任承担类型主要有：

1. 无过错责任。《民法典》第 1245 条规定："饲养的动物造成他人损害的，动物饲养人或者管理人应当承担侵权责任；但是，能够证明损害是因被侵权人故意或者重大过失造成的，可以不承担或者减轻责任。"即一般情形下，饲养动物损害责任的归责原则为无过错责任原则，饲养人或者管理人承担责任的最终依据不在于其是否有过错。当然，凡是《民法典》第七编第九章未特别列举规定的饲养动物致人损害的情形均适用本条规定。

2. 绝对责任。根据《民法典》第 1246 条和第 1247 条的规定，违反管理规定，未对动物采取安全措施造成他人损害的或者饲养的动物为禁止饲养的烈性犬等危险动物的，动物的饲养人或者管理人应当承担侵权责任。这两种情形适用的责任比一般无过错责任更为严格，饲养人或管理人不可以以被侵权人故意或有重大过失作为免责的抗辩事由。

3. 过错推定责任。《民法典》第 1248 条规定："动物园的动物造成他人损害的，动物园应当承担侵权责任；但是，能够证明尽到管理职责的，不承担侵权责任。"即动物园承担饲养动物损害责任的归责原则为过错推定原则，如果其证明自己尽到管理职责的，就没有过错。

（七）物件损害责任

物件损害责任，是指物件的所有人、管理人或者其他主体对其所管领的物件致人损害承担的侵权责任。物件损害责任实行的是过错推定原则。根据《民法典》的规定，物件损害责任主要有以下几种类型：

1. 建筑物、构筑物或者其他设施损害责任。根据《民法典》第 1252、1253 条的规定，建筑物、构筑物或者其他设施及其搁置物、悬挂物发生脱落、坠落造成他人损害，所有人、管理人或者使用人不能证明自己没有过错的，应当承担侵权责任。所有人、管理人或者使用人赔偿后，有其他责任人的，有权向其他责任人追偿。如果建筑物、构筑物或者其他设施发生倒塌，造成他人损害的，由建设单位与施工单位承担连带责任，但是建设单位与施工单位能够证明不存在质量缺陷的除外。建设单位、施工单位赔偿后，有其他责任人的，有权向其他责任人追偿，这是建造中存在缺陷的责任承担。如果在建筑物管理过程中因其他责任人的原因导致建筑物、构筑物或其他设施倒塌，造成他人损害的，则由其他责任人承担侵权责任。

2. 不明抛掷物、坠落物损害责任。《民法典》第 1254 条第 1 款和第 2 款规定："禁止从建筑物中抛掷物品。从建筑物中抛掷物品或者从建筑物上坠落的物品造成他人损害的，由侵权人依法承担侵权责任；经调查难以确定具体侵权人的，除能够证明自己不是侵权人的外，由可能加害的建筑物使用人给予补偿。可能加害的建筑物使用人补偿后，有权向侵权人追偿。物业服务企业等建筑物管理人应当采取必要的安全保障措施防止前款规定情形的发生；未采取必要的安全保障措施的，应当依法承担未履行安全保障义务的侵权责任。"由此可以看出，适用本条的前提是公安机关依法调查后仍然"难以确定侵权人"，如果可以明确侵权人，则适用《民法典》第 1253 条的规定。

3. 堆放物、妨碍通行物、林木损害责任。《民法典》第 1255 条规定："堆放物倒塌、滚落或者滑落造成他人损害，堆放人不能证明自己没有过错的，应当承担侵权责任。"《民法典》第 1256 条规定："在公共道路上堆放、倾倒、遗撒妨碍通行的物品造成他人损害的，由行为人承担侵权责任。公共道路管理人不能证明已经尽到清理、防护、警示等义务的，应当承担相应的责任。"该责任在多数情况下属于行为人对自己的过错行为承担责任，即在公共道路上堆放、倾倒的行为或者无意地遗撒物件，只是在找不到行为人时，可能由公共道路管理人等承担责任，此时的责任属于道路原因的物件损害责任。《民法典》第 1257 条规定："因林木折断、倾倒或者果实坠落等造成他人损害，林木的所有人或者管理人不能证明自己没有过错的，应当承担侵权责任。"本条所指的损害通常是树干倾倒、树枝折断所致，多为自然原因，林木所有人或者管理人一般具有维护方面的瑕疵，适用过错推定原则，这维护了林木保有人与被侵权人之间的利益平衡。

4. 地面施工损害责任。《民法典》第 1258 条规定："在公共场所或者道路上挖掘、修缮安装地下设施等造成他人损害，施工人不能证明已经设置明显标志和采取安全措施的，应当承担侵权责任。窨井等地下设施造成他人损害，管理人不能证明尽到管理职责的，应当承担侵权责任。"该条之所以将这些场所或者地点的施工行为作为特殊侵权处理，是因为这些场所是人们经常聚集、活动和通行的地方，施工人必须采取严格的安全措施，方能避免有关的人身损害和财产损失。

实务学习项目　特殊侵权责任的认定

一、共同侵权的责任认定

案例：人身损害赔偿纠纷案[1]

黄某与其在某城做生意的祖父母共同生活，且就读于此城 A 小学学前班。某

---

〔1〕　案件来源：德阳市旌阳区人民法院。

个周五下午 2 点 30 分许，祖母将黄某送到 A 小学大门口出便离去，但当日下午 A 小学因开运动会并未上课，学校此前并未给学生及家长发出不上课的通知。黄某进入学校知道当日不上课后，即到 B 公司所属的 C 市场西楼楼顶玩耍，下午 3 时许不慎从楼顶摔下受伤，伤及头部并被送至医院抢救治疗。后经法医学鉴定，黄某头部所受损伤属重伤，二级伤残。此后黄某父亲向法院提起诉讼，要求被告 B 公司和 A 小学承担损害赔偿责任。黄某父亲认为，被告 B 公司是 C 市场楼房的所有者与管理者，其疏于管理，未履行安全防范管理责任，是造成黄某受伤致残的主要原因，应当承担主要赔偿责任；被告 A 小学未建立学前班幼儿的交接制度，事发当日下午不上课亦未向学生家长履行告知义务，应承担次要责任。被告 B 公司认为，幼儿黄某受伤与其监护人没有履行监护职责有直接的因果关系。被告 A 小学认为，黄某的监护人出于疏忽将其送至学校门口，并未将其送至学校教室即离去，因此，黄某的监护人即本案原告具有重大过错，应承担主要民事赔偿责任。

任务：

1. 本案属于什么侵权责任类型？

解题思路：对共同侵权行为的加害行为如何认定？

2. 结合侵权责任的构成要件，应如何判断共同侵权中各个赔偿义务主体的责任承担问题？

解题思路：在共同侵权案件中，原告也存在过错的情况下，如何认定各方应承担的责任？

二、侵权责任主体的认定

案例：斜穿马路致交通事故案[1]

某日黄昏，家住 A 市某小区 78 岁的李某准备穿过小区外的马路到对面公交车站乘车前往其女儿家。本来小区大门的正前方为行人通行的斑马线，但由于一年前路政方面的原因，斑马线上设置了石墩拦截而停止使用，大多行人就选择从小区门口走斜线横穿过马路到对面的公交车站。李某也是如此，其在斜穿马路时被一辆挂有临时牌照的轿车撞倒受伤，导致脑部受损，全身多处骨折。后鉴定为八级伤残。经查，肇事者为车主的弟弟，肇事车辆所挂临时牌照已经过期失效，该车办理了机动车交强险及商业第三者责任险。交警作出了《交通事故责任认定书》，认定李某横穿马路未走斑马线存在过错，双方对本次事故承担同等责任。

---

〔1〕　案件来源：上海海耀律师事务所官网，http：//www.haiyaolaw.com/wap.aspx？cid＝32&cp＝2&nid＝6166&p＝1&sp＝19，最后访问日期：2020 年 5 月 11 日。

李某的子女受李某委托向法院提起诉讼，要求肇事司机、车主及保险公司对李某人身损害的相关医疗等费用、鉴定费、伤残赔偿金、精神损害赔偿金等共计20余万元承担连带赔偿责任，并要求精神损害赔偿在交强险中优先赔付。同时，他们对交警部门作出的《交通事故责任认定书》提出质疑，认为该责任认定书显示公平，李某斜穿马路的原因是斑马线被拦截无法正常通行，在斑马线上设置石墩的某市路政公司也应承担相应的责任，并应在责任认定书中有所体现。

任务：

1. 如果你作为李某的委托代理人应对哪些责任主体提起人身损害赔偿诉讼？

解题思路：如何确定承担赔偿责任的主体？

2. 根据相关规定，确定本案当事人在本次事故中的过错程度。

解题思路：对责任方的过错程度如何确定？

3. 在本案中，李某可以要求机动车保险公司在交强险中支付精神抚慰金吗？

解题思路：查看精神抚慰金在交通事故责任中的认定和赔偿问题。

4. 对于我国机动车交通事故侵权责任的认定和赔偿，有哪些法律、法规作出了怎样的具体规定？

解题思路：查看本案中机动车交通事故侵权责任适用的法律规定。

5. 交通事故责任认定书的性质是什么？如确属不妥，司法实践中应如何确保当事人的合法权益？

解题思路：人民法院对于行政部门的认定是否必须采信？

知识拓展

学习小结

1. 数人侵权案件的责任确定。在处理数人侵权的具体案件时，应该首先确定数个侵权人的行为是否实际造成了损害，如果仅有一个或者部分侵权人的行为实际造成损害的，适用《民法典》第1170条关于共同危险行为的规定。如果数个侵权人的行为都对造成损害有原因力，先看是否满足该法第1168条共同侵权行为的规定；如果存在符合该法第1169条第1款规定情形的，适用该款的规定；

不符合的，看其是否满足该法第 1171 条的规定；也不符合的，再适用该法第 1172 条的规定。

2. 违反安全保障义务的侵权行为类型。

（1）因设备、设施而产生的安全保障义务。一是建筑物的安全标准应当符合相应法律法规的质量要求；二是要保障经营或者活动场所符合消防安全的法律法规要求；三是经营、活动场所的设备、设施要符合人身安全保障要求。

（2）因服务行为而产生的安全保障义务。一是提供安全的消费、活动环境；二是坚持服务标准；三是必要的提示、说明、劝告、协助义务。

（3）因外部不安全因素而产生的安全保障义务。一是防范危险的义务；二是制止侵害的义务；三是实施救助的义务。

3. 教育机构责任的界定。

（1）教育机构承担责任的时间。由于学生在学校学习、生活期间，学校负有教育、管理、保护的职责，尤其是未成年学生。因此，法律规定只有未成年学生在学校学习、生活期间发生伤害时，学校才应当负责。该期间除了正常的授课时间外，还应包括课间休息、学校安排的自由活动、课外活动期间以及住校生在校就餐与休息时间。而学生在上学、放学途中的时间和假期一般不包括在内。

（2）教育机构承担责任的空间。学校承担责任的空间范围，既包括校园，也包括学校组织活动的校外场所（如学校组织活动的体育场馆、电影院、展览馆等）。

（3）教育机构承担责任的范围。只有在未成年学生的人身权益遭到损害时，教育机构才应当承担责任，不包括他们的财产权益损失。

课后作业

一、知识作业

（一）选择题

1. 某小学组织春游，队伍行进中某班班主任张某和其他教师闲谈，未跟进照顾本班学生。该班学生李某私自离队购买食物，与小贩刘某发生争执并被打伤。对李某的人身损害，下列哪一说法是正确的？（　　）

A. 刘某应承担赔偿责任

B. 某小学应承担赔偿责任

C. 某小学应与刘某承担连带赔偿责任

D. 刘某应承担赔偿责任，某小学应承担相应的补充赔偿责任

2. 甲和乙关系很好，形影不离。某日两人共同驾驶一辆摩托车外出兜风，

于一个山路的转弯处撞到了行人丙，造成丙右胳膊骨折，花去医疗费几千元。但是，由于甲、乙都不承认是自己开的车，当时情况紧急，丙也没有看清究竟是谁驾驶的摩托车，那么本案的责任应当如何承担？（　　）

A. 由甲、乙各承担一半，这样才公平合理

B. 如果乙能够证明自己当时不可能在开车，那么乙可以不承担赔偿责任

C. 应当由甲、乙承担连带责任

D. 本案甲、乙的行为属于民法中的共同危险行为

（二）问答题

1. 如何理解产品责任的归责原则？根据我国相关法律规定，产品责任有哪些免责条件？

2. 机动车交通事故责任如何在肇事者、保险公司、道路交通社会救助基金之间进行分配？

3. 被侵权人的过错在不同的饲养动物致人损害责任中应如何认定？

二、实训作业

案例1：足球伤人案

某日黄昏，在 A 社区的公共足球场内，一群刚下班的足球爱好者正在分组踢球打比赛。比赛过程中，甲在传球时，由于力量过大，足球飞出足球场的护栏，撞向了足球场外正在散步的乙的头部，使乙摔倒在地。甲在事件发生后就立即开车离开了社区足球场，乙找不到侵权人就立即报了警。警察来调查发现，由于是公共足球场，来踢球的爱好者都是临时的，相互并不认识；而且，当时甲踢出的足球是从足球场边护栏的坏漏处飞出砸伤乙的。

案例2：小猫伤人案

2012 年的一天，陈某带其女儿小甲到朋友廖某家串门。刚到廖某家门口，看到廖某的邻居正在逗廖某家的一只猫玩，谁料这只猫竟然猛地向小甲扑过来，抓伤了小甲的手臂。陈某立即带小甲到医院就诊，使得小甲及时得到了治愈。而后，当陈某向廖某和其邻居索赔时，廖某却称是其邻居的原因才会发生这件事，不应该找她赔偿；而其邻居又称小甲是被廖某家的猫抓伤的，和他没有关系。

1. 实训任务：确定实训案例中的侵权责任的类型、明确实训案例中责任的承担。

2. 实训要求：

（1）能够运用所学知识迅速判断民事侵权案件的类型及责任；

（2）学生应积极参与，具有团队合作意识；

（3）撰写实训报告，记录学生的收获及心得体会。

3. 实训步骤：

（1）由指导老师讲解案例，提出实训要求；

（2）安排学生进行小组讨论；

（3）组织安排学生就案例争议焦点进行案例辩论；

（4）以小组为单位，填写实训报告单。

4. 考核标准：

（1）实训报告书写规范；

（2）案例分析正确；

（3）基本理论运用得当；

（4）语言表述清晰；

（5）实训报告完成认真且按时提交。

三、网络作业

1. 扫码观看微课视频资料：产品侵权，我们该怎么办？

2. 扫码观看微课视频资料：饲养动物致人损害，谁来承担责任？

附 录 各单元任务的实务学习项目、
部分课后作业的参考答案